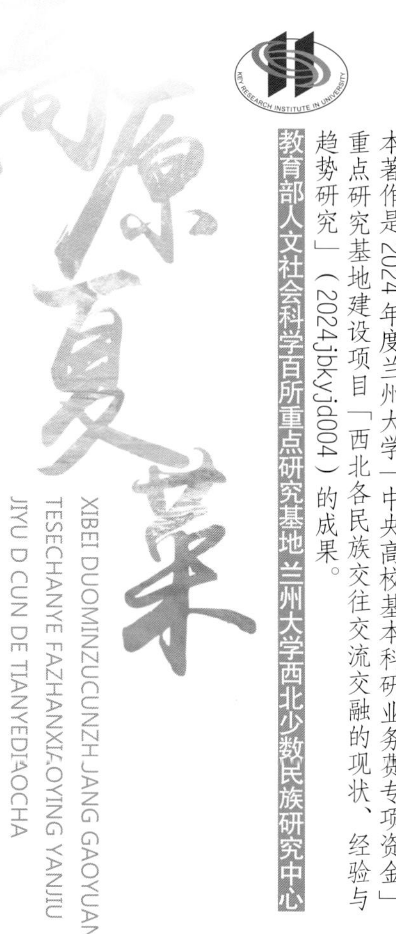

本著作是2024年度兰州大学「中央高校基本科研业务费专项资金」重点研究基地建设项目「西北各民族交往交流交融的现状、经验与趋势研究」（2024jbkyjd004）的成果。

教育部人文社会科学百所重点研究基地 兰州大学西北少数民族研究中心

民族文化与社区发展丛书

赵利生　杨文炯／主编

西北多民族村庄高原夏菜特色产业发展效应研究

基于D村的田野调查

李智勇　著

民族出版社

丛书编委会

序

赵利生　杨文炯

地处西北重镇兰州的兰州大学，拥有悠久的民族学和边政学研究传统。1949 年前的兰州大学就立足区域与民族特色，在民族研究领域有了一定的探索与积累。一是以马鹤天、顾颉刚先生为代表的边政学、边疆学研究。在 20 世纪三四十年代的第二次中国边疆研究高潮中，马鹤天、顾颉刚、黄奋生等均为当时的代表人物，而这三位学者都与兰州大学有交集。1928 年 2 月 22 日，甘肃省务会议决定在法政专门学校的基础上合并中山学院成立大学，组建以教育厅长马鹤天为首的 7 人筹委会，4 月 1 日正式成立“兰州中山大学”，马鹤天任首任校长（1928 年 2—11 月在职）。马鹤天由此而成为兰州大学民族学学术系谱中的重要一环。他的《甘青藏边区考察记》堪称民国时期关于西北少数民族地区的“准民族志”作品。历史学家、边疆研究代表人物之一的顾颉刚，一生有六次西北之行，其中为期最长的两次，都是在甘肃。1937 年 9 月至 1938 年 9 月，他到甘肃、青海考察并著有《西北考察日记》。1948 年 6—12 月，他应辛树帜校长之邀赴兰州大学任教并任历史系主任。二是“魁阁”团队成员之一谷苞先生在兰州大学任教并从事民族研究。谷苞出生于兰州，1935 年赴清华大学求学，后转入社会学系，在陶云逵教授指导下学习人类学、民族学课程。1941 年 10 月，他转到由吴文藻教授、费孝通教授主持的云南大学和燕京大学合组的社会学研究室工作，度过了三年的“魁阁”调查时期。1944年，他到兰州大学任教，开设民族学相关课程并在洮河、白龙江流域及甘肃各地开展田野调查。1949年8月，谷苞随解放军西去新疆，开始了另一段学术生涯。三是国立兰州大学边疆语文系的设立。1946年，国民政府正式设立“国立兰州大学”，辛树帜校长首倡开设边疆语文学系，设藏语、蒙古语、维吾尔语专业。藏学专家杨质夫先生受邀担任边疆语文系主任，先后任教的有吴均、程克星、关德栋、丹巴嘉措、王沂暖、李国香、胡斯振、马宏道等著名学者。1952年在新中国院系大调整当中，已改称少数民族语文系的原兰州大学边疆语文系，与原西北大学边政系一起，被划归到新成立的西北民族学院当中。此时，有一位民国时期边疆研究的重要代表人物从西北大学边政系来到了西北民族学院任教，他就是黄奋生先生。黄奋生完成了我国第一部藏族历史教材《藏族史略》，应兰州大学的邀请在历史系开设了“藏族史”课。在此时期，一位年轻的新疆学子进入兰州大学历史系求学，并逐渐走上了民族学研究的道路，他就是杨建新先生。1958年大学毕业的杨建新先生留校任教并参加甘肃省少数民族社会历史调查组，领导了对东乡族的首次社会历史调查工作，写出了《东乡族简史》。1959年底到1963年，杨建新先生受兰州大学派遣到中央民族学院进修，师承民族史大家翁独健教授，并得到蒙古史学家贾敬颜、藏学专家王辅仁诸教授的指导。

学成回校的杨建新先生于1965年在兰州大学开设“中国少数民族概论”课程，开启了兰州大学民族学学术谱系新的篇章。用先生自己的话说，对民族学“兴趣很大，抱着咬定青山不放松的劲头，拳打脚踢，立志要在民族研究方面做出一番事业来”。但意料之外的文化浩劫打断了先生的理想。直到70年代初国家安排编写《沙皇俄国侵略西北边疆史》又使中断六七年的兰州大学民族学研究得以恢复，杨建新先生的理想得以继续。改革开放以后杨建新先生及其团队激流勇进，辛勤耕耘，使兰州大学民族学进入了真正学科化发展的主航道。经国务院学位委员会批准，1986年取得了民族学硕士授权点，1990年取得了民族学博士授权点。2001年兰州大学成立西北少数民族研究中心，并被确定为“教育部人文社会科学百所重点研究基地”。多年来杨建新先生为兰州大学民族学的发展呕心沥血，造就了民族学研究中的一支重要力量。我们今天的局面来之不易，作为后继者，无论是先生的学生，抑或中心的成员，确实有义务和责任把兰州大学的民族学推向更好的发展。读者面前的这套丛书即是我们近年努力成果的一部分。

自古以来，中国西北一直是多民族杂居的地区，这里汇集了汉族、蒙古族、回族、藏族、维吾尔族等几十个民族，每一个民族都有自己独特的文化，而正是独有的文化才使得每个民族成为一个区别于其他民族的族体。所以，民族文化是一个民族的根，是一个民族的灵魂。因为西北多民族杂居，也就形成了很多特殊的社区，有的是信仰不同的民族聚居在一起，有的是生产方式不同的民族聚居在一起；有的是自然形成的，有的是行政力量作用的结果；有的是两个民族杂居，有的是多民族混合居住，在西北地区形成了复杂多样的社区类型。立足于西北得天独厚的条件，兰州大学西北少数民族研究中心的研究者们长久以来聚焦于西北地区少数民族文化，从杨建新先生等诸位前辈开始，对西北地区的少数民族文化从历史到现实都有系统的研究，取得了很多卓有影响的成果，也正是这些成果使兰州大学西北少数民族研究中心成了国内外该领域的研究重镇。近年来，研究中心一批年轻的研究者又将民族文化与社区发展结合起来在这个领域不断探索，形成了很多新的研究成果，其中本丛书就是其中的一部分。

当前，中国社会正处在一个大转型过程中，中国特色社会主义进入新时代，社会主要矛盾从“人民日益增长的物质文化需要同落后的社会生产之间的矛盾”转化为“人民日益增长的美好生活需要和不平衡不充分的发展之间的矛盾”。由于中国东西部的发展差距及少数民族主要居住在西部的现实，区域与民族发展的问题将进一步得到关注。如何在全面建成小康社会与社会现代化的进程中立足区域与民族特色，加快民族地区发展，实现各民族共同团结奋斗和共同繁荣发展，成为我们亟待深化研究的重要问题。

西北地区是多民族杂居之地，多样性的民族文化造就了不同的社区特色，所以西北地区的发展没有哪一种发展模式是最标准的，而必须结合各个民族与区域的实际情况，探索适合本社区的路子。我们努力把民族文化与社区发展结合，以新发展理念为指导，对已有发展理论进行反思，对社区发展中的问题进行分析，并对民族社会的和谐发展机制进行探讨，以使民族学更好地服务各民族的发展。

西北民族社区发展在当前要承担双重的任务：一是加快发展和其他地区一起实现现代化，这不仅是经济发展和社会进步的问题，更是关乎社会公平和民族平等的重要问题；二是社区发展和现代社会接轨的同时，要让民族传统文化在新的社会情境下得以弘扬和提升。生逢快速变化的社会，自觉承担起责任和使命，加快民族社会发展，兰州大学西北少数民族研究中心的研究者们，深入田野观察、静坐书斋思考，试图给出一剂“药方”，希望能为促进民族社区发展和民族关系和谐做出一定贡献，这是我们的学术理想，也是社会责任！

2017年11月

前言

产业兴旺是乡村振兴的重要基础，是解决农村一切问题的前提，不仅事关推动农业现代化进程、满足农民美好生活向往、促进乡村价值传承再造，而且为乡村发展及全面振兴持续提供内生经济动能。因具备因地制宜、特色突出、效益显著等优势特性，发展特色产业被视作实现乡村产业兴旺的重要抓手，从而备受青睐。从脱贫攻坚到全面推进乡村振兴，中西部地区乡村，尤其是民族地区乡村既是重点难点，也是发展不平衡不充分问题最为突出的区域。立足自身特质，发展特色产业，着力产业兴旺，激发内生动力，是民族地区乡村推动农业高质高效、乡村宜居宜业与农民富裕富足之要务。

本书以甘肃省天祝藏族自治县的一个多民族普通农业型村庄——D村为例，关注以高原夏菜项目为代表的特色产业发展效应，以期为同类型村庄探寻适宜发展路径与着力产业兴旺提供参考借鉴。作为整体层面的目标愿景，乡村振兴特别是产业兴旺因地区间的多样性表现出差异化的实践路径。D村的现实条件呈现出二、三产业发展条件较为滞后，但通过“改造传统农业”，依托自身经济社会基础与市场化导向发展特色产业，引发农业生产在结构、技术、组织、绿色等方面的提质升级，拥有较强市场竞争力的农产品，重构乡村经济价值生产能力。由此，以良好且持续的经济收益回报促成村民美好收获不断增加、村庄内生动力持续激发的经济效应，为迈向产业兴旺直至乡村全面振兴奠定坚实的内在基石。

结合D村高原夏菜项目的反馈得出，特色产业发展效应以参与各方最关切且最直观的经济效应为核心，在空间效应、社会效应与文化效应处引发程度各异之影响。作为延展的空间效应重在“示范”，是为呈现特色产业发展的阶段性成果及对村庄空间的建构；作为驱动的社会效应归于“调适”，是为说明特色产业在村庄内外关系联动维系上的“中间人”特征；作为愿景的文化效应聚焦“赋能”，是为明确及强调特色产业发展对农业、农村、农民之文化价值重塑的目标与过程。基于对发展效应的整体把握，反观特色产业自身，既凝结了可资利用的宝贵经验，还面临着困扰进阶的诸多难题，也呈现出韧性发展的前进指向，但同完全实现产业兴旺差距较为明显，仍需在推动高质高效发展上久久为功，有赖于参与主体间的各尽其职与协同合作。

要之，在制度、结构与资源中展现出一定鲜明特征的乡村特色产业，既是推动乡村内生动力激发维系的关键路径，还是促进从脱贫攻坚迈向乡村全面振兴的有力支撑，也是铸牢中华民族共同体意识的重要载体。具体实践中，应在发展效应优势面的整体营造及分层呈现上持续增进完善，充分发挥参与主体间的作用合力，有形、有感、有效地推动实现以产业兴旺为基础的乡村全面振兴与发展。

目　录

绪　论

一、研究缘起

乡村是关乎国家社会稳定的"压舱石"，是经济发展的"潜力股"。当今世上固然不乏专注二、三产业却任由乡村凋敝之国家及地区，然而，中国庞大的人口基数使得城镇化率不断提升的情况下依旧有相当数量的乡村人口存在，是颁布实施国家性战略决策都无法回避的前提。党的十九大提出实施乡村振兴战略，全面激发乡村发展新活力。党的十九届五中全会进一步明确，优先发展农业农村，全面推进乡村振兴。党的二十大着重强调加快建设农业强国，发展乡村特色产业，拓宽农民增收致富渠道，增强内生发展动力。乡村振兴，是党和政府审时度势制定的符合新时代发展需求的战略决策，也是解决中国现代化问题的必由之路。

乡村要振兴，产业需先行，产业兴旺是乡村振兴的重要基础和首要目标。习近平强调，"全面实施乡村振兴战略的深度、广度、难度都不亚于脱贫攻坚，必须加强顶层设计，以更有力的举措、汇聚更强大的力量来推进。一是要加快发展乡村产业，顺应产业发展规律，立足当地特色资源，推动乡村产业发展壮大，优化产业布局，完善利益联结机制，让农民更多分享产业增值收益……"[①] 改革开放以来，我国农业生产与乡村经济通过实施"包"（家庭承包经营）、"转"（劳动力转移就业）、"提"（提高农产品收购价格）、"补"（农业生产补贴）等举措，成功取得了数十年的快速发展。[②] 迈入新发展阶段，"包"的成效趋于峰值极点，"转"的提升空间已逐渐缩小，"提"及"补"的延伸

---

① 《习近平出席中央农村工作会议并发表重要讲话》，见中国政府网，http：//www.gov.cn/xinwen/2020-12/29/content_5574955.htm.2020-12-29/2020-12-30。

② 高强：《脱贫攻坚与乡村振兴的统筹衔接：形势任务与战略转型》，载《中国人民大学学报》，2020（06）。

空间也遭遇着农产品市场价格下行与“黄箱”措施[①]上限等此类“天花板”的局限。借助“包”“转”“提”“补”等传统途径，难以完全适应新时代农业生产与乡村发展的目标需求，就需要从战略高度加以审视。乡村振兴作为一项系统工程，产业兴旺是重点，[②]是生活富裕的前提，是乡风文明与治理有效的物质基础，足以创造提高生态宜居水平的需要和满足能力。[③]而产业兴旺的实践与实现因地区间多样性呈现出差异化特征与路径，需要针对不同地区异质性村庄分类制定相匹配的蓝图与策略，并付诸实施。其中，因地制宜，发展特色产业是产业兴旺的基本原则之一，[④]是全面推进乡村振兴的重要抓手和载体，能够为乡村发展提供扎实基础与强劲动力。[⑤]

放眼于现实层面，本书田野点D村所在的天祝藏族自治县（以下简称天祝县），地处河西走廊东端。河西走廊作为一个多民族共同栖居的多维空间，亦是汉、回等民族之农耕生计模式同藏、裕固、蒙古、哈萨克等民族之游牧生计模式的交融空间。得益于优质的环境资源条件和社会文化禀赋，因地处祁连山脉辐射区，受其影响年降水相对充足，十分便于依托绿洲从事相应农牧业活动，河西走廊早已化身为多民族共生共存共享的甘肃省内农牧业主产区。2018年夏秋时节，笔者走访至天祝县，途经D村并与村民交谈后得知，该村种植高原夏菜收益峰值可达10000元/亩，近些年来亩均纯收入在6000元上下。D村所在的打柴沟镇已将高原夏菜生产列为支柱产业培育壮大，种植面积突破4万余亩，占全县总面积的35%以上。当地业已发展出一条环环相扣的生产销售体系，集产、销、存、研于一体的冷库已于当年5月建成投入运营，辅以成立专业合作社用以服务特色产业发展并探索完善新模式。D村在农业生产面积人均不足3亩的条件下，能够确立如

① “黄箱”措施是指政府对农产品的直接价格干预和补贴，包括对种子、肥料、灌溉等农业投入品的补贴，对农产品营销贷款的补贴等。这些措施对农产品贸易产生扭曲，成员方须承担约束和削减义务。参见农业绿箱、黄箱、微量许可政策，见商务部网站，http：//zys.mofcom.gov.cn/article/cp/200503/20050300027786.shtml，2005-03-22/2021-10-01。

② 《中共中央　国务院关于实施乡村振兴战略的意见》，见中国政府网，http：//www.gov.cn/zhengce/2018-02/04/content_5263807.htm.2018-02-04/2018-08-09。

③ 党国英：《乡村振兴长策思考》，载《农村工作通讯》，2017（21）。

④ 《国务院关于促进乡村产业振兴的指导意见》，见中国政府网，http：//www.gov.cn/zhengce/content/2019-06/28/content_5404170.htm.2019-06-28/2019-10-11。

⑤ 姜长云：《推进产业兴旺是实施乡村振兴战略的首要任务》，载《学术界》，2018（07）。

此具备较高经济收益的特色产业发展规模，引发多重效应促使村庄和村民均从中受益，着实值得关注。研究D村特色产业发展效应有助于其他同类型村庄寻找自我发展路径，培育激发内生发展动力，追求实现产业兴旺，进而为全面推进乡村振兴带来可供参考和借鉴之案例。

二、研究意义

民族要复兴，乡村必振兴，其中产业兴旺是基础、是首位。在实现乡村的产业兴旺之路上行稳致远，才能使农民的日常生活有更加坚实的物质保障。本书以D村高原夏菜项目为例，探讨特色产业发展效应的内在结构与现实呈现，进行相应的总结反思，具有一定的理论意义与现实意义。

首先，本研究关注民族地区特色产业发展效应，试图扩展民族地区乡村振兴研究的理论参照。当前学术界就中西部地区特别是民族地区乡村产业兴旺的研究成果相对不足，尤其是在涉及对特色产业、农民增收、产业振兴、内生动力的关注多倾向于从东部地区的成功且成熟案例或是以二、三产业为切入点寻求相关经验与模式，以此作为此类问题一般性破解之道。较少关注到西北民族地区以农业生产的改造升级，从而探索出内生型发展路径的案例。就D村以农业产业为代表的特色产业发展效应开展较为中立且系统的论述，一方面有助于增进对特色产业自身特质及其发展效应的认知理解，突出在实现乡村产业兴旺进程中的角色作用；另一方面有助于丰富民族地区乡村振兴的研究内容，拓展地方实践与凝练相关经验，进而深化对产业兴旺这一民族地区乡村振兴“最大公约数”更为深刻的把握与阐释，更加明确其在乡村振兴中的基础性地位。

其次，特色产业发展效应直观地呈现在乡村经济社会当中。无论何时何地以何种形式呈现，对村民收入、社会结构、价值观念、乡村建设等方面或多或少产生一定影响，并反映出特色产业自身发展的特征境遇。特色产业的引入、开展与前行，以“统分结合”为特征的发展效应体现，均离不开各类参与主体的角色施展与协同合作，彼此之间的互动关系在但也不限于民族地区乡村这一场域中展开。从特色产业发展效应的整体把握与分层呈现上，探寻并发现民族地区乡村特色产业发展的一般性经验与阶段性问题，制定并实施相应的策略路径，对于同类型村庄发掘自身特质，培育激发内生发展动力带来经验借鉴，为政府制定推行民族地区乡村特色产业发展规划提供案例支撑。

三、研究综述

本书研究的是甘肃省天祝县一个多民族普通农业型村庄在发展历程中，探索并确立适合自身特质与市场化导向的特色产业发展模式，引发多层次发展效应，以乡村振兴特别是产业兴旺为出发点、落脚点。因此，将从乡村产业振兴、民族地区乡村振兴与天祝县的相关研究三方面总结论述已有研究成果。

（一）乡村产业振兴研究

党的十九大报告提出实施乡村振兴战略（见图绪-1），全面激发乡村发展新活力。“产业兴旺、生态宜居、乡风文明、治理有效、生活富裕”为民族地区乡村绘就了今后长期发展建设的蓝图。在决战决胜脱贫攻坚和全面建成小康社会之际，党的十九届五中全会进一步明确“优先发展农业农村，全面推进乡村振兴”，着重凸显出乡村振兴在新发展格局中的战略地位，为今后的“三农”工作清晰地指明了发展方向，即巩固脱贫攻坚成效同乡村振兴有效衔接，进一步夯实农业基础，优先发展农业农村，将“三农”工作重心从脱贫攻坚转向乡村全面振兴。毋庸置疑，乡村振兴战略的制定实施，表明了其作为新时代应对“三农”工作的总抓手和针对发展不平衡不充分主要矛盾的国家意志，是以人民至上的价值取向为中心的发展思想与坚持整体思维、底线思维的重要体现，[①] 是实现农业农村现代化的关键所在，是党深化对“三农”问题认识的重要理论创新。[②] 尽管乡村振兴要面临与经历“最艰巨最繁重”的任务与过程，却在具备“最广泛最深厚的基础”的乡村，拥有着“最大的潜力和后劲”，业已迎来了宝贵的发展契机。

① 卢黎歌、梅煜:《“人民至上”价值理念的三重意蕴》，载《西安交通大学学报》，2021（04）。

② 陆益龙:《百年中国农村发展的社会学回眸》，载《中国社会科学》，2021（07）；周立:《乡村振兴战略与中国的百年乡村振兴实践》，载《人民论坛·学术前沿》，2018（03）。

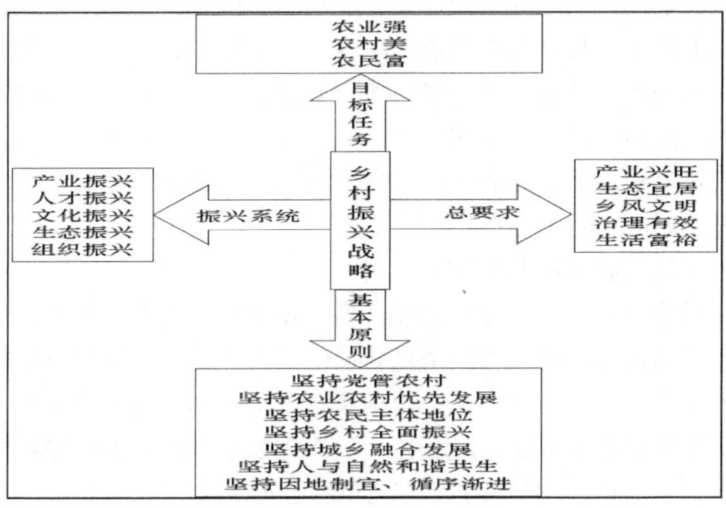

图绪 –1　乡村振兴战略内容概览（李智勇　绘）

回顾已有研究文献成果，关于乡村振兴战略的研究历久弥新，特别是自党的十九大以来上升到新高度，各方面多层次诸视角的研究文本汗牛充栋。结合已有研究成果分析，乡村振兴战略研究呈现出复合特征。

其一，从整体性、全局性考量，研究热点焦点集中在以下四个层面，即对乡村振兴战略背景意义的阐释，对乡村振兴战略内容议题的解读，对乡村振兴战略政策机制的探究，对乡村振兴战略影响变量与应对策略的考察。①

其二，以研究指向为参考归纳，业已形成综合政策指向、理论指向与实践指向“三位一体”的结构。具体而言，政策指向聚焦于“顶层设计”之维，理论指向在探究理论基础与渊源处着墨，而实践指向则重点关注“落地”问题。②

乡村振兴是包括产业振兴、人才振兴、文化振兴、生态振兴、组

① 王振波、刘亚男：《新时代背景下我国乡村振兴研究述评——基于十九大以来的文献考察》，载《社会主义研究》，2020（04）；郭俊华、卢京宇：《乡村振兴：一个文献述评》，载《西北大学学报》，2020（02）；杨章文：《十九大以来国内乡村振兴战略研究：文献回顾与未来展望》，载《当代经济管理》，2020（07）。

② 叶敬忠、张明皓、豆书龙：《乡村振兴：谁在谈，谈什么？》，载《中国农业大学学报》，2018（03）；梅立润：《乡村振兴研究如何深化——基于十九大以来的文献观察》，载《内蒙古社会科学》，2018（04）。

织振兴的全面振兴，其中最重要、最根本、最关键的是产业振兴。乡村产业振兴是乡村振兴中的核心内容，为乡村全面振兴注入强劲经济动能，也是乡村社会内生发展的动力支撑。由社会主义新农村建设时着力的“生产发展”至乡村振兴战略强调的“产业兴旺”，其本质都是要求解放和发展乡村生产力，推动乡村经济的可持续发展。[①]因此，对乡村产业振兴的研究非常值得关注。

1. 乡村产业振兴内涵研究

乡村产业振兴的主体是农民，场域在乡村，根本是产业。对乡村产业振兴的内涵，研究者采用复合视角做出分析。乡村产业振兴的重点任务不是乡村过度产业化，而是具备多元化的目标，产业融合、品牌创新等构成了基本理念，而生产要素的集成与交互为根本遵循，[②]突出了农业发展的多功能性，[③]不能单纯理解为乡村经济的增长却忽视同乡村整体价值相关联，[④]应在坚持乡村和农民主体地位基础上实现农业农村与现代化发展的有机结合。[⑤]农业农村现代化发展转型的进程中，乡村产业多元化、特色化趋势将越发突出。[⑥]着力乡村产业振兴，关乎促进产业类型布局合理化、提升资源要素配置、培育激发内生动力，[⑦]不仅为乡村全面振兴带来一定的物质支撑，还有利于体现农业农村的多功能性，主要是维护社会稳定与生态平衡，[⑧]并且为集聚一定数量的人才资源和人力资本创造机遇。除此之外，还有研究者或是就乡

① 张晓山：《实施乡村振兴战略的几个抓手》，载《人民论坛》，2017（33）。

② 袁树卓、刘沐洋、彭徽：《乡村产业振兴及其对产业扶贫的发展启示》，载《当代经济管理》，2019（01）。

③ 姜长云：《乡村振兴战略：理论、政策和规划研究》，载《宏观经济研究》，2018（07）；郑风田、杨慧莲：《村庄异质性与差异化乡村振兴需求》，载《新疆师范大学学报》，2019（01）。

④ 朱启臻：《乡村振兴背景下的乡村产业——产业兴旺的一种社会学解释》，载《中国农业大学学报》，2018（03）。

⑤ 叶敬忠：《乡村振兴战略：历史沿循、总体布局与路径省思》，载《华南师范大学学报》，2018（02）。

⑥ 农业部课题组：《中国特色乡村产业发展的重点任务及实现路径》，载《求索》，2018（02）。

⑦ 蒋辉、刘兆阳：《乡村产业振兴的理论逻辑与现实困境——以湖南千村调研为例》，载《求索》，2020（02）。

⑧ 周立、李彦岩、王彩虹、方平：《乡村振兴战略中的产业融合和六次产业发展》，载《新疆师范大学学报》，2018（03）。

村产业规模、类型、质量等内容进行有针对性的探讨，[①] 或是以功能定位与宏观视角归纳出乡村产业振兴的三类模式。[②]

上述研究成果对于乡村产业振兴内涵的研究讨论，对持续强化并深入乡村产业振兴的“是什么”“为什么”“怎么做”等方面带来了学理阐释。但是乡村产业振兴本就内涵深厚，特别是于新时代乡村经济社会发展所面临的环境条件存在变与不变共存态势，如何对其内涵持续开展较为精准深入的探讨解读，以便于更加准确地为实践提供智力支持，这就需要研究者们不断推向深入。

2. 乡村产业振兴困境研究

乡村产业振兴的必要性和深刻内涵为其进一步落地落实奠定了认识论前提。但在具体实践中，乡村产业振兴面临诸多困境，凸显对乡村产业振兴实然问题的关切。相关研究成果集中在一些共性层面，如“中低收入困境”，人口流动减缓，公共服务有限；[③] 发展基础薄弱，相关条件严重缺失，制约因素复杂；[④] 乡村与农民的依存弱化，两者分化问题十分严峻[⑤] 等。有研究者认为，固守依靠脱贫攻坚萌生的产业条件与实现振兴任务间隔甚远。[⑥] 一些研究者指出，追求数量型增长造成一产化农业的过剩及占绝对比重的面源污染；[⑦] 产品的同质性较高，导致了一种低价无效竞争；[⑧] 忽视乡村社会与各类产业的基本特征[⑨] 等

① 于水、王亚星、杜焱强：《异质性资源禀赋、分类治理与乡村振兴》，载《西北农林科技大学学报》，2019（04）。

② 高帆：《乡村振兴战略中的产业兴旺：提出逻辑与政策选择》，载《南京社会科学》，2019（02）。

③ 徐勇、石健：《市场化、社会化、国家化进程中的乡村振兴瓶颈及其突破——基于山东烟台“苹果村”的调查》，载《探索》，2022（02）。

④ 任常青：《产业兴旺的基础、制约与制度性供给研究》，载《学术界》，2018（07）。

⑤ 贺雪峰：《关于实施乡村振兴战略的几个问题》，载《南京农业大学学报》，2018（03）。

⑥ 程晖、陈勋洪、赵隽劼：《乡村振兴战略背景下现代农业转型升级新路径——基于江西的分析》，载《农林经济管理学报》，2018（02）。

⑦ 李玉双、邓彬：《我国乡村产业发展面临的困境与对策》，载《湖湘论坛》，2018（06）；温铁军、杨洲、张俊娜：《乡村振兴战略中产业兴旺的实现方式》，载《行政管理改革》，2018（08）。

⑧ 姜长云：《准确把握乡村振兴战略的内涵要义和规划精髓》，载《东岳论丛》，2018（10）。

⑨ 付伟：《城乡融合发展进程中的乡村产业及其社会基础——以浙江省 L 市偏远乡村来料加工为例》，载《中国社会科学》，2018（06）。

均是乡村产业振兴亟待解决的困境表征。以三产融合带动乡村产业振兴被视作重要推手，但在全国大部分乡村不具备相应条件，只能从农业发掘新的增长点，[①]而农业发展面临的问题梗阻十分复杂且程度较深。[②]

可见，研究者们对乡村产业振兴困境的关注度较高。特别是对一些共同性特征与因素进行了分析，这对于从整体上把握有所裨益。但在共同性之余，因发展条件与地区差异导致的乡村多样性同样关系紧密。而研究者们对乡村产业振兴困境的共同性关注度较高，却缺少对不同地区、不同类型乡村产业振兴特殊性的探讨，如对本书田野点所在的西北民族地区少有相应成果。总之，若要促使乡村产业振兴能够走深走实，仅对乡村产业振兴的内涵与共同性有着高度认知显然是不够的。最重要的无疑是能否以此为导向，在差别化的环境与实践中提高认识、强化意识、着力化解，既包括对旧有困境的应对，也要对潜在困境未雨绸缪，尽可能降低对乡村产业振兴整体效应的负面影响。

3. 乡村产业振兴路径研究

一个共识是，若乡村产业实现既定的发展目标，就要在如何优化生产要素配置层面重点关注。发展乡村产业要开展招商引资，加强与投融资企业及科研单位的对接和合作，也要加强乡村基础设施建设，优化产业形态，夯实乡村产业基础，健全现代化农业生产体系，要从多个方面着力。[③]在城乡二元结构尚未彻底扭转的条件下，确保农业农村现代化的步伐必须与城乡融合发展相协调，使乡村产业振兴的总要求不仅体现在字面上，更体现在内涵的延伸上，要对偏远村落和贫困群体加强关注。[④]乡村产业振兴须明确农业为基，促使其三产融合程度加深，推进农产品质量过硬，产业结构不断优化，生态保护始终

① 贺雪峰：《实施乡村振兴战略要防止的几种倾向》，载《中国农业大学学报》，2018（03）。

② 辛翔飞、王济民：《乡村振兴下农业振兴的机遇、挑战与对策》，载《宏观经济管理》，2020（01）。

③ 韩长赋：《乡村产业发展势头良好——国务院关于乡村产业发展情况的报告》，载《中国合作经济》，2019（04）。

④ 叶兴庆：《新时代中国乡村振兴战略论纲》，载《改革》，2018（01）。

优先，地域特征得到彰显，[①] 完善产业价值增值的路劲，[②] 全面拓展创新业态来实现产业振兴，[③] 构建出高效节约、人才聚集、各主体共建共享的乡村产业振兴态势。[④] 人力资源支持方面，乡村产业振兴要汇集带领农民干、帮助农民干、自己独立干的三类人才，[⑤] 构建并施展动员沟通机制、领头羊机制与利益共享机制，塑造新乡贤同产业振兴耦合机制。[⑥] 立足地方特色方面，相关研究成果表明乡村产业振兴注重资源禀赋之余，更要重视乡土社会的人际关系、产业发展的社会基础，[⑦] 对接并嵌入至乡村经济社会结构之中。[⑧]

就乡村产业振兴路径的探讨，研究者们的关注点较为广泛，如资源要素配置、产业融合、基础设施建设、政策引导扶持等内容，积极思路与保守思路都呈现出某一个端点。这就表明了乡村产业振兴是一个整体性、长期性的任务过程，离不开多方面的协同发力。其中研究者对政府的角色、作用较为关注，而对市场、农民在乡村产业振兴的角色作用关注度有待提升。实际上，政府、市场与农民同为参与主体，各自发挥应尽职责并协同合作，而不是政府的“独角戏”。因此，今后的研究中在探讨具体路径之余，更应当关注其背后的多元参与主体，对市场、农民给予更多关注。此外，路径与内涵、困境联系紧密，为内涵所指引，对困境有缓解，这两种取向间既有联系也有区别。应当根据研究主题的差异，明确具体的取向并“对症下药”。

① 刘海洋:《乡村产业振兴路径: 优化升级与三产融合》，载《经济纵横》，2018(11)。

② 周立:《合纵连横：乡村产业振兴的价值增值路径——基于一二三产业融合的多案例分析》，载《新疆师范大学学报》，2020（01）。

③ 张海鹏、郜亮亮、闫坤:《乡村振兴战略思想的理论渊源、主要创新和实现路径》，载《中国农村经济》，2018（11）。

④ 黄思:《乡村振兴战略背景下产业振兴路径研究——基于一个药材专业市场的分析》，载《南京农业大学学报》，2020（03）。

⑤ 姜长云:《推动形成高质量发展壮大乡村产业的大合唱》，载《中国发展观察》，2019（Z1）。

⑥ 魏丹、张目杰、梅林:《新乡贤参与乡村产业振兴的理论逻辑及耦合机制》，载《南昌大学学报》，2021（03）。

⑦ 付伟:《城乡融合发展进程中的乡村产业及其社会基础——以浙江省 L 市偏远乡村来料加工为例》，载《中国社会科学》，2018（06）。

⑧ 刘燕舞、姚巧华:《乡村振兴背景下乡村产业发展的微观社会结构研究——基于四个村庄案例的分析》，载《贵州社会科学》，2021（12）。

4. 乡村特色产业研究

在乡村产业振兴与发展进程中，依托特殊的区位优势与资源条件培育壮大发展特色产业，因其可以将相关自然或是人文因素资源优势加以转化为可供经济发展的资源应用潜力而备受关注，具备放大乡村价值之作用。[①] 就农业生产而言，特色产业本就具有优化产业结构、开拓市场需求的实效。实施乡村振兴战略，为特色产业发展赋予新的机遇前景与价值意义，使其跃升为实现乡村产业振兴的重要抓手与实践载体。

第一，因为特色产业的指向较为广泛，在讨论特色产业的概念与内涵时，广为接受的定义未曾受到研究者的推崇，但在诸多成果中明确了一些基本构成要素，如资源、人才、区位、市场、技术等。[②] 第二，关注区域性特色产业发展案例。[③] 第三，就经济发展滞后地区或是民族地区相关内容的探讨，研究者较为集中关注到特色农业方面。[④] 第四，对特色产业发展类型、既有模式、优化路径的研究。[⑤] 发展特色产业是乡村产业兴旺的必然要求和适宜路径，将政策、禀赋、文化、环境等因素整合利用，得以产生资源、区位与传统相结合的优势面，[⑥] 既要统筹与分类贫困治理、文化传承及生态保护等作用相匹配，[⑦] 也应注重强化在参与动力、风险防范、政策保障及乡村建设等方面的

① 朱启臻:《基于乡村价值的乡村振兴思考》，载《行政管理改革》，2019（12）。

② 戴宾、杨建:《特色产业的内涵及其特征》，载《农村经济》，2003（08）；杨槿、徐辰、朱竑:《本土产业发展视角下的乡村地方性重构——基于阳美玉器产业的文化经济地理分析》，载《地理科学》，2020（03）；钟漪萍、唐林仁、胡平波:《农旅融合促进农村产业结构优化升级的机理与实证分析——以全国休闲农业与乡村旅游示范县为例》，载《中国农村经济》，2020（07）。

③ 丁忠兵:《青藏高原特色产业发展探析》，载《青海社会科学》，2009（01）；刘蓝予、周黎安:《县域特色产业崛起中的“官场 + 市场”互动——以洛川苹果产业为例》，载《公共管理学报》，2020（02）。

④ 郑志来:《“互联网 +”视角下民族地区特色产业精准扶贫发展路径创新》，载《当代经济管理》，2018（07）。

⑤ 黄思:《乡村振兴战略背景下产业振兴路径研究——基于一个药材专业市场的分析》，载《南京农业大学学报》，2020（03）；程华东、陈宇施:《农业大学助力乡村振兴战略实施模式与路径分析——以华中农业大学为例》，载《华中农业大学学报》，2019（04）。

⑥ 朱启臻:《乡村振兴背景下的乡村产业——产业兴旺的一种社会学解释》，载《中国农业大学学报》，2018（03）。

⑦ 姚荣锦:《西部地区发展特色优势产业的战略选择》，载《理论导刊》，2014（07）。

机制培育，[①]其重要目标在于促进乡村产业有序发展，最终实现“兴业”“强村”“富民”等多方面共赢。[②]

总的来说，研究者就特色产业的探讨聚焦于特色产业的定义、不同地理空间特色产业发展的异同、具象化的特色产品描述以及一些既有发展模式研究与实施对策路径研究等内容，积累了数量可观的研究成果。但在特色产业发展与乡村产业振兴关系方面的成果略显不足，研究特色产业发展现状与对策的多，关注特色产业发展效应对乡村、农民的影响较少，特别是在经济效应之外的内容，如社会关系、村民的“成长”、空间建构、价值塑造等。简单来说，就是过度探讨了特色产业自身，对与之相关联的乡村社会文化系统间的互动、调适缺乏足够的论述。

毋庸置疑，乡村振兴战略作为新时代我国制定实施的着力扭转乡村价值所在与存续境遇的关键布局，是基于新时代我国基本国情同经济社会发展的阶段性特征制定的重要国家方案。[③]回顾一些国家地区尤其是欧美国家乡村营造进程，不管是较早发生的“羊吃人”式简单粗暴的原始资本积累，还是拉美地区的“先进”城市化构想，均无法遏止乡村衰落这一全球性挑战。由“新农村建设”发展为“美丽乡村建设”，进而上升到“乡村振兴战略”，充分表明了我国一以贯之的决心与态度应对城乡差距、强调城乡融合发展、推动农业农村现代化的一系列认知及有力探索。现代化、工业化进程中产生的乡村衰落趋势不能任其恶化，而是要在正确战略的引导下，紧密结合乡村现实条件，树立新时代乡村多维发展建设的需求任务，从而有序推进乡村全面振兴的顺利实现。需要说明的是，此举绝不是重新树起“农业主义”与“乡村偏向”旗帜，而是基于城乡融合协同前进的条件下坚持农业农村优先发展的“重点论”。

综上所述，现有乡村产业振兴研究成果较为丰富，引发了研究者从多重视角进行解读阐释。一篇篇研究文本的出炉，凝聚了研究者的

① 何龙斌：《脱贫地区从产业扶贫到产业兴旺：现实难点与实现机制》，载《青海社会科学》，2020（04）。

② 程华、卢凤君、谢莉娇：《农业产业链组织的内涵、演化与发展方向》，载《农业经济问题》，2019（12）；蒋浩、陈淑芹：《推动我国乡村产业绿色振兴》，载《宏观经济管理》，2019（03）。

③ 陈锡文：《从农村改革四十年看乡村振兴战略的提出》，载《行政管理改革》，2018（04）。

关切与汗水，推动着对乡村产业振兴的认知阐释持续深化。纵观已有研究成果，呈现出如下几个特点：第一，研究成果虽然已形成一定规模，但由于乡村产业振兴产生时间较短、村庄类型与地域特征差异突出等缘由，现阶段仍需重视研究成果的系统化，注重理论提升概括。第二，研究成果的分布在理论与实践上较为失衡，理论探讨与分析居多，后者较少。笔者认为，在理论分析的同时，更多关注现实案例，从中发掘出若干经验与启示，有助于进一步深化对理论的认识，以便可以更好地指导实践，推动落实成效的巩固提升，将理论与实践紧密衔接。因此，在深化乡村产业振兴的理论研究之际，加强对实践研究的关注是有必要的。第三，研究成果的地区关注上同样存在差异。将民族地区乡村特色产业与乡村产业振兴推进过程相结合的研究成果较少，如以本书田野点所在的天祝县为研究对象的成果屈指可数。事实上，按照国家近年来评定的全国“一村一品”示范村镇中，民族地区乡村不仅入围数量逐年递增，与其他地区所谓“特色”但同质化较高相比，“特色”性质较为明显，具有一定的研究意义。研究者对此应当予以关注。

当然，从唯物辩证法的角度来讲，我们应当持激励建设性同反思批判性相结合的视角来看待乡村产业振兴成就与问题，并且能够较为理性客观地展望乡村产业振兴的前景。于后续乡村产业振兴中，我们既无缘由盲目乐观积极，也无理由一味悲观消极。

（二）民族地区乡村振兴研究

在乡村振兴战略之中，将民族地区乡村置于显要之处确有必要。一方面，民族地区乡村存在着制约中国乡村发展的普遍性困境，另一方面，由于民族乡村存在于民族地区的范畴之内，也就需考虑民族地区所具备的独特性因素，即地理环境上相对边缘性、民族群体的相对多样性、民众生活水平的相对滞后性。[①] 两者相加，致使民族地区乡村的振兴时间更为紧迫、任务更为繁重、难度更为巨大。故而，民族地区乡村振兴不单是牵涉乡村振兴阶段性目标任务与总体要求能否有序开展，而且更加关乎民族地区的社会稳定、繁荣发展以及国家的边疆安全。

① 刘华芹：《民族地区乡村振兴研究现状与展望——基于CSSCI文献的分析》，载《湖北民族大学学报》，2021（03）。

因地理环境、产业基础、文化因素等的制约，我国民族地区民众较为集中的乡村区域在逐梦乡村振兴的进程中，于资源、观念与信息、技术等方面均存在着特殊短板壁垒，特别是其经济社会发展水平相对缓慢，是优先发展农业农村、全面推进乡村振兴的攻坚克难处，民族地区乡村振兴的实施面临更为严峻的挑战。[①]但一些因素可转换为优势资源，如边境区位、文化多样性、特色禀赋等。[②]因此，民族地区的乡村振兴务必要以深入调查为前提，谨慎剖析与厘清各个地方的具体实际，重视多样性，明确主体性，秉承文化性。[③]

从图绪 –2 可知，相关研究成果自 2017 年后先是快速增长，后趋于稳定。

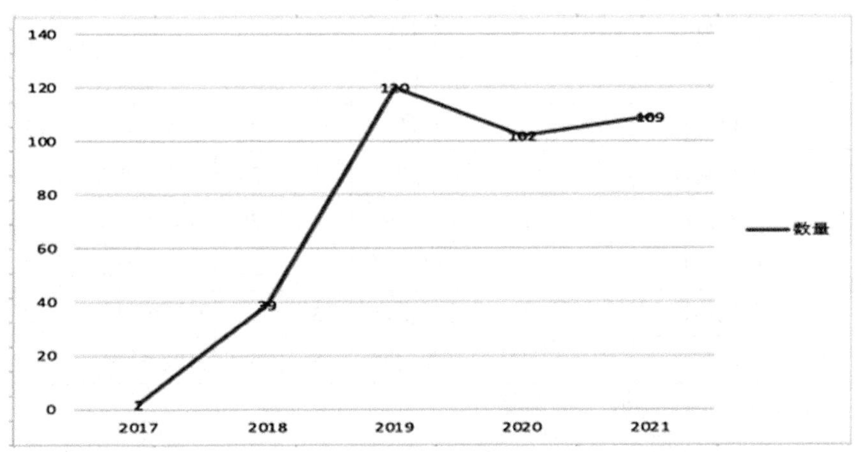

图绪 –2　2017—2021 年研究成果数量统计（李智勇　绘）

由表绪 –1 可知，现有的关于民族地区乡村振兴的文本反馈，涉及高频研究主题的类别归属较为显著，可将其大概划分为以下五种：一是关于脱贫攻坚的讨论，包括传统村落、精准扶贫、产业发展、美丽乡村等高频词汇；二是有关产业发展的研析，此类的高频关键词涵盖产业兴旺、发展路径、实施对策、特色产业、特色村寨，乡村旅游

① 陈锡文：《从农村改革四十年看乡村振兴战略的提出》，载《行政管理改革》，2018（04）；叶兴庆：《新时代中国乡村振兴战略论纲》，载《改革》，2018（01）。

② 钟海燕、郑长德：《“十四五”时期民族地区经济社会发展思路研究》，载《西南民族大学学报》，2020（01）。

③ 王建民：《民族地区的乡村振兴》，载《社会发展研究》，2018（01）。

等内容；三是论及乡村治理的层面，此类的高频研究主题包括边疆民族地区、协同治理、新型城镇化、治理有效等领域；四是在文化教育研究上着墨，围绕民族文化、人才培养、职业教育、技能培训等方面展开；五是综合视角下的研究，侧重于对整体的认知与把握。据此，可从这五个方面探讨民族地区乡村振兴的热点内容。

表绪 –1　高频研究主题类别

序号	关键词	词频	序号	关键词	词频	序号	关键词	词频
1	乡村振兴	197	12	发展路径	5	23	产业兴旺	3
2	民族地区	90	13	对策	5	24	文化振兴	3
3	乡村振兴战略	36	14	数准扶贫	5	25	美丽乡村	3
4	民族村寨	16	15	特色村镇	4	26	贵州	3
5	乡村旅游	14	16	协同治理	4	27	职业教育	3
6	边疆民族地区	13	17	路径	4	28	返乡创业	3
7	乡村治理	10	18	文化产业	4	29	特色产业	3
8	少数民族	9	19	脱贫攻坚	4	30	边境民族地区	3
9	民族文化	7	20	乡风文明	4	31	城镇化	3
10	西部民族地区	7	21	治理有效	3	32	传统村落	3
11	农村	6	22	产业发展	3	33	城乡融合	3

数据来源：中国知网，李智勇整理。

1. 脱贫攻坚与民族地区乡村振兴研究

脱贫增收不仅在以往“三农”研究中被视作热点与焦点，而且还作为实施乡村振兴战略的关键内容与关注重心。放眼于“三农”论述上，将农业产业化为要义的农业现代化构成了农业研究的主要关注点。民族地区乡村是脱贫攻坚的重点难点，脱贫攻坚实施过程中的现实瓶颈及解决之道为研究者关注的关键点。依据“产业兴旺、生活富裕”等要求标准，本身就表明了开展乡村脱贫攻坚任务呈现出极高的价值性。① 党的十八大以来，全方位的脱贫攻坚为民族地区乡村摆脱绝对贫困、破除固有顽疾提供坚实保障，如何助推民族地区从完成脱贫任

① 陆益龙：《乡村振兴中精准扶贫的长效机制》，载《甘肃社会科学》，2018（04）。

务过渡到乡村振兴则是今后的关键所在，[①]已有成果就此开展了多重视角的关注。第一，要始终重视自然与社会文化生态，并调整优化产业层次。[②]第二，要持续推进民族地区精准扶贫工作的精细化，并在精准化与特色化层面加以优化跟踪。[③]第三，要着力构建并完善民族文化产业化机制，助推脱贫攻坚见实效。[④]第四，要正视如“短期性”与“长期性”的非理性考量、“生存性”同“发展性”之间的相互对立等各类难题。[⑤]

易地扶贫搬迁构成了民族地区脱贫攻坚的重要策略与路径，在具体实施中遇到了贫困对象就这一策略与路径的认识有限、资金缺口巨大、已搬迁群体的后续扶持不足等困境，应通过制度安排、法治方式、法律监督与责任追究等手段来确保如期目标的顺利达成。[⑥]转移支付同样担负重要角色。有研究者指出，当前转移支付暴露出的资金结构待优化、相应权责分配不明晰与极高的依赖度等问题，需在优化转移支付结构、完善权责合理分配与健全监管调整机制等处有效施展财政转移支付在民族地区乡村振兴的应尽角色。[⑦]

虽然脱贫攻坚顺利完成，绝对贫困彻底退出历史舞台，但并非意味着民族地区的脱贫事业已结束。诸如脱贫人口返贫、相对贫困和脱贫攻坚同乡村振兴的有效关联、有机协作等方面演变为新的关注点。如未能有效应对贫困制约，那么反复论述乡村产业振兴的理论意义与实践价值则如同空中楼阁。民族地区乡村尤其是经济社会欠发达的形

① 张丽君、田一聪：《民族地区乡村振兴战略的理论回溯与研究展望——基于知识图谱的可视化分析》，载《中央民族大学学报》，2019（02）。

② 范霁雯、范建华：《特色文化产业——中国西部少数民族地区脱贫的不二选择》，载《云南民族大学学报》，2018（03）。

③ 郭纹廷：《乡村振兴背景下西部民族地区脱贫攻坚的路径优化》，载《中南民族大学学报》，2019（03）。

④ 李培峰：《边疆民族地区文化产业高质量发展路径创新研究——以新疆为例》，载《云南民族大学学报》，2020（01）。

⑤ 王国敏、刘碧：《新时代少数民族深度贫困区精准脱贫：问题诊断与破解策略》，载《福建论坛》，2019（05）。

⑥ 魏文松、宋才发：《民族地区易地扶贫搬迁方略的实施及法治举措探讨》，载《广西社会科学》，2018（07）。

⑦ 李杰、邓磊、廖慧：《民族地区财政转移支付与乡村振兴：机理与对策》，载《广西社会科学》，2019（03）。

势仍在继续，多维贫困态势更加严峻，[①]把精准脱贫同乡村振兴更好地融合推动是巩固民族地区乡村脱贫成果，提高脱贫成效，防止不返贫式脱贫的关键出路，其主要途径体现在把握好政策协调、多维促产业成长、强化人力资本培育等方面。[②]

2. 产业发展与民族地区乡村振兴研究

得益于民族地区优美的自然环境与丰富的民族文化，加之可在短时期内创造可观的经济收益与社会影响，又因被称为“无烟工业”，旅游业顺时顺势在近些年来被大力倡导，置于重要的位置，视作推进民族地区乡村振兴任务的关键依托，研究者对此给予较高关注。乡村旅游应作为复合型乡村价值呈现同游客需求多样性的相衔接的关键一环，需以市场为导向，借助创新驱动促进乡村旅游产品增值；以集群联动与政府扶持相结合，促进乡村旅游要素成长；以多重产业间的深度融合，促进乡村旅游产业链转型。[③]此外，研究者或是强调走资源型产业振兴模式；[④]或是归纳为“政府 + 企业 + 村民”协同合作且具有共建共享特征，引申为“包容性旅游发展模式”；[⑤]或是强调绿色旅游发展理念，[⑥]从发展意识、社区参与、权利问题和利益相关者等方面开展，[⑦]进而引导乡村旅游同乡村振兴尤其是产业兴旺间建立一种有机衔

① 王志章、杨志红：《2020 年后民族地区持续性减贫路在何方？——基于湖北省恩施州精准脱贫的现状分析》，载《湖北民族学院学报》，2019（03）；郑长德：《2020 年后民族地区贫困治理的思路与路径研究》，载《民族学刊》，2018（06）；邢中先、张平：《民族地区 70 年扶贫政策回顾与展望》，载《湖北民族学院学报》，2019（05）。

② 张南：《乡村振兴战略背景下民族地区深度贫困的脱贫路径研究》，载《兰州学刊》，2020（03）；骆行、王志章：《民族地区精准脱贫与乡村振兴融合路径探索——以贵州道真自治县为例》，载《贵州民族研究》，2018（10）。

③ 屈学书、矫丽会：《乡村振兴背景下乡村旅游产业升级路径研究》，载《经济问题》，2020（12）。

④ 吴忠军、罗洁：《民族乡村经济振兴的“龙脊模式”研究》，载《广西民族研究》，2020（01）。

⑤ 张洪昌、舒伯阳、孙琳：《民族旅游地区乡村振兴的“西江模式”：生成逻辑、演进机制与价值表征》，载《贵州民族研究》，2018（09）；吴忠军、宁永丽：《民族乡村经济振兴的“西江模式”研究》，载《广西民族研究》，2018（06）。

⑥ 何星：《乡村振兴背景下民族地区旅游扶贫中的生态化建设——以阿坝州为例》，载《云南民族大学学报》，2019（02）。

⑦ 陈刚：《发展人类学视角下乡村振兴与民族地区传统村落旅游开发研究》，载《贵州民族研究》，2021（03）。

接的逻辑耦合。[①]

随着旅游业，诸如体育、民宿、避暑等衍生形式与内容的顺势发展，引发研究者对此类形式内容在乡村旅游中的角色作用、既存困境与优化方式进行了讨论。[②]在旅游业之外，将乡村特色产业与产业融合、产业振兴相衔接一并受到相应关注。有研究者指出，借助一些针对性策略如产业化水平提升、产业链扩展与发掘特色产业等，乡村产业实力提升显著，却不得不面临诸多难题，应当采取有效措施，增强产业发展能力。[③]而产业振兴实践框架的确立离不开政府与集体经济组织的参与，以资源全面开发、产业高速扩张、资本利用优化为主导。[④]还有研究者指出，家庭禀赋差异对产业发展效果影响显著。[⑤]

综上，须根植于我国民族地区乡村实情，紧密结合新发展阶段国家相关各类战略布局，精准解读乡村振兴战略总体要求与阶段性目标，能够深入特定的民族地区乡村进行全面细致的田野调查。整体上，准确获悉我国民族地区乡村的现实条件、社会结构、产业基础等状况，以此提出兼有理论意义与实践价值的新想法及新思路，便于为乡村振兴战略服务更加见效，特别是就民族地区乡村产业发展的智力支持多多益善。

3. 乡村治理与民族地区乡村振兴研究

治理有效是乡村振兴的重要方面，乡村治理中所存在的现实短板与对策路径成了研究者关注的重点。就民族地区乡村而言，研究者的成果聚焦于以下几点：其一，因民族地区乡村在地理位置、发展基础、文化传统等层面的特殊性，造就了乡村治理的多元主体并存，应

① 邓小海、肖洪磊：《从脱贫攻坚到乡村振兴：乡村旅游转向研究——以贵州省为例》，载《湖北民族大学学报》，2020（05）。

② 李金容、陈元欣：《创新推进民族地区体育旅游产业的策略——基于恩施土家族苗族自治州的调查与思考》，载《中南民族大学学报》，2020（03）；李俊杰、李云超：《关于民族地区民宿产业高质量发展的思考》，载《云南民族大学学报》，2019（03）；陶少华：《民族地区成长型避暑旅游景区的发展困境与优化路径——基于重庆酉阳土家族苗族自治县毛坝景区的实证研究》，载《西南民族大学学报》，2019（08）。

③ 高元武：《武陵山区农村产业融合发展的现实困境与提升路径——基于恩施土家族苗族自治州走马镇的调查》，载《湖北民族大学学报》，2020（03）。

④ 韩立达、史敦友：《民族地区乡村产业振兴实践研究——以西藏山南市滴新村为例》，载《西北民族大学学报》，2018（05）。

⑤ 王卓、胡梦珠：《家庭禀赋、家庭决策与民族地区产业扶贫效果——兼析乡村振兴战略中产业发展的路径与策略》，载《西南民族大学学报》，2019（09）。

当协调好经济发展同生态建设、物质文明同精神文明、治理方式同治理目标间的配合关联。[①]其二，乡村治理中各类组织的作用不容忽视，基于乡村精英严重不足的情况，有的研究者试图从组织入手发掘解决方法，如提高民族地区基层党组织的组织力，[②]辅以发挥当代的乡村能人与新乡贤作用等。[③]其三，法治是乡村治理的必要遵循，研究者就民族地区乡村在新型城镇化、产业发展、社会建设等环节连续产生的新挑战新境遇，多从法治于乡村治理中的作用空间，特别是在法制保障、[④]法治运行[⑤]等方面关注。其四，治理创新是达成乡村振兴的本质要求与基本保障，一种自治、法治、德治融合的乡村治理体系完善是其主要目标。[⑥]

4. 文化教育与民族地区乡村振兴研究

文化维度中的乡村振兴论述呈现两类方向。一类方向是将乡村振兴作为时代主题，关注在以往城镇化、工业化和现代化实践中民族文化表现出的衰败及异化趋势，阐述民族传统文化的发展指向，重视文化振兴的必要性与具体路径，如着眼于民族村寨建筑、[⑦]传统民俗文

① 廖林燕：《乡村振兴视域下边疆民族地区乡村治理机制创新研究》，载《西北民族大学学报》，2018（01）；丁忠毅：《边疆地区乡村振兴与整合的特殊使命与着力点选择》，载《四川大学学报》，2020（03）。

② 郑华萍、朱伟：《民族地区农村基层党组织组织力提升策略探究》，载《贵州民族研究》，2019（10）。

③ 韦幼玲、刘海仁、史兵方：《乡村振兴战略背景下民族地区农村新乡贤培育对策研究》，载《广西民族研究》，2018（06）；张春敏、张领：《民族地区农民再组织与乡村社会有效治理——基于黔东Y自治县乡贤参事会建设为例》，载《云南民族大学学报》，2019（01）。

④ 余贵忠、杨继文：《民族地区乡村振兴的司法保障机制构建》，载《贵州社会科学》，2019（06）；周喜梅、黄恒林：《民族地区村居法律顾问制度的理论阐释及实现路径——基于G自治区H市的调研与思考》，载《湖北民族学院学报》，2019（06）。

⑤ 黄薇：《从“礼俗社会”迈向“法理社会”——边疆民族地区乡村振兴的必由之路》，载《西北民族大学学报》，2019（01）；刘俊：《民族旅游村寨治理的法治维度——以贵州雷山县“西江模式”为例》，载《原生态民族文化学刊》，2019（01）。

⑥ 王猛：《乡村振兴下民族地区乡村治理创新的目标模式及实现路径》，载《广西民族研究》，2019（06）；何阳：《多元主体互动视域下民族地区“三治合一”乡村治理体系建设》，载《西南民族大学学报》，2020（12）。

⑦ 彭晓烈、高鑫：《乡村振兴视角下少数民族特色村寨建筑文化的传承与创新》，载《中南民族大学学报》，2018（03）。

化、[1]培育乡土文化人才[2]等。另一类方向则是把文化定位为一种潜在的可开发的资源，对其在乡村振兴中的角色与利用方式予以研究，[3]并就在该过程中产生的难题展开分析及探讨相关应对策略。[4]乡村振兴战略赋予传统文化新的活力，也面临着新旧矛盾夹杂的挑战，明晰不断发掘传统文化的内涵意义之际，应客观地指出其中蕴藏的负能量因子对乡村振兴的消极效应，应严谨审慎地明晰现有文化内容中有益于积极推进乡村振兴的部分，以及就剩余部分逐一进行甄别，对能够创造性转化与创新性发展的内容开展文化再生产，进而做到弘扬精华、去除糟粕，达到“扬”与“弃”的相辅相成。

实施乡村振兴战略需重点关注应对乡村振兴主体的“不在场”或是“缺席”，更离不开庞大数量的乡土人才用以提供人力资本与智慧服务，因此如何吸纳与培育相应人才便成了民族、地区乡村振兴重要关切。针对西部民族地区乡村的现实突出问题，通过制定优惠政策招揽能干人、构建主导产业吸引年轻人、增进人文环境汇聚财富人为最佳路径。[5]高校在读的学生群体更是民族地区乡村经济、社会、文化发展前进的未来支柱，[6]职业教育[7]和价值观教育[8]也被看做是重要方面。

---

① 王晓为、孙德昊：《乡村振兴战略中传承和发扬鄂伦春族传统民俗文化的时代意蕴》，载《黑龙江民族丛刊》，2018（06）。

② 王振杰、宗喀·漾正冈布：《文化交融视域下的乡村文化变迁与振兴——基于青海民和县杏儿乡7个村的探析》，载《西北农林科技大学学报》，2020（03）。

③ 蔡新良、虞洪：《乡村振兴视角下民族传统文化资源的旅游创新转化研究》，载《农村经济》，2019（05）；王岚：《少数民族优秀传统文化滋养文明乡风的路径》，载《民族学刊》，2020（02）。

④ 王林生：《乡村振兴战略下我国民族地区文化资本的创意性生成研究》，载《学术论坛》，2019（03）；杨洪林：《文化产业视角下乡村振兴与民族地区城乡关系重构》，载《云南师范大学学报》，2020（03）。

⑤ 邓磊：《西部民族地区乡村振兴的核心是人》，载《华中师范大学学报》，2019（01）。

⑥ 许纯洁：《民族地区高校新型乡土人才培养：时代使命与实现路径》，载《广西民族研究》，2019（02）。

⑦ 李丽、杨如安：《乡村振兴背景下边境民族地区农村职业教育的困境与路径》，载《云南师范大学学报》，2020（04）；朱德全、曾欢：《民族地区职业教育服务乡村文化振兴的空间向度》，载《教育研究与实验》，2019（06）。

⑧ 刘晓红：《乡村振兴视角下西部民族地区“五个认同”教育研究》，载《西南民族大学学报》，2020（06）。

5. 综合视角下的民族地区乡村振兴研究

研究者或是从价值所在与深刻意义，或是从实施原则与方法路径，或是从具体困境与处理对策等方面展开研究。于价值意义之维，研究者普遍认为民族地区乡村振兴之复杂性、价值性与艰巨性更甚。如边疆民族地区所具备着地缘政治生态交错性、跨境民族生态多元性同复合文化生态融合性等因素，其整体形势如何同国家主权、边界安定、国防前沿、生态屏障及民族团结等战略格局有着直接且极度密切关联。①

在对策路径之维，研究者先是肯定摆脱贫困对达成乡村振兴最终目标至关重要，相继关注了扶贫搬迁、旅游发展与“空间异位战略”三类具体的脱贫模式；其次指出乡村振兴的重中之重便是要推动人的全面发展，并就涉及乡村振兴的基本公共服务相关内容，涉及养老、医疗、教育、就业等予以关注。② 城乡融合发展的思路无论是学理层面还是实践之处均有所展现，有研究者认为乡村振兴可围绕“村寨镇化”展开分析，并构建出集资本聚合、文化旅游、传统工艺、生态农业、老字号品牌于一体的理想蓝图；③ 有研究者总结了以文化保护和城乡融合发展为中心的“摩梭家园”模式。④

对振兴原则重要性的强调同样备受关注。民族地区乡村振兴要坚持拓宽思路，要开展现有经济结构革新，构建具备现代产业特征乡村产业，发挥特色资源和先天优势，借助外来力量的引进和刺激，探索出一条适用于乡村振兴的内生发展之路。⑤ 有研究者将西部民族地区乡村归纳成四种类型及与之相适应的振兴原则：一是服务城镇化型乡村，需遵循亚城镇化要求布局；二是产业发达型乡村，需遵循生态优先要求布局；三是隐性衰落型乡村，需遵循康养产业要求布局；四是

① 徐俊六：《族际整合、经济转型、文化交融与协同共治：边疆多民族地区乡村振兴的实践路径》，载《新疆社会科学》，2019（03）；殷兴东、牛绿花：《贫困突围、生态屏障、国防前沿——民族地区乡村振兴的三个维度》，载《原生态民族文化学刊》，2019（02）。

② 潘松刚、杨利春：《少数民族地区是乡村振兴的重点和难点——“少数民族地区人口可持续发展与乡村振兴”学术研讨会综述》，载《中国人口科学》，2018（05）。

③ 李忠斌、陈剑：《村寨镇化：城镇化背景下民族地区乡村振兴路径选择》，载《云南民族大学学报》，2018（06）。

④ 陈东：《民族地区乡村振兴的“摩梭家园”模式研究——以文化生态保护与城乡融合发展为中心》，载《青海民族大学学报》，2019（01）。

⑤ 安治民、任坤：《贵州少数民族地区乡村振兴的内生路径》，载《贵州民族研究》，2019（12）。

显性衰落型乡村，需遵循旅游产业或是退耕还林要求布局。[①]

除上述五类议题外，还有研究者从考察传统村落保护策略[②]、农牧民主体性问题[③]、生态补偿问题[④]、"美丽"与"振兴"深度互嵌[⑤]等方面丰富了民族地区乡村振兴研究。

中共中央、国务院印发的《乡村振兴战略规划（2018—2022年）》从强化民族地区乡村基础设施建设改善到积极弘扬优秀传统文化，从特别重视民族地区乡村内生发展动力激发到强调生态环境保护优先，全面着力民族地区乡村振兴的总体布局与有序推进。乡村振兴可在结构上划分为产业振兴、文化振兴、人才振兴、生态振兴与组织振兴，这五个方面从经济发展、乡土文化、生态环境、乡村治理及改善民生呈现出乡村振兴战略拥有极强的整体性，为民族地区乡村振兴和高质量发展提供方向引导与前进目标。[⑥]事实上，不仅以中央"一号文件"为代表官方政策文件将民族地区乡村振兴视为重中之重，与之相关的学术成果更是紧跟热点、不断涌现，从多个维度对民族地区乡村振兴开展探讨，积累了一定数量与质量的研究文本。

从表绪-1高频研究主题内容的受关注程度不难发现，相关文献聚焦于乡村治理、民俗旅游、特色产业、脱贫攻坚、民族文化、乡村振兴价值所在及推进必要性解读、乡村振兴具体路径描绘等。民族地区在乡村振兴实践中，相继寻求到防范贫困代际增生、增强少数民族民众自我发展能力的教育途径，还有借助就民族优秀传统文化的深入发掘阐释，树立多样文化特色的乡村文化产业发展模式。但多数研究成果将民族地区乡村当作成一个同质化的整体为价值预设，可归为在宏观维度上的理论延展与抽象经验凝练，思辨性成果丰富，相反较为

① 邓磊：《西部民族地区乡村变迁与乡村振兴》，载《华中师范大学学报》，2018（06）。

② 吴泽荣：《实践、困境与突破：乡村振兴背景下民族地区传统村落的发展策略与路径选择——以广东为例》，载《广西民族研究》，2020（02）。

③ 郭险峰：《认知与激活：民族地区农牧民主体地位研究——基于四川6个民族村的调查与思考》，载《广西民族研究》，2020（04）。

④ 王波、邹洋：《新时期生态补偿与民族地区乡村振兴协调发展研究》，载《农村经济》，2019（10）。

⑤ 谭志喜：《从"乡土中国"到"美丽乡村"：我国民族地区乡村振兴的实践逻辑与路径调适——恩施州个案调查》，载《广西民族研究》，2021（02）。

⑥ 向琳、郑长德：《乡村振兴与民族地区高质量发展》，载《广西民族研究》，2021（01）。

深入的案例呈现匮乏。从研究视角与内容出发，承袭乡村振兴战略总要求即“五位一体”的整体视角下研究成果不足，脱贫攻坚、乡村治理、民族文化与产业发展等内容是为研究热点，关注度较高，而乡村人才振兴的研究需进一步加强，对民族地区生态领域的重视度不够，亟待扭转。整体上观之，已有研究成果在论述深度、阐释广度与探讨系统性还需研究者密切关注、尽心竭力。

从相关理论而言，研究者更多地从西方理论中寻求参考，对本土理论的关注及概括提炼度缺失。在既有研究成果中，一些研究者深受西方现代化理论、参与式发展、可持续发展等思想与观念的塑造，研究中对“赋权”“参与式”等话语及其有关思路方法于理论探讨和实践分析中较为推崇，诸如此类话语却在现实推进过程中状况百出、难以弥合。例如，在重视社区赋权与村民积极性的同时，也要正视社区自身动能与村民自身具备的资源到资本的差距等客观制约条件。更应明确的是，要意识到在我国民族地区的绝大部分乡村，倘若外源性力量如政府、市场的角色被弱化甚至无视，一味突出村民在乡村振兴中主体性而对多元参与主体配合协同作用的重视度不够，此举无异于在乡村振兴大业的推进中事倍功半。故而，民族地区乡村振兴研究需更多地重视从“围观”迈进“行动”，[①] 推动田野调查同行动关切并轨，[②] 突出理论与实践相结合。

“太多拿来主义的色彩、太少对历史传统的观照”[③]，西方理论同中国现状问题在契合性之处鸿沟明显。所谓“外来的和尚难念经”，就要求在今后相关研究中着力田野调查与丰富案例关注，以研究者同研究对象、参与主体、社区居民的交流、互动及协同为突破口，令地方性知识与外部资源交融互鉴，不断于具体行动及参与观察中寻觅出与本土性、乡土性相契合、相传承的农业农村现代化知识资源，反之用于前者，达成两者之间的相辅相成、相得益彰。从研究对象与方法上来看，应充分发掘挑选一定数量的典型案例开展深入研究，提供相应

① 樊凡、刘娟：《从围观走向行动：乡村振兴战略背景下农村社会研究范式的转型——兼谈学术何以能中国》，载《中国农村观察》，2019（01）。

② 孙庆忠：《并轨：扎根乡村的田野工作与促进变革的行动研究》，载《民俗研究》，2021（06）。

③ 朱晓阳、谭颖：《对中国“发展”和“发展干预”研究的反思》，载《社会学研究》，2010（04）。

的案例支撑。分析此类案例中累积的经验与存在的困境，进而考量乡村振兴战略阶段性任务的推进过程和实际效果，以此能够及时制定可行性策略加以应用，为民族地区乡村振兴服务。

（三）天祝县相关研究

天祝县具备多种自然资源，地形地貌种类繁多，动植物资源丰富，得到草业、林业、生物、矿产、资源等众多学科研究者的关注，每年均有可观数量的研究成果问世。相较而言，源于民族学、社会学、历史学等社会科学背景的研究成果稍显不足，对该地区的学术关注有待进一步提升。根据本书研究内容，从以下几个方面回顾研究成果。

1. 天祝县民族关系研究

民族关系的和谐稳定事关国家安定与社会秩序稳定，也事关民族自身发展。天祝县拥有众多民族，藏族同人口最多的汉族间的民族关系成为研究者的关注重点。从汉藏间文化交流与文化涵化的表象入手，进而探讨汉藏民族关系。何俊芳等从“汉化”“藏化”概念与现实入手，分析了天祝县汉族与藏族间的社会互动与文化互动，借此对在此种概念的理解与操作的双重影响下，阐释了汉藏间民族关系的表现和走向。[①] 陈涛的研究关注天祝县藏族何以能将冠汉姓发展成一种风俗，并探讨了天祝县藏族汉姓现象正是历史上汉族与藏族间交往相融之直观印证。[②] 夏妍则与上述研究者相异，其以天祝县境内一多民族村庄——天堂村为研究对象，将村庄置于多个文化层次中，民族关系表现形态受到文化的不同表现形式影响，探讨了民族关系的实质与构建等问题。[③] 天祝县是多民族聚居地区，在民族交往交流交融的大背景下，不能搁置或无视对该方面的研究探讨。

2. 天祝县民族语言研究

研究者多就民族语言面临的困境进行论述，且集中在人口较多的少数民族语言——藏语。天祝县位于藏传佛教文化圈与儒家文化圈交

---

① 何俊芳、王浩宇：《试论现代“汉化”：一个被泛化的概念——以甘肃省天祝藏族自治县为例》，载《中南民族大学学报》，2014（01）。

② 陈涛：《汉藏文化交流背景下华锐藏族冠汉姓现象及其文化释读》，载《青海社会科学》，2012（06）。

③ 夏妍：《村落中的民族关系研究——以天堂村为例》，兰州，兰州大学博士学位论文，2014。

界处，传统地理意义上的边缘已不复存在，在现代化的冲击和市场化浪潮中，出现了明显的不适应现象。王文玲认为，语言态度、人口变化、族际通婚导致了该地藏语的濒危，应该从相关政策支持与文化传承保护等方面入手。① 何俊芳指出，藏语的大幅度衰退，表现在当地藏族人口使用藏语的能力、频率、范围、态度以及代际传递层面，此种困境未来仍将加剧。与前者不同，她提出要大力发掘并弘扬当地历史文化积淀，并创造维护语言多样性与多语和谐发展的社会环境，从文化资源与社会环境中寻找应对之道。② 姚春林的研究反映出藏语面临困境的原因之一就是语言环境的缺乏，语言多样性的观念还未深入人心。青少年一代学习藏语的主要目的是满足民族情感，但在生活中使用藏语的范围与频率却逐渐缩减。③

3. 天祝县民族社区研究

民族社区现状与发展同样受到关注，既有对社区发展方向的探讨，也有对社区发展问题的关注。陈晶以民族乡村社会的阶层分化为出发点，认为民族乡村正在向既能同市场经济相适应，又能遵循其固有的运行模式来对社会阶层分化的状况进行内部整合。国家角色转变与市场经济塑造是前提，乡村社会成员所掌握的资源与自身能力是条件，通过对农牧区民族乡村的实证调查，提出阶层差异具备了身份建构与经济分层的双重效应。④ 王文棣认为，包括天祝县在内的河西走廊民族社区兼具原生性与自发性、民族性与宗教性、后发性与先进性共存局面。然其发展仍是传统意义上的发展，可持续性程度不深，表现为经济上过度依赖畜牧业及矿产开发而忽视生态保护；民众的社区参与度较低致使内生发展动力不足，共同演变为影响其发展滞后的重要原因。⑤ 张丽则论述位于民族交融地带的三类村庄在生计、文化、空间三重维度上的社会变迁，借以探讨多民族杂居地带村庄的变迁模

① 王文玲：《华锐藏语濒危成因及保护对策分析》，载《北方民族大学学报》，2016（05）。

② 何俊芳：《天祝县藏族居民语言使用现状调查与思考》，载《中央民族大学学报》，2015（05）。

③ 姚春林：《城市化进程中甘青藏区语言文化生活研究——以甘肃省天祝藏族自治县华藏寺镇为个案》，载《中央民族大学学报》，2013（06）。

④ 陈晶：《甘肃藏区民族乡村社会阶层分化研究——以天祝藏族自治县农牧区为例》，北京，中央民族大学博士学位论文，2012。

⑤ 王文棣：《河西走廊民族社区协调发展研究》，兰州，兰州大学博士学位论文，2010。

式及未来可能的发展路径所在。[①]

此外，还有研究者从其他角度对该县民族与乡村进行研究。张燕等从经济学角度对该县开展循环经济的可能性从自然环境与经济社会发展现状进行分析。[②] 宁银苹等对天祝县发展生态旅游产业的条件及挑战加以分析阐述，在此基础上提出需坚持可持续发展理念。[③] 杨军关注了基础教育发展中的师资均衡问题，就制约问题与解决途径一一做出表述。[④] 王希隆等研究了高原农业转型与小农户发展间的关联。[⑤] 切排等以生命历程为研究视角，探讨了进城居住老人的市民化与社会适应问题。[⑥]

已有研究成果表明，与民族关系相关的研究内容占据多数。天祝县自古以来本就是多民族共居之地，各民族在此和睦相处、共同发展，多种生计方式并存，文化多元特征十分突出，具有民族交融地带的诸多因素。其中，汉藏关系为民族关系的主流与标志，诸多研究成果集中于此，体现了该县作为文化圈交汇处的特性。以文化间碰撞、交流甚至是涵化、交融为主要落脚点，剖析不同地区民族关系，仍将在今后研究中呈现主要趋势。天祝县是一个多民族、多文化、多生计方式的交融地带，呈现多元一体与和而不同的格局。

总体而言，研究成果仍存在数量较少、范围较窄、深度不够等问题不足。通过检索，笔者发现截止到 2021 年底，仅有博士学位论文 5 篇，硕士学位论文 78 篇，可将其分为四类研究主题，即民族地区发展与民族关系、民族地区教育、高山地区生态地理及自然资源相关研究。其余内容上，研究成果虽突破 1000 篇，但大多是对天祝县自然环境、资源分布、地形地貌、植被畜种、水利林业等自然科学研究，已呈稳

① 张丽：《西北民族走廊汉藏交融地带乡村社会变迁研究》，兰州，兰州大学博士学位论文，2021。

② 张燕、毛生武：《县域循环经济模式初探——以甘肃省天祝藏族自治县为例》，载《民族研究》，2006（06）。

③ 宁银苹：《西部民族地区生态旅游可持续发展研究——以甘肃省天祝藏族自治县为例》，载《西藏大学学报》，2008（04）。

④ 杨军：《关于少数民族贫困地区基础教育师资均衡配置的思考——来自甘肃省天祝藏族自治县的调查》，载《民族教育研究》，2005（03）。

⑤ 王希隆、明占秀：《乡村振兴背景下高原农业转型与小农户发展研究》，载《青海社会科学》，2021（02）。

⑥ 切排、余吉玲：《生命历程视角下乡城迁移老年人的市民化——基于甘肃省天祝县的调查》，载《北京社会科学》，2021（10）。

定态势，每年相关成果数量充足，范围广阔。与之相比，民族学、人类学、社会学等相关学科的成果明显匮乏且发展不均衡，民族关系方面关注较多，而个体发展、产业转型、治理创新、社区发展、乡村振兴等方面需加大关注度。相关成果往往选择以普通论文形式刊出，缺少民族志的积累，多侧重于表象描述，缺乏理论提升。

四、研究思路与方法

（一）研究思路

本书以天祝县D村为田野点，围绕着高原夏菜项目引入落地的发展历程，论述特色产业发展体现出的立足当地资源禀赋与比较优势等实际，并以其经济效应为核心，进一步分析与理解特色产业发展效应的组成结构与现实呈现。在缺乏二、三产业基础条件的前提下，通过对传统农业的改造升级，持续激发内生发展动力，使其成为追求产业兴旺乃至全面推进乡村振兴中的基础性、支撑性角色，为同类型村庄的产业发展之路提供了值得借鉴的模式路径。本书在结构设计上，以特色产业发展之路的描绘引出特色产业发展效应的内在结构，再由对发展效应的整体把握窥探特色产业自身。

绪论介绍了研究缘起、研究意义、研究综述及研究方法等内容。

第一章梳理了特色产业在D村的发展历程，按照“种植”与“销售”两个层面展开。从“种植”处看，先后经历了从试种到扩散再到“开花”的大致脉络，是为村庄经济结构调整转型的关键一环，由此确立了农业生产主导与高原夏菜的首选农产品的双重格局。就“销售”而言，经过艰辛探索与内外联动，以层级销售链为主的销售模式得以形成并长期维系，其间坎坷有之，但收获满满。

第二章剖析了特色产业发展效应之作为核心的经济效应。追求并实现可持续的经济效应是特色产业发展的初心使命，村民与村庄可从中直接受益。对村民来讲，特色产业发展带来了良好的经济收益回报，促使生活品质的有效提升，重燃对农业生产的期盼满足。对村庄而言，在于确立符合自身条件与市场需求相结合的发展路径，持续培育激发内生发展动力，推动自身建设有序开展。

第三章关注了特色产业发展效应之作为延展的空间效应。从特色产业示范区作为空间效应的形式展现剖析，由明显的建构性特征入手，探讨其“示范”角色的呈现以及对特色产业发展的旨归。对美好生活需求与向往是其目的旨归，对原生性因素和建构性因素的互动共生是其运行旨归，对“自我”的表达是其价值旨归。

第四章聚焦了特色产业发展效应之作为驱动的社会效应。通过对特色产业具备“中间人”特征引发村庄内外部社会关系调适的描述，说明特色产业发展同乡土社会结构的对接与嵌入密不可分。以“关系”为突破口，特色产业发展推动着村庄内外关系焕发出新活力，丰富完善着必要的社会基础。

第五章探讨了特色产业发展效应之作为愿景的文化效应。在对“乐业”价值情怀的不懈追求中，特色产业发展的阶段性困境在很大程度上制约着前者的实效与时效，应当针对现实困境予以相应关注，以实现顺利突围。此外，“安居”“职业”同“乐业”共同构成了价值重塑的主要目标，不只是限于特色产业发展文化效应，还是对农业、农村、农民整体固有刻板印象破除与再造的美好愿景。

第六章基于对特色产业发展效应的整体把握，进一步窥探特色产业自身，总结一路走来的经验、分析困扰进阶的问题与找寻突破瓶颈的方向，着力特色产业自身高质量发展，进而增进发展效应更为全面优质地展现，使其足以为实现产业兴旺乃至乡村全面振兴提供坚实且持续的内生动力。

结语部分一方面指出特色产业发展效应中存在着“一体”与“多元”间的相互关联，诸多效应的发挥围绕着经济效应这一核心展开，并与之共同构成整体效应，是评估特色产业发展的直接参照；另一方面则认为从脱贫攻坚到全面推进乡村振兴的发展阶段转换，为特色产业发展赋予新的价值使命，应当更加重视在“全面”上谋划推进特色产业发展，使其更优质、更有效发挥自身效应，助力乡村全面振兴。

（二）研究方法

本研究主要借鉴民族学、社会学相关理论，依据研究传统，将社会、文化与发展的关系贯穿其中，采取文献法、田野调查法为主要研究方法。

第一，文献法。同本书研究相关的统计数据、政府文件、学术研究成果均为研究内容所需的基础文献，主要从以下三个方面入手。首先，对关于乡村产业振兴与涉及我国民族地区乡村振兴研究的相关文献予以关注，按照研究主题、内容进行分类归纳，分析并总结出基本脉络与研究特征。其次，梳理有关天祝县的相关研究成果，依据研究内容需求，以民族关系、民族文化、民族社区为关键词，分析归纳关于发展研究的焦点与不足之处。最后，从相关部门及门户网站，获取与本研究相关的经济社会、农业农村、人口民族、历史文化等相关数据、统计信息的电子和纸质文本。

第二，田野调查法。运用田野调查方法中参与观察法和访谈法，一方面多次深入当地进行田野调查，以亲身体验和参与观察获取特色产业发展历程、目标任务、运行实效、预期成果等多方面信息。另一方面针对不同的访谈对象采取有差别化的方法，将政府人员、村干部、普通农民、典型代表、企业人员分为地方官员、外来干预者、主要受益者三类，以深度访谈、一般访谈和结构化、半结构化访谈相结合的形式，积累相关的田野资料并加工整理，其中部分数据信息可作为文献补充与更新之用。具体来讲，笔者于2018年10—11月、2019年7 8月、2021年7 8月、2022年8月先后多次进入田野点调查，积累了较为丰富的访谈资料与数据信息，为本书研究内容提供了较为翔实的田野资料。

五、田野点概况

天祝，藏语意为英雄之地，以境内天堂寺、祝贡寺取首字而得。作为青藏高原东北端与黄土高原最西端、蒙古高原西南端的衔接地带，天祝县呈现出地理环境层面上的过渡地带和分界区域，以横亘在县中部的呈东西走向乌鞘岭为天然屏障划分出截然不同的两种基于气候类型的环境特征，加之地形地貌的特殊性，农耕与游牧两种古老的生计方式自古有之并延续至今。尤为重要的是，天祝县自古以来就是多民族聚居地，是新中国成立后设立的首个民族自治县，拥有多彩灿烂的民族文化，民族间交往交流交融贯穿于历史进程中。

（一）自然区位

1. 自然环境

天祝县地处我国地势阶梯的第一阶梯——青藏高原到第二阶梯——黄土高原的衔接区域，河西走廊东端，青藏高原东北部，黄土高原西部，内蒙古高原西南端，祁连山东麓，面积 7149.8 平方千米。东靠甘肃省白银市景泰县，南接甘肃省兰州市永登县，西与青海省海东市互助土族自治县、乐都区，西宁市大通回族土族自治县隔大通河相望，西北同甘肃省张掖市肃南裕固族自治县接壤，北同甘肃省武威市及下辖古浪县毗邻。该县地理位置在东经 102°07′—103°46′，北纬 36°31′—37°55′之间，地势呈西北高、东南低走向，地貌以山地为主，以乌鞘岭为界，东西两侧差异较大。

受地形地貌以及海拔的影响，天祝县境内气候、植被、土壤等自然条件具有明显垂直分布特征，大致可分为以下四类地貌类型。

第一，西北部高山高原区。位于该县金强河流域上游，地势高峻，海拔多在 4000 米以上，气候严寒，广布有现代冰川，冰雪资源丰富，是诸多细小河流的发源地，造就了较为丰美的水草，是优良的天然牧场。

第二，西南部高山峡谷区。包括了金强河以南的马牙雪山、三宝山一带，海拔在 3000 米以上，山脉多以西北—东南走向。以大通河、金强河峡谷构成了狭长的谷地，谷底两岸地势较为平坦，经过冲击的土壤较为肥沃，灌溉较为便利，适宜耕种劳作。

第三，中部中山区。海拔在 3000 米上下，沿乌鞘岭走向呈东西分布态势，是一条狭长的山地，西连祁连山主脉，东入白银市景泰县境内汇进黄土高原，成为我国黄土高原与内蒙古高原的分界线。[①] 该区域受地形影响降水较多，北侧坡陡险峻，南侧“山形浑圆，外形完整”。

第四，低山丘陵区。整体海拔在 2600 米以下，在该县境内分布范围较广，占全县土地总面积的 1/4 以上。主要分布在中部中山区周围及西北部高山草原的东北边缘，尤其是中山地区因地质构造和地壳活动形成的构造盆地较为集中，如 D 村所处的金强河谷地、安远盆地、松山盆地、西大滩盆地等。这些盆地无一例外具备地势平坦、土壤肥沃、集中连片、灌溉便利等优势特征。

① 《天祝藏族自治县概况》编写组:《天祝藏族自治县概况》，3 页，北京，民族出版社，2009。

图绪 -3　天祝藏族自治县地形图①

全县气候属于明显的大陆性高原季风气候，其季风性不仅表现显著，而且结构复杂，表现为气温年较差小，日较差大，年平均气温为0.3℃，四季不甚分明，冬长无夏遍及大部分地区，春、秋短暂，除大通河沿岸一带有十多天夏季外，其余各地均无夏季；② 年平均降水为407.4毫米，大体上由西北至东南逐渐减少，且季节分配悬殊，8月为降水高峰期，月降水量可占全年降水量的3成以上；年平均日照时数可达4434小时，在农作物生长时节的5—8月在1750小时左右，日平均日照时数在14小时上下；年蒸发量在1200—1700毫米之间。四季的气候特征是春季天气多变，多寒潮大风；夏季气候凉爽、降水增多，年际变化大，多冰雹，常发生伏旱；秋季，前秋潮湿多雨，后秋降温迅速，降水锐减；冬季干燥寒冷多晴天。③

田野点D村，位于打柴沟镇小城镇周边，距离县城20千米。打柴沟镇因境内打柴沟而得名，藏语称曲隆。D村所处金强河谷地中游，海拔2600米，气候类型为中温带大陆性季风气候，年降水量在400—450毫米；年均气温 -2℃—4℃；年日照时数2500—2700小时；年蒸

① 图片来源于BIGEMAP地图网，http：//www.bigemap.com/source/terrain-3367.html. 2019-02-01/2020-03-04。

② 《天祝藏族自治县概况》编写组:《天祝藏族自治县概况》，14页，北京，民族出版社，2009。

③ 《天祝藏族自治县概况》编写组:《天祝藏族自治县概况》，11—12页，北京，民族出版社，2009。

发量 1200—1700 毫米；年相对无霜期 90—96 天。春天天气多变，且多寒流大风，时伴有沙尘；夏季凉爽；秋季潮湿多雨，降温迅速；冬季干燥严寒，多风沙。常有干旱、冰雹、洪涝、风雪等自然灾害发生。①

2. 耕地地力概况

D 村的农业生产同相应自然环境的影响制约密不可分，较为平坦的地势、河流流经的便利灌溉与相对优势的土壤类型共同提供了适宜耕种的先天条件。在这之中，包含土壤类型在内的耕地地力更是对农业生产有着举足轻重的效应，受与之关联的自然因素与环境条件所制约，体现在耕地生产能力、产品质量高低与耕地环境状况优劣三重环节。②

天祝县现有耕地面积 86.9 万亩，占县域面积的 7.49%，根据气候条件、灌溉条件、立地条件等，该县耕地可划分为三大区域：河谷川灌区耕地，占总耕地面积的 15.2%，以河水灌溉为主，主要土壤类型为河谷川灌栗钙土；浅山半干旱区耕地面积占总耕地面积的 26.1%，灌溉条件低，主要土壤类型为山地暗栗钙土和黑钙土；二阴区（中山地区）耕地面积占比最多，达 58.6%，基本无灌溉条件。由此可见，全县耕地资源分布集中在三个区域：一是海拔低于 2600 米的河谷区，特征为热量较好，无霜期较长，具备一定灌溉条件，为主要农业区；二是海拔在 2600—3000 米的浅山区，相比之下，热量不足，无霜期短，降水差异同坡向朝向密切，灾害频繁，为农牧兼营区；三是海拔 3000 米以上的高山区，则为夏秋草场和高山林地。

D 村所在区域是海拔低于 2600 米的河谷地区，耕地类型为河谷川灌区耕地，耕地面积 3200 余亩。根据天祝县耕地地力评价结果，D 村耕地因灌溉相对便利、地势相对平坦、土壤类型等因素，大多划分为一等地，少许为二等地，在所属打柴沟镇占比幅度较大。一等地土壤理化性状良好，可耕性强，土壤肥力高；二等地可耕性较强，土壤肥力较高。一等地、二等地的土壤类型均为山地黑钙土和山地栗钙土，土壤质地以中壤为主，在土壤类型和质地均无差别的条件下，灌溉保证率就成为关键变量。简而言之，一等地的灌溉保证率在 80% 以上，

① 数据来源于 D 村村委会和驻村工作队统计资料，2021。

② 聂战声、王爱民：《天祝藏族自治县耕地质量评价》，1—2 页，兰州，甘肃科学技术出版社，2015。

二等地则下降至60%，耕地地力与灌溉条件和灌溉保证率密不可分。在积温、光照等条件差别不大的前提下，排除恶劣极端天气的影响，最突出的变量在于灌溉条件和灌溉保证率。

表绪 –2 打柴沟镇与D村土壤养分含量平均值[①]

名称	pH	有机质（g/kg）	全氮（g/kg）	全磷（g/kg）	全钾（g/kg）
打柴沟镇	8.01	29.1	1.51	1.06	17.8
D村	8.11	27.7	1.65	0.89	15.9

从表绪 –2 中可以得知，D村耕地中土壤养分含量的平均值同其所隶属的打柴沟镇平均值较为接近。打柴沟镇所下辖的行政村中，与D村耕地地力评价相接近的却屈指可数，仅有位于D村上方的J村和下方的A村在平均值上较为接近，其余行政村或是地势起伏度较大，或是远离河流水源灌溉条件和灌溉保证率较低，或是遭受自然灾害导致水土流失严重，导致土壤中氮磷钾养分比例失衡。诚然，自然环境条件的影响只是其中之一，人为因素诸如农业机械的使用、化肥农药的误用滥用、农作物品种的适应性等方面同样影响制约着耕地地力的评价结果。更何况，此种评价标准和评价结果带有一定的局限性和理想性。局限性表现在时空层面，调研得知，天祝县范围内大规模的耕地地力评价标准仍以2013年结果为主要参照系。近些年来通过农业供给侧结构性改革和高标准农田建设，仅打柴沟镇具备一等地标准的耕地面积较2013年增长近1/4。[②]尤其是困扰耕地地力评价的灌溉条件，近些年来根据中央“一号文件”持续关注“三农”问题的政策红利，乡村水利设施已有较大改善。打柴沟镇建立以“金强河扬水站—干渠—支渠”的水利设施网络，涵盖所有建制行政村，灌溉条件和灌溉保证率大幅改善。理想性表现则基于局限性的长期固化，忽略了人为因素对克服局限性的作用，简单地将此种评价结果视作先天性的价值标准而非准确的参照物，缺乏一种动态的监测管理。而现实的人为因素对改造耕地地力的规划行动则是基于自然环境因素的先天条件的

① 聂战声、王爱民：《天祝藏族自治县耕地质量评价》，90页、103页，兰州，甘肃科学技术出版社，2015。

② 数据来源于对打柴沟镇农技站负责人的访谈，2021。

针对性改良和提升，围绕着对可控因素的具体行动，利用相关政策红利逐步进行的长时期分阶段的目标任务，贯穿于农业现代化和全面推进乡村振兴的战略行动中。

（二）人文区位

1. 历史沿革

天祝县境内有人类活动的历史可追溯到新石器时代。商周时期隶属雍州，作戎、羌驻牧之用；秦代为月氏管辖；汉代初期属匈奴范围，西汉到西晋时按乌鞘岭划界，其北属武威郡，其南属金城郡。隋代大业六年（610 年），改名为会宁县，为凉州武威郡管辖。唐代属陇右道武威郡。五代时属凉州，由吐蕃折逋氏家族（后汉）统治。北宋属西凉府，公元 1036 年后为西夏管辖，仍称凉州。元代设永昌路，将（乌鞘）岭北、岭南分属西凉州与庄浪县，至元元年（1264 年）设巡检司。明代设陕西行都司，（乌鞘）岭北为凉州卫治理，（乌鞘）岭南为庄浪卫治理。清代属凉州府，由武威、平番、古浪 3 县辖之，于乾隆十八年（1753 年）设庄浪茶马理番同知，管辖 3 县所属的今天祝藏族部落即（乌鞘）岭南。民国三年（1914 年）撤销庄浪茶马同知，立庄浪茶马厅理番专员，由平番县（1927 年改为永登县）长兼任；民国二十五年（1936 年）取境内天堂寺、祝贡寺之首字为名设天祝乡，属永登县。[①]

1950 年 5 月 6 日成立天祝自治区（县级），属武威专区，辖 10 乡；根据政务院总理周恩来指示，于 1953 年 10 月 22 日改称天祝藏族自治区，下辖 6 区 30 乡；1955 年 7 月 19 日更名为天祝藏族自治县，同年 10 月武威专区并入张掖专区，属张掖专区。1961 年 11 月，恢复武威专区，天祝县划归武威专区管辖，1961 年 12 月恢复古浪县建置，连同天祝县划归武威专区管辖，时年天祝县辖 16 个人民公社、15 个牧场。1983—1984 年，人民公社和牧场撤销，设 7 区 45 乡。1985 年 10 月，撤区并乡，天祝县辖 5 镇 17 乡；1989 年，天祝县隶属甘肃省武威行政公署；2001 年 5 月 9 日，撤销武威行政公署，建立武威市，天祝县隶属甘肃省武威市。截至 2021 年 8 月，天祝县辖 14 镇 5 乡：华藏寺镇（县委县政府驻地）、打柴沟镇、石门镇、安远镇、炭山岭

① 天祝藏族自治县县志续编编纂委员会：《天祝县志》（续编）（送审稿），3—4 页，未出版。

镇、抓喜秀龙镇、哈溪镇、赛什斯镇、松山镇、大红沟镇、祁连镇、朵什镇、西大滩镇、天堂镇、东大滩乡、毛藏乡、旦马乡、东坪乡、赛拉隆乡，共设有178个行政村、20个居委会。[①]

D村最早隶属于打柴沟公社，该公社于1976年成立。20世纪80年代，天祝县推行家庭联产承包责任制，做出将已有耕地面积的7%作为生产队自用地的决定，彼时囊括4个生产队的D村决定将200余亩耕地特意标示为生产队自用地性质，人均面积0.373亩。1980年，中共中央出台《关于进一步加强和完善农业生产责任制的几个问题》，天祝县适时召开农村工作会议，制定明确了将全县40%的“三靠队”（即吃粮靠供应、用钱靠贷款、生活靠救济）人口务必率先实现包产到户任务。到当年末，全县所有生产队均顺利实现包产到户的既定目标。[②]1983年，依据“政社分设”的要求，全县范围内开展行政区划调整及管理体制改革，废除公社、牧场行政建置，由乡（镇）——村政权组织取而代之。D村便由先前的4个生产队经过合并正式成立，属打柴沟镇管辖，至今尚未发生变动。

2. 民族与人口

天祝县是多民族和多元文化共生共存之地。天祝县在清乾隆以前无人口资料可考。据《五凉考治六德集全志》记载：清乾隆十四年（1749年）分布在武威、古浪、永登3县（今天祝地区）的藏族共13280人。据宣统元年（1909年）庄浪茶马厅统计：庄浪36族1306户、4377人。民国三十二年（1943年），据永登县统计：天祝36族共1190户7843人，其中男性4489人、女性3354人。民国三十五年（1946年）后，因马步芳扩军抓兵，青海省化隆、乐都、大通、互助、门源和甘肃省永登、武威、古浪、民勤等县的不少民众逃离本土，避居天祝，使天祝地区人口急剧增加。至1949年，总人口达7万余人。[③]

根据2020年第七次全国人口普查统计数据显示，天祝县常住人口为151031人，同2010年第六次全国人口普查时的174790人相比，

① 《历史沿革》，见天祝县人民政府网站，http：//www.gstianzhu.gov.cn/zjtz/lsrw/lsyg.2021-07-20/2021-08-09。

② 《天祝藏族自治县概况》编写组：《天祝藏族自治县概况》，64页，北京，民族出版社，2009。

③ 《天祝藏族自治县概况》编写组：《天祝藏族自治县概况》，18页，北京，民族出版社，2009。

减少了 23759 人，年平均增长率为 –1.45%。全县共有家庭户 53333 户，集体户 1346 户。家庭户人口为 141447 人，集体户人口为 9584 人。平均每个家庭户的人口为 2.65 人，比第六次全国人口普查时的 3.47 人减少 0.82 人。全县常住人口中，居住在城镇的人口为 70040 人，占 46.37%；居住在乡村的人口为 80991 人，占 53.63%。与第六次全国人口普查相比，城镇人口增加 13806 人，乡村人口减少 37565 人，城镇人口比重上升 14.2%。①

各民族人口分布方面，据 2020 年第七次人口普查统计数据显示，全县共有 30 个民族，少数民族人口为 61269 人，占总人口的 40.57%，其中藏族人口占少数民族人口的 81.7%。藏族全县分布较广，19 个乡镇均有居住，主要集中在松山镇、抓喜秀龙镇、毛藏乡、赛拉隆乡等牧业主产区。1953 年人口普查时，藏族人口为 16002 人，占总人口的 20.37%；1964 年人口普查时，藏族人口为 27548 人，占总人口的 23.22%；1982 年人口普查时，藏族人口为 44602 人，占总人口的 23.93%；1990 年人口普查时，藏族人口为 52771 人，2000 年人口普查时，藏族人口为 66125 人。② 2010 年人口普查时，藏族人口为 53968 人，占总人口的 30.87%。2020 年人口普查时，藏族人口为 49387 人，占总人口的 32.7%。

天祝县是除青海以外最大的土族聚居区。根据 1985 年县编译室的统计，天祝土族来源除分布在现今天堂镇周边的属于世居民之外，多数属青海互助，少数属青海大通、民和，均同天祝县毗邻，在清末至民国分批迁入天祝地区，共计 1 万多人，D 村土族为青海大通、民和土族后人。1953 年人口普查时，土族人口为 3340 人，占总人口的 4.25%；1964 年人口普查时，土族人口为 6017 人，占总人口的 5.07%；1982 年人口普查时，土族人口为 10051 人，占总人口的 5.39%；1990 年和 2000 年人口普查时，土族分别有 12147 人和 12633 人。2010 年人口普查，土族人口为 10525 人，占总人口的 6.02%。

蒙古族早在元代就已在天祝驻牧。明代，阿勒坦汗（即俺答汗）之部在松山、西大滩等地驻牧。清代，蒙古和硕特部从青海进入今旦

① 《天祝县第七次人口普查公报》，见天祝县人民政府网站，http：//www.gstianzhu.gov.cn/zfxxgk/fdzdgknr/tjxx_2875/202107/t20210701_1318139.html.2021-07-01/2021-07-09。

② 《天祝藏族自治县概况》编写组：《天祝藏族自治县概况》，21—22 页，北京，民族出版社，2009。

马乡、毛藏乡、祁连镇一带驻牧。至民国时期，除少数留居外，大多数迁出，又迁入一些零散的蒙古族长期落居，D村蒙古族即为从青海海南州迁入的后人。1982年前的人口普查，蒙古族人数较少，同回族、满族等少数民族合并计算。到1982年后，蒙古族人口突破500人，分别为1982年的597人、1990年的818人、2000年的961人。2010年蒙古族人口为673人，占总人口的0.39%。

天祝县境内的回族自清时期便有居住，多从事商业及农业活动，D村所在的打柴沟镇为主要分布区。而在历次人口普查数据中，回族人口特征同蒙古族相似，1982年以前的人口普查单独计算人口数量，到1982年人口普查时回族人口1462人，占总人口的0.78%，1990年为1457人，2000年为1896人。[①]2010年为1334人，占总人口的0.76%。

调研中，D村书记对笔者讲道：

> 我们这个村总共有着4个少数民族，这么就是藏、蒙古、土、回4个少数民族。分别说吧，藏族总共有上个6户，回族吧，现在到了14户人家，蒙古族和土族各有上个2户人家，算下来不到25户。有这么一个特别的事情就是撒，土族的那个户里有一个，爸爸不是土族是汉族，人家妈妈才是土族，后面儿子的户口上就跟上妈妈了，把“汉族”改成了“土族”。这么一来这个户的土族就成了两口人，爸爸不能跟上了改呗。（LWG，男，回族，村书记）

到2022年8月，根据D村村务公开数据得知，D村现辖东下、东上、西下、西上4个村民小组，总人口共计251户1089人，包括藏族、回族、土族、蒙古族在内的4个少数民族人口共24户156人，占总人口比重的14.3%。

3. 生计类型

天祝县高山地区、中山地区和低山丘陵区的垂直性地带分布，令全县对应着林区、牧区、半农半牧区和农区等多重类型。天祝县作为一个多民族共同繁衍生息、共同生产生活的民族区域自治地方，汉族、

① 《天祝藏族自治县概况》编写组：《天祝藏族自治县概况》，24—26页，北京，民族出版社，2009。

藏族、土族、回族、蒙古族等不同民族之间的环境不尽相同，彼此间因地制宜，加之历史文化因素的推动，或农业生产，或畜牧养殖，或从事经商，或开展务工，呈现出生计方式的多样化，但并未刻意标明或是渲染与一定的民族边界相关，反而是在生计方式上选择最适宜个体或群体的形式途径，不拘泥于固有的条件限定。

（1）农业耕种

天祝县属于高寒旱作区，基本为雨养农业。1949 年前的 D 村地区只有青稞、燕麦和油菜可供生产。新中国成立后，政府通过兴修水利，利用祁连山雪融水扩展耕地灌溉面积，改革耕作制度，推行科学种田，引入培育良种，大力促进农业发展。按照农作物类型划分，青稞、燕麦、小麦、玉麦、豌豆属粮食作物；油菜属经济作物；其他作物则包含红笋、马铃薯与饲草料。彼时 D 村地区水浇地数量较少，属高寒旱作农业区，灌溉条件程度差，雨养农业为主要灌溉方式，表现出十足的“靠天吃饭”特征。小麦与大麦始种植于新中国成立之后，却收成不尽如人意，正常年份亩产仅仅能维系在 60 千克上下。根据 D 村村委会相关数据，1980 年前该村小麦种植面积已突破 1800 亩关口，达到全村农作物种植面积的 67%；而油菜种植 360 余亩，占全村农作物种植面积的 13.3%；剩余 110 余亩土地则种植蔬菜、马铃薯与饲草料，占农作物种植面积的比例为 4.1%。① 由此可见，D 村耕地面积在 1980 年之前便已接近 2700 亩，是名副其实的农业型村庄。家庭联产承包责任制确立实施前，农业生产全部由集体规划统筹进行分配，村民个体无生产自主性，只能被动接受生产安排。

1980 年后，在天祝县政府的支持帮扶下，D 村经过试验甄别，引入一批综合性能良好且适应自然环境的农作物类型大力推广，其中仍以小麦和油菜为主要选择。小麦引入更迭初期倾向于陇春系列品种，到中后期则青睐于中矮秆、大穗、大粒、耐旱、耐肥和高适应性的高产良种，先后进行了小麦品种的 2 次更迭，共计完成 13 次品种更换。1990—1993 年，D 村与县境内其他农业生产区被甘肃省农业厅选定为粮食作物综合增产技术试验点，历经 4 年多次试验，小麦亩产量从 144.52 千克上升至 196.48 千克，平均亩产增加 51.96 千克。② 1990—

① 数据来源于 D 村村委会，1980。

② 天祝藏族自治县县志续编编纂委员会:《天祝县志》(续编)(送审稿)，241—245 页，未出版。

1993年，依据甘肃省农业厅相关试验项目实施规划，天祝县于打柴沟镇在内的等3个乡镇开展了1万亩低芥酸油菜籽品种的综合增产技术试验，D村为主要试验点之一。经过3年时间，该品种油菜籽的单位产量从1990年的95.7千克上升到1993年的150.5千克，亩均增产54.8千克。1994—1997年，D村被确立为天祝县优质油菜籽丰产栽培示范基地之一，彼时油菜籽亩均产量最高达到186千克，同1993年相比亩均增产35.5千克。借以此次综合性试验后，D村油菜种植面积进一步扩大，由13.3%上升至27%。

自1993年起，天祝县为应对食物消费需求变革引发的农业生产结构改变，加快农业现代化发展和对农业增产增收的持续关注，开始引入并试种荷兰豆、甘蓝等数十种高原夏菜，当年在华藏寺镇首建1亩多蔬菜温棚，次年在县城郊区建温棚5处，试种荷兰豆0.5亩，产量收益超过预期。[①] D村于1996年引入高原夏菜并进行小范围试种，总面积不超过5亩，参与户数不超过6户，但效果良好。自此之后，D村高原夏菜种植面积呈逐年递增态势，到2000年高原夏菜种植面积达到约700亩，占全村农作物种植面积的比重接近22%。小麦面积则为1200余亩，在全村农作物种植面积的占比从峰值的67%降低至38%。而后伴随高原夏菜的骤然井喷，到2018年，D村全村可用耕地面积除受损尚需恢复的小部分外，全部种植高原夏菜，标志着D村农业生产结构完成了又一次转型。[②] 基于此,D村村民全部从事农业生产，藏族、蒙古族等村民的牧业活动彻底从D村消失，意味着农业主导作为D村经济结构转型的最终结果。

（2）农牧兼营

天祝县具有适宜牧业发展的天然条件，早在秦代以前便是羌、戎驻牧之地，经营马、牛、羊等牲畜。明代天祝地区多牧养牦牛和黄牛，并开始繁养犏牛。官牧规模不大，多为民间饲养。明宣德年间（1426—1435年），随着蒙古部落移居至今天祝县庄浪河流域及哈溪镇、祁连镇一带，带来蒙古羊种，丰富了天祝地区的畜种种类。清代，天祝地区的藏族、蒙古族等不种五谷，唯事畜牧，主营马、牛、羊，兼养猪。民国时期，据1943年统计数据显示，天祝地区共存栏马1.18

---

① 《天祝藏族自治县概况》编写组:《天祝藏族自治县概况》，128页，北京，民族出版社，2009。

② 关于高原夏菜的引入、扩张和全面落地的过程，详见下一章第一节论述。

万匹、牛 2.5 万头、羊 11.62 万只、猪 7600 头。[①]

新中国成立后，天祝县畜牧业空前发展，党和政府从以下几个方面开展了艰苦卓绝的工作任务，取得了丰硕成果。首先，积极推进畜种良种化改善。1952 年引进新疆细毛种公羊；1980 年采取多亲本杂交方式，培育成甘肃省第一个细毛羊品种，同年引入辽宁盖县绒山羊种；1996—1998 年引进中国美利奴种公羊和澳血公羊细羊种，内蒙古阿尔巴斯白绒山羊种；2000 年引入秦川、西门塔尔良种黄牛和 1/2、1/4 野公牦牛种。其次，强化对天然草场资源的管理。2000 年后，县政府在全县重点牧区实行天然草原恢复与建设项目及退牧还草工程，新建和改造完成高标准围栏，以钢丝网围栏为主。同时开展草场虫害治理，威胁草场生态的鼠害、虫害得到有效控制，并设立“县—乡（镇）”两级草原监理站。最后，畜种疫病防治工作持续开展。通过对不同畜种的传染病防治、寄生虫病防治和普通病防治，大幅减少畜种因病致死率，提升了对科学防治的认知。[②]

具体到 D 村而言，畜种养殖经历了明显的从役用到食用的转变。1978 年后天祝县渐次恢复各层级生产队自主选择权，支持有条件的家庭从事副业，D 村生产队中原本经营畜牧业的村民，受分配拥有一分五面积的饲料地，用作畜种养殖。1985 年天祝县委决定全县开展牧业生产承包责任制，对该县牲畜承包采取“折价保本，分畜到户，私有私养，允许继承”的原则。[③] 经村民自愿申请，D 村共获得约 50 头天祝白牦牛与少量岔口驿马，其养殖的目的主要在于出售而非农用。仅有几户藏族选择同时牧养白牦牛和岔口驿马，两者总体数量不超过 80 匹 / 头。后续多年，农业机械化率连年提升，牲畜的役用角色地位因势走低。村民顺势而为，多数牲畜被变卖，少数保持先前役用功能，而后转为食用。

2013 年甘肃省发布在全省范围内禁牧休牧通知，如若继续选择养殖大中型食草动物，在 D 村无大面积草场的条件下，只能选择以圈养

① 天祝藏族自治县县志续编编纂委员会：《天祝县志》（续编）（送审稿），214—126 页，未出版。

② 《天祝藏族自治县概况》编写组：《天祝藏族自治县概况》，118—125 页，北京，民族出版社，2009。

③ 《天祝藏族自治县概况》编写组：《天祝藏族自治县概况》，125 页，北京，民族出版社，2009。

配给饲料的方式开展，无疑导致养殖成本的激增及数量受限之困。因此，D村村民相继选择放弃饲养白牦牛、黄牛、犏牛及岔口驿马等大中型牲畜，大多基于投入产出比值的下降与周期相对延长的缘故，充分体现出“理性经济人”特质。

（3）外出务工

农业生产逐渐成为D村经济结构中主导产业之际，人们的多样化生计方式从未停歇。单一依靠农业生产的收入已不满足家庭日常生活开销，在劳动力条件剩余或是农业生产闲暇之际，外出务工成为首选。外出务工既有政府投入进行组织的劳务输出，也有民众自发行为。政府投入推行的劳务输出虽有成效，但接受度、认可度的走低仍不足以撼动民众自发的选择。D村民众外出务工主要依赖由亲戚、朋友等先赋性“熟人社会”关系网络的利用，[①] 即自谋输转是为常态化，在形成了一定的规模以后，体现出一些结构性特征。

首先，外出务工的经济压力导向。尽管农业生产主导地位逐渐确立，加之高原夏菜生产的稳固推进，D村看似寻找到一个适宜自身发展的路径，但并不意味着此种经济回报能够完全支撑日常开支。这就促使村民在维系农业生产之余，不得不多谋收入来源，寻找更多的现金收入来源是他们外出务工的首要动机。如黄平指出，农民外出打工的根本原因在于农业收益的相对低下，其外出的目的在于生存而并非经济效应指向，[②] 一针见血地指出大多数农业村庄的实际情况。无论是政府组织输转还是自谋输转，村民外出务工多从事制造业与服务业等劳动密集型产业，表现为技术要求较低，体力劳动集中。可见，村民的外出务工的前提在于肩负一定的家庭经济压力，农业生产的经济回报不足以全然支撑日常生产生活开销。

其次，务工以短期与短距为主。村民外出务工除集中在制造业与服务业外，时间和距离短则为另一主要特征。因农业生产季节性缘故，村民须围绕农业生产阶段性需求任务相应开展外出务工选择。一般而言，村民的外出务工在秋、冬两季较为集中，春、夏两季次之。因已处气候严寒的秋、冬两季，选择长途跋涉寻求打工机会着

---

① 孙立平：《转型与断裂：改革以来中国社会结构的变迁》，308页，北京，清华大学出版社，2004。

② 黄平：《对农业的促进或冲击：中国农民外出务工的村级研究》，载《社会学研究》，1998（03）。

实不现实，所以多选择在天祝县城或是境内其他制造业、建筑业工地务工，一旦家中出现变故，也可在最短时间内赶回家中驰援。况且入冬后距过年时间较短，为及时赶回家过年，避免各种潜在因素如无法抢到车票滞留务工地或是极端天气造成交通运输无法顺利运行，均会选择距离较短且交通便利之处。春、夏两季外出务工人员较少，一方面是青壮年劳动力对技术、信息的掌握便捷有助于农业生产的良好开头与进程把控，毕竟留守村庄的“老人”对新事物的接受时效与程度逊色于年轻人；另一方面在于春夏之际虽然岗位需求量大，可供选择机会较多，但越发严格的在岗时间与农业生产时间安排冲突明显，尤其是到了采摘收获期，村民会两三个月均需在耕地中忙碌，无暇顾及务工事宜。

针对这一特征，若是能在“家门口”寻找到务工机会，也可顾及家庭日常农业生产，何乐而不为。调研中得知，D 村无村办企业，该村南侧曾有碳化硅厂一座，属于高耗能、高污染企业，一度排放的蓝色废气致使部分农作物受害无法正常生长。但在岁末年初及特殊时间段内需招募大量人员辅助开展生产、运输，为村民提供了一条便捷的务工之路，于当日结算报酬。一段时间内成为村民外出务工的“不二选择”，同时能兼顾到家庭日常生活。好景不长，该厂的高耗能、高污染最终演变为自身的“阿喀琉斯之踵”。因祁连山生态环境保护修复与“兰张铁路三四线”任务的需求，于 2021 年 7 月被彻底关停，其原址正在进行长时期、分阶段的生态环境修复。此外，为适应高原夏菜日益蓬勃的发展势头，D 村村委会在 2018 年引入兰州蔬菜公司在村北部建成冷库一座，并以 50 万元入股成立高原夏菜产销合作社，不仅为该村特色产业提供新发展模式，还为村民务工带来更多选择，但实际上收效甚微，能够进入该冷库务工的村民屈指可数。

六、田野工作概述

早在笔者 2016 年夏季前往青海互助土族自治县开展硕士论文的田野调查时，曾途经天祝小三峡景区。沿着岗青公路一路西行，与之隔河相望的便是天祝县，高大巍峨的群山上郁郁葱葱，一派盛夏时节的清凉气息。途中在天祝县天堂镇曾小憩一番，便为这浓郁的人文气息所打动，仿佛深入群山环绕的金顶显现，同周边环境浑然天成、交相辉映。尽管天祝县同兰州市相邻，笔者却知之甚少，那一次的短暂接触令笔者十分震撼。之后在与田野点诸多访谈对象的接触中，无一不提到自身的“天祝印象”，民风的淳朴、文化的多元与特殊的地理位置，尤其是对天祝白牦牛的赞不绝口。2017 年 7—8 月，笔者赴甘肃省张掖、酒泉、嘉峪关等地开展研究项目的田野调查之际，乘坐火车路过天祝县。透过车窗望去，大地上人们忙碌的身影和成片的绿色代表着收获与希望。殊不知，当初火车途经的某一处村庄会成为日后开展田野调查的长期驻扎之所，那一片片绿色产品则变为相应的研究对象。而昔日处在观察者视角的“我”，也就成了在希望的田野上来回奔波的“我”。

2018 年夏秋，笔者走访天祝县之际，途经 D 村所在的打柴沟镇。经过与 D 村村民的简单交谈，得知当年种植高原夏菜产量与价格达到最高点，净产值可达每亩 1 万元，且全村可用耕地均用于高原夏菜种植，并带动周边村庄已形成总面积突破 10 万亩的高原夏菜种植基地。历经十几年的艰辛耕耘，当地业已奠定较为完备的产销体系，村民通过种植高原夏菜连年经济收入稳中有升，村庄内生发展动力处在激发的进行时。凭借高原夏菜种植，在人均耕地面积不足 3 亩的现实条件下，探索出一条符合自身优势与市场需求的特色产业发展之路，带动农业丰收、村民增收、村庄建设，破解长期以来制约产业发展的不利因素，着实令人震撼。毫不讳言，诸如 D 村的普通农业型村庄在天祝县内不在少数，可与之比肩的却屈指可数，其特色产业发展为河西走廊甚至放眼于西北民族地区同类型村庄探索适合自身的经济发展路径树立了典型示范。因此，通过初步的走访了解，笔者便将 D 村高原夏菜项目为代表的特色产业发展效应确定为本书的研究主题。

研究主题确定后，笔者于 2018 年 10—11 月奔赴 D 村开展了为期近一个半月的初期田野调查，主要是对 D 村的基本情况和高原夏菜项目进行“拉网式”调查了解。因时间缘故，此番至 D 村时，恰好错过了高原夏菜收获期，无法亲眼目睹和观察采摘与销售的具体细节流程，只得对田地间忙碌的种植户挨个走访，询问时年收益如何，来年的想法安排几何，以及历年的收支比为何，等等。种植户普遍反映，要是先前或是之后的几年都能如 2017 年一般，即产量高、价格高、灾害少，农民生活富裕肯定会提早实现，无不洋溢着喜悦之情。通过对种植户的走访，以及相关人员的访谈询问，从中梳理出该村高原夏菜种植前经历了短暂且深入的村庄经济结构调整，即从农牧兼营到农业主导的发展历程，其间高原夏菜种植由零星种植到骤然扩散再到全面推广。从部分访谈者中了解到，高原夏菜项目并非如先前所认知的一帆风顺，而是惊喜与坎坷相随，特别是经济收益部分的大幅波动打破了先前的“刻板印象”。

2019 年 7 月初，笔者经由一位年龄相仿的报道人（村文书 WYQ）告知，D 村高原夏菜将在该月月中开启大规模采摘收获。因时年降水偏多、虫害突发、极端天气、成本上涨等因素影响，预计相较于 2018 年亩均产值下降近两成，令笔者十分震惊，仿佛跌入谷底。获知此消息后，笔者短时间内便再次奔赴 D 村，深入田间地头开展走访调查，种植户的表情、言语与前一年相较大相径庭，纷纷感叹时运不济。在价格相对稳定的前提下，经济收入锐减已是不争的事实，折射出高原夏菜种植的坎坷。在这次调查中，笔者发现了高原夏菜的销售是基于一种层级链条，“小贩—加工点—冷库”构成了高原夏菜从产品到商品的向上流通渠道，与市场信息、货款结算等向下流动路径，乡土和市场呈现出互动与协同。借助对相关人员的访谈，获取了此种层级销售链的探索与运行源自市场推动下的 D 村村民的“非正式”自发回应，并亲身参与到“小贩—加工点—冷库”三者各自的日常工作流程中，对各自所扮演的角色和作用产生了更为清晰的认知，加之种植户的角色作用，进而衍生出“种植户—小贩—加工点—冷库”的层级销售链。由此，就高原夏菜销售全过程的梳理，越发明晰特色产业发展的非经济效应，深化了对特色产业发展效应的整体把握。近两个月的田野调查，笔者通过切身参与其中，与 D 村村民结下了深厚的情谊，搭建起了相应的访谈对象网络，这不仅是对高原夏菜项目，更是对 D 村有了更全面且深入的了解和认识。

2020 年底，笔者在撰写博士学位论文查询相关信息时注意到，D 村所在的打柴沟镇被农业农村部授予第十批“全国一村一品（高原夏菜）示范镇”，为天祝县唯一入选对象，表明了 D 村高原夏菜项目带来实际效应得到了官方支持与肯定，这对于一个普通农业型村庄而言是莫大的荣誉。经过一段时间的了解梳理，笔者于 2021 年 7 月再次奔赴 D 村，围绕“特色产业发展示范区”这一空间效应形式及其他相关内容进行了一个多月的后续追踪调查，有了更为深刻的认知，即在光环的背后隐藏着诸多的无奈与负担，在一定程度上影响着村民的价值判断，同时反映出此种阶段性成果并不等同于特色产业产业化的真正实现。同时，就前几次调研中就高原夏菜的扩散、生产、销售中对村民间关系，尤其是对民族交往交流的深化有何影响进行调研。2022年8月，笔者又一次前往D村，就本书撰写过程中的资料欠缺与信息滞后之处加以补充与完善。

第一章　D村特色产业发展之路

乡村要振兴，产业需先行。《中共中央　国务院关于实施乡村振兴战略的意见》明确指出，只有乡村产业振兴才能吸引人才、资本等要素向乡村聚集，促使农民增收，形成乡村发展的良性循环。必须尊重不同类型乡村的差异化、特色化发展特点，坚决不搞“一刀切”，并始终扎实推进。[①]《国务院关于促进乡村产业振兴的指导意见》进一步强调，产业兴旺是乡村振兴的重要基础，是解决农村一切问题的前提。因地制宜，突出优势特色为产业振兴的基本原则之一。鼓励支持发展优势明显、特色鲜明的乡村产业。特别提到了建立农产品特色优势区，推进各类型特色农产品基地建设。[②]因此，加快发展壮大乡村特色产业，培育激发内生发展动力，是推动实现产业兴旺的重要现实举措。

何言特色？古人云：“事物之独胜处曰特色，言其特别出色也。”[③]即特色为特别出色之意指，具有别具于一般者之所在，是才干卓越、性能迥异于众者之谓。特色产业的“特”，在于其产业形成基础独特、产品与服务的制造或提供过程独特、产品与服务的使用价值或品质独特。因此，特色产业的核心是具有地方特色的产品与服务，其形成的基础是区域内独具特色的资源，其形成和发展的重要条件是区域所特有的生产技术、生产工艺、生产工具、生产流程和管理组织方式，[④]具备地域性、优势性与开放性特征。简言之，乡村特色产业以当地资源禀赋和独特的历史文化为基础，能够突出区域产业竞争力优势。

乡村振兴战略对特色产业的地位赋予进一步提升，尽管以往对其

---

① 《中共中央　国务院关于实施乡村振兴战略的意见》，见中国政府网，http：//www.gov.cn/zhengce/2018-02/04/content_5263807.htm.2018-02-04/2019-08-09。

② 《国务院关于促进乡村产业振兴的指导意见》，见中国政府网，http：//www.gov.cn/zhengce/content/2019-06/28/content_5404170.htm.2019-06-28/2019-10-11。

③ 转引自郭京福、毛海军：《民族地区特色产业论》，150—151页，北京，民族出版社，2006。

④ 戴宾、杨建：《特色产业的内涵及其特征》，载《农村经济》，2003（08）。

呼声不绝于耳，却重视度欠缺。经过艰苦卓绝的探索与尝试，高原夏菜自1996年开始进入D村村民视野，以村庄经济结构转型为依托，而后具备项目制色彩，逐渐落地生根，最终演变为农业生产作物的首选目标，实现“全面开花”，并在销售层面上探索出较为固定的模式。高原夏菜所蕴藏的经济效应源源不断地施惠于村民与村庄，书写了同自身发展条件相匹配的特色产业发展之路，在不断迈向产业兴旺，实现乡村全面振兴的漫漫征途中持续提供内生动能支撑。

第一节 “种菜”的落地扎根

D村地处农牧区交界带，历史上农牧经营兼而有之。因所处地区缺乏大型草场，无法长期规模化饲养牲畜，特别是大中型牲畜，故而牧业的运营以次要和补充的角色成为村民生计方式的单元。在市场、环境等众多因素的驱使下，D村村民基于经济收益的考量，逐步放弃牧业活动转为全员从事农业生产，由此在经济结构中农业的主导地位得以确立。

种植高原夏菜正是始于D村经济结构调整转型的历程当中，先是少数村民个体的自发行为，再到短时间内急剧扩张，取代小麦成为农作物的首选。而后随着政府全面介入，高原夏菜被赋予项目制的特色产业发展形式，兼具内生外推、自上而下的落地扎根，再到枝繁叶茂的整体脉络。

一、生计方式的更替：农牧兼营至农业主导

D村虽然处于地理意义上农牧交界地区，“半农半牧”性质在多数年纪较大的D村村民观念中根深蒂固，而且交通较为便利，312国道从中穿过，同天祝县城、武威市、兰州市的大市场直接连通，但是却因境内无大型草场，仅有的零星山地为禁牧休牧政策需求所圈围，无法满足一定规模牧业活动的开展（如图1–1所示）。与其距离相对

较近的牧业村 N 村[①]有约 30 分钟的车程，再涉及牲畜数量及天气不稳定、额外开支与市场价格波动等因素，村民的牧业情怀只能在现实当中作罢。由此，牧业消失与农业主导局面就此形成，村民的生计方式完成了一次较为彻底的调整更替。

图 1–1　西山禁牧区（李智勇　摄）

（一）牧业的“凋零”

2013 年前，D 村“农牧兼营”局面在一定程度上尚有可立足之地。即使未存在大量饲养牲畜的现象，却作为农业必要的辅助与补充，呈小规模养殖牛、羊，用以农业生产和食用，并在小范围内繁育市场价格高昂的白牦牛及岔口驿马。1985 年天祝县以“折价保本，分畜到户，私有私养，允许继承”[②]为原则开展牲畜承包责任制后，D 村村民共牧

① N 村，位于乌鞘岭南麓的抓喜秀龙镇，该镇藏语意为吉祥富饶的草原。该村距县城 38 千米，海拔在 2700—3100 米之间，年平均气温 -1.2℃。属牧业村，辖南泥沟一组、二组、三组共 3 个村民小组，居住着藏、汉、土、蒙古 4 个民族，共有 152 户 528 人，其中少数民族 442 人，拥有草原面积近 20 万亩，牲畜 18156 头，2021 年人均纯收入 9768 元。该村近年来依托马牙雪山、格桑花、草原等自然景观，伴有藏式民俗文化，积极开展生态旅游探索。以“雪原抓喜，河畔藏乡”为主题生态文化旅游于 2017 年首次举办，共接待游客 27 万余人次，实现收入 1300 多万元。目前正在进行旅游基础设施建设与旅游业长远规划实施，将旅游业视作经济增长的主要产业，短时间内牧业仍是主要生计方式。数据来源于 N 村村委会和驻村工作队的统计，2022。

② 《天祝藏族自治县概况》编写组:《天祝藏族自治县概况》，101—102 页，北京，民族出版社，2009。

养50头白牦牛，达到历史峰值。同一时期，岔口驿马也零星出现在畜种名单内一段时间，而后同白牦牛一道被排除在外。除缺少适合放牧的草场外，村民经验的不足与目标的不明确也是其退出D村的诱因。

村民虽有满腔热情却无奈于现实条件，纷纷放弃牲畜饲养。2013年至今，仅有为数不多的村民在政府扶持下从事过一段时间的小规模养殖，主要是庭院养殖土种羊。因甘肃省禁牧休牧政策的实施，D村仅有的部分天然草地被划为环境保护区。发展庭院养殖既是“理性选择”，也是“情怀使然”。马克斯·韦伯（Max Weber）指出，人的动机由其所处的环境所决定，具体可为价值导向、利益导向或传统所支配。[①] 在同等单位面积下，同牛、马相比，可供圈养的羊的数量远远多于牛、马数倍，更何况其相对收益周期较短，受各类因素影响程度较低，同时也能满足部分村民精于牲畜饲养的传统维系。这一看似完美的替代方案在短短几年间便遭遇破产，村民在“入不敷出”的现实考量下也就顺势放弃庭院养殖。回顾庭院养殖一事，村民GML对笔者说：

> 本来觉得养羊是不错的，早上七八点那会赶出去，到地方了后就让它们去跑着吃着，找个地方能看着它们。到中午饭点了要么家里人送上些来，要么就自己能回去吃就回去吃了，吃完了再过来。等到晚上了就赶着回去，看着比种地轻松，啥也不用管。到养上了以后才发现不行，光是让在圈里养着不放肯定不行，为啥要叫个放羊放羊呢，就是要让出去放开跑呢，边跑边吃。西山上被铁丝网围住着不叫羊进去吃，其余地方多的是耕地，地里忙完了能赶着去吃，一年里多的就时间长了出来放上一次，还要特别注意不能叫把人家地里的吃了，吃了就麻烦了，看怎么个赔呢。羊它自己哪知道啥能吃啥不能吃，看见了就吃了呗。多的就在圈里养，那就给买各种饲料呗，像是豆渣了、玉米了、豆蔓了这些都得买啊，全是精饲料，羊吃上了肉质才好些呗，能跟草场里的羊竞争一下。现在这个饲料的价钱就太高了，我前几天才拉了10亩的草料和16亩的豆蔓（见图1–2所示），草料1亩给上100

① ［德］马克斯·韦伯:《经济与社会》，阎克文译，544页，上海，上海人民出版社，2010。

块钱，豆蔓1亩给上80块钱，加上我自己家里剩的5亩豆蔓，这才刚刚够吃的。（GML，男，汉族，村民）

图 1–2　GML 采购的饲料（李智勇　摄）

同庭院养殖土种羊联系紧密的合作社本应发挥联动带动作用，作为此项目开展运行的重要推手，实际上大多沦为一些村民用以谋求私利的工具，真正能够达到相关标准条件并投入运营的屈指可数，后续评级中的低分就可见一斑（表 1–1）。

表 1–1　2019 年 D 村养殖合作社验收分级[①]

序号	合作社名称	法定代表人	注册资本（万元）	验收等级
1	天祝藏族自治县 * 壮牛羊养殖专业合作社	罗 **	500	D
2	天祝藏族自治县 * 欣养殖专业合作社	李　*	1000	注销
3	天祝藏族自治县 * 荣养殖专业合作社	夏 **	200	D
4	天祝藏族自治县 * 川养殖专业合作社	包 **	60	D
5	天祝藏族自治县 * 富养殖农民专业合作社	杜 **	860	D

① 《关于对天祝县农民合作社 ABCD 分级结果的公示》，见天祝县人民政府网站，http：//www.gstianzhu.gov.cn/xxgk/xzfgbmxxgk/nmj/nyxxgk/201904/t20190417_165045.html.2019-04-17/2019-07-11。

庭院养殖土种羊计划的破产，意味着D村村民最后的牧业情怀就此破灭。作为禁牧休牧后的补充方案，政府为此不可谓不着想。实质上，真正想借此机会开展圈养计划的村民，一方面参与热情度不高，在饲养成本连年走高而收入不增反降的现实考量下，能选择长久坚持的村民毕竟少之又少；另一方面则受限于自身资本不足。如与D村临近曾共享同一处养殖合作社的B村养殖户MMJ，常年保有饲养数量维系在300只上下，其中母羊数量较多，可定期凭借一定数量的交易与补充，总体上利润保持稳定。加之他家中子孙经商居多，家境殷实，足以担负市场变动的后果，是一般养殖户根本做不到的。村书记LWG对此说道：

老辈人一直认为我们这里是半农半牧，谋生之道多。实际上你们也看了，东面全是耕地，西面的山上原来可以放牛羊，后面不让了，用铁丝网围起来了。而且我们这边的牛羊吃的不行，和草场里的一比，价格就不行。前几年着上面搞庭院养羊呢，搞合作社给建棚补助，精饲料每年给上些，报完人家要过来专门验收，隔上这么几年还有过来检查呢，不过的那些营业执照收回，啥补助没有，看你是不是空壳子，是不是哄人呢。我们村上给批了5个嘛，当时我还问了，手续啥是全的，就是有没有能力搞起来。他们几个答应得好好的，说没问题，还要带着更多人养起来。今年（2019年）4月份着上面的结果下来了，5个里面1个注销，剩下的全是D级（见表1–1）。说啥好呢，棚里啥都没有，空着呢，就跟个摆设一样呗，再做上个牌子挂在门口，要是有人检查了，就全村四处找羊、再找找人来凑数呢呗。那些充数字早就该让注销掉，该关门停止的就果断一些，你看着资料手续啥啥的都全呢，再到地方上去看全是些房子了的，里面啥都没有的，这样的那不让关门着还放着干啥，不是哄人呢吗？要是想真心搞搞，你就按着正规标准去弄，完了上面要挨个检查。现在说半农半牧的那些人，我看全都是活在过去了，是不是半农半牧实际一看就清楚嘛，根本就不是那回事。（LWG，男，回族，村书记）

从村书记 LWG 的访谈中可以看出，直至今日，D 村再无规模化庭院养殖的家庭，村民已完全脱离牧业生产，“农主牧辅”的格局为农业的全面覆盖所取代，留下的只是记忆中的“半农半牧”。

（二）农业持续的“增量提质”

按照农作物类型划分，D 村农作物种植品种主要包含以下三类：粮食作物，包括青稞、大麦、燕麦、小麦、玉麦、豌豆；经济作物，特指油菜；其他作物，指红笋、马铃薯与饲草料。[①] 在计划经济时代，D 村农业生产任务由村集体统一规划分配并实施，村民的生产自主性被忽略。改革开放后，村民生产自主性被承认与调动。D 村在天祝县委、县政府的支持下，依据自身条件需求，先后引进耐旱、耐水、耐肥性强的高产品种，尤其是小麦品种完成更换升级，总计达到 11 种。[②] 除小麦外，青稞、油菜、马铃薯也相继完成良种引进和技术改造。而后根据市场需求与消费结构的变动，隐性农业革命波及 D 村，随之全村农作物种植结构相应进行调整。小麦种植面积比例由原来的 67% 下降到 38%；经济作物的比例相应上升，油菜及其他经济作物所占比例由 21% 上升到 34%，接近翻番，同黄宗智分析得出的粮食 / 蔬菜占比（5∶3）大致接近。[③] 农业的生产经营从种植传统的粮食作物更多的转向为绿色高品质的肉蛋奶与蔬菜、水果等，推动着农业劳动生产效率的改进及收入增加。[④]

农业增量提质的持续进行同农作物种植结构的调整息息相关。伴随更多参与并融入市场经济当中，D 村虽身处“边缘”却难以偏安一隅。市场需求的变化不只是数量的激增，还是对品种和质量的精益求精。这就倒逼相应的生产经营主体须及时调整自身结构，更多注重去主动适应市场而非要求市场来适应自身特点的本末倒置。为应对这一突如其来但又不断发酵的变化需求，D 村于 1996 年引入甘蓝、荷兰豆等高原夏菜开启小规模试种，实际种植面积不超过 5 亩，其间期许与

① 《天祝藏族自治县概况》编写组：《天祝藏族自治县概况》，101—102 页，北京，民族出版社，2009。

② 天祝藏族自治县县志续编编纂委员会：《天祝县志》（续编）（送审稿），241 页，未出版。

③ 黄宗智：《中国的隐性农业革命》，129 页，北京，法律出版社，2010。

④ 黄宗智：《中国的隐性农业革命（1980—2010）——一个历史和比较的视野》，载《开放时代》，2016（02）。

观望并行。村民 WYS 回忆：

那会没有现在这边方便，有个啥风吹草动的很快就知道了。县城里的朋友给说的，自己没听过没见过，本以为就是个一般的菜，没啥稀奇的。就这我专门去看了，就觉得跟种粮食、种洋芋了看不出区别，但听说卖的价钱更好，比小麦、青稞这些好得多，就心动了。抱着试试看的心态嘛，能种成啥样了算啥样。自己种了 1 亩多，长得确实可以，看上去就比粮食那些好，心想这次赌对了。摘下来后拉到城里农贸市场一个下午就卖完了，这个菜不光是长得好，卖得更好，之后一年比一年种得多了。刚开始的那五六年种的人没几个，家里对粮食很信任，种菜就算比粮食卖得好，不可能一下子全都种上。好在我家那几年种菜的地方一年比一年多了，从这会回看是个好兆头。（WYS，男，汉族，村民）

D 村种植高原夏菜的“先驱者”们大都是依靠自身社会关系网络的便利，能够在最短时间内接触到高原夏菜这一“新事物”，进而促使引入试种的开展。村民 GMJ 告诉笔者：

当时知道了华藏寺（县城）那里种了新品种，正好我一个表兄弟家里种了 2 分地，让我过去看了一下，没见过呗，不知道咋样，听名字就像是个外国菜。后面卖的时候我也去了，其实就想看看能卖多少，好的话自己试试。卖出去的价钱比一般的好很多，他给我说这咱们离的不远，气候啥的没区别，你回去了完全可以试试。他这么一说，后面我跟上种了，算是我们（西下）社这里最早的一批了吧。其余社种的有呢，总共下来没几户。多的人还是古板的很，觉得种粮食稳定踏实，不想尝试新的。但是因为好奇吧，他们老去种的那些人地里看呢问呢，长得咋样，卖得咋样，要是行了就回去说给，真正让去种得不多，就零散的几户。我记得除了西上（社）没有，剩下的（社）都有呢。（GMJ，男，汉族，村民）

正当高原夏菜处于零星种植期之际，2000年国务院下发部分粮食品种退出保护价收购范围的通知，[①] 对于小麦种植占比较高的D村而言，小麦不再享有收购保护价待遇，意味着其价格波动的后效完全由村民自身承担，不再享有兜底保障的村民对是否继续种植小麦持怀疑态度且日趋加深。相较而言，高原夏菜的种植面积自1996年来逐渐扩大，因其具备喜凉、耐旱、高产、价高诸多优势，逐渐取代小麦成为D村农产品的主力军。时年高原夏菜的种植面积占比上升至21%，小麦种植比则下降到33%。之后数年高原夏菜种植面积所占比例每年呈大幅上涨态势，直至2018年达到全村可用耕地全覆盖。与导致牧业消失的自身性原因相异，农业的增量提质更多的是源于市场化进程的更迭与生产自主性的凸显。一方面，由于参与到市场经济洪流当中，市场化导向逐渐成为D村经济结构调整的主要参照，通过建立健全同市场的调适关联，并依托自身特质迎合变化着的发展环境和需求，也就摆脱了较为封闭的“闭合式”运转模式，方能从中获益。另一方面，得益于生产自主性的强化，D村村民不再坚守“道义经济”的规训，仅仅满足自身家庭的基本需求，而是更加积极主动地增加理性经济人特质，愿意尝试破除“闭合”圈的相对稳定，发掘并追逐更适应市场与自身的最优选择，追求经济利益最大化。

二、高原夏菜种植的阶段性扩展

D村于1996年尝试种植高原夏菜，到2000年开始全面推广，再到2018年除部分荒废及修复中的耕地外，全村可用耕地无一例外均种植高原夏菜，一跃变身为天祝县推行高原夏菜生产项目的示范基地。先前是村民的自发行为，后续则依靠项目制的发挥与红利扎根D村。

天祝县引进高原夏菜最早可追溯至1993年，当时引进包括荷兰豆、西兰花、甘蓝与结球生菜等喜凉、耐旱品种在华藏寺镇周边开展试验，具体面积不得而知；第二年在县郊追加0.5亩面积依旧开展试验；到1995年，全县高原夏菜试种面积继续增加至12.04亩。经试种发现荷兰豆等高原夏菜品种类型极其适应天祝县自然条件，整体上长势喜人，产

① 《国务院办公厅关于部分粮食品种退出保护价收购范围有关问题的通知》，见中国政府网，http：//www.gov.cn/gongbao/content/2000/content_60661.htm，2000-02-02/2019-07-24。

量富足，收益可观，遂在全县范围内逐步推广。[①] D村因距县城较近，且具备一定的优势条件，为全县内较早引进试种之地。1996年D村的试种进程由五六户村民家庭共同开启，种植面积共计低于5亩，户均种植面积低于1亩。1997年，D村高原夏菜种植面积增加到接近7亩，种植户数量保持不变，户均种植面积达到1.167亩。1998年，高原夏菜种植面积再一次增加至约12亩。1999年则数倍增长，较前一年扩大了30余亩，种植户增加至20余户，户均种植面积2.21亩。到2000年，全村近80亩的耕地种植高原夏菜，参与户数突破40户。这一阶段多是基于村民个体的选择，一边是始料未及的预期，另一边兼有未知与观望的徘徊，尚未有大规模的政府推动以及项目制的开展。

经过一段时间的试种，高原夏菜长势喜人，较好地适应了D村自然条件与生产传统，为参与试种的村民带来较为显著的经济收益回报。特别是在2000年小麦退出收购价保护作物名单后，高原夏菜因势作为小麦替代农作物品种开始在D村全面推广。短短4年内，高原夏菜种植面积呈急剧扩张态势，居于全县前列。与急剧扩张态势相伴随的，是稳定的高收益回报。2002年，D村高原夏菜亩均产值为2200元，峰值接近4300元。这样一种高产高收益的实际反馈，不断吸引着村民们相继加入种植高原夏菜行列。2004年D村被命名为天祝县有机绿色蔬菜生产示范基地，高原夏菜总种植面积超过1000亩，占全村可用耕地面积的1/3，项目制此时也初现端倪。村主任SYX向笔者指出：

> 2000年以后，小麦的价格跟着市场走了，没有一个相对固定的价格，种得多、收得多了不一定就能挣钱，大家当然会想到这一点。再一看一想，既然种粮食变得不稳定了，但这个菜的行情一直涨呢，每年涨个几毛钱甚至几分钱，反正是在上升。再跟村里已经种了几年的了解了解，发现了种菜确实挣钱啊，不然为啥种的人就越来越多了，短短几年村里三分之一的地成了种菜地，跟最开始的几年才到个80亩能一样吗？这么跟你说吧，当时全县范围内能和我们种的面积接近的基本没有。2004年我们这里被确定为示范村后，一年时间种植面积扩大了一倍多，全村近八成耕地种上了菜。菜

---

① 《天祝藏族自治县概况》编写组：《天祝藏族自治县概况》，128页，北京，民族出版社，2009。

> 的品种有个十几个了，村民们种的基本上就是荷兰豆和荚豆这两类，因为它们比其他的长得好也长得快，好上手，卖的价钱一直都高。其余品种像是西葫芦、蚕豆、莲花菜零星分散种上些，全部下来都不到三成，小麦和青稞干脆没有人种了。（SYX，男，汉族，村主任）

2004 年 12 月，D 村高原夏菜完成政府部门的评估考核。以西兰花、花椰菜、西生菜、小荚荷兰豆、脆豌豆、豌豆苗、卷心菜等为代表的高原夏菜品种一并通过中国绿色食品发展中心的权威认定，为达到等同于 A 级要求的绿色食品，获授权且有资格粘贴绿色食品标志，在国内市场流通日趋通畅。与此同时，国际市场的大门同样敞开，得以远销周边国家，如新加坡、日本、韩国、印度尼西亚等。2005 年，新增蚕豆、荚豆、西葫芦、娃娃菜、莴笋等新品种，总数扩大到 10 余种。彼时高原夏菜种植面积占比持续扩大，从 2004 年的超过 1000 亩增加到 2400 多亩。少许肥力偏弱的耕地继续用于种植油菜和马铃薯，小麦、青稞则完全退出种植列表，村民倾巢而出投入到高原夏菜生产当中。于众多的高原夏菜品种中，因荷兰豆和荚豆的亩均产量与经济收益远高于其他品种而备受村民青睐，以至于种植面积占比超过 90%，剩余耕地上则依据村民各自喜好种植西葫芦等 10 余种高原夏菜，这一比例直至今日仍保持相对稳定。

三、项目制的“色彩”

得益于高原夏菜生产良好的适应性与丰厚的收益回报，2007 年天祝县政府将 D 村所在的打柴沟镇列为高原夏菜绿色生产基地，计划在打柴沟镇及周边乡镇建设面积 10 万亩。其中打柴沟镇为 2.5 万亩，占该镇可利用耕地面积的 71.43%，计划高原夏菜年产量达到 1.6 亿斤。[①]2020 年打柴沟镇被农业农村部授予“全国一村一品（高原夏菜）示范村镇”，年人均收入突破 1.2 万元，全镇居民收入的 70% 来源于高原夏菜产业，是传统种植业效益的 10 倍以上。[②] 到 2021 年底，打柴

① 天祝藏族自治县农业综合开发办公室：《天祝藏族自治县农业综合开发总体规划（2007—2011）》，65—66 页，2007。

② 《天祝县打柴沟镇打造“中国高原夏菜”金字招牌》，见农业农村部网站，http：//www.moa.gov.cn/xw/Qg/202107/t20210714_6371867.htm，2021-07-14/2021-07-24。

沟镇高原夏菜种植面积共计 4.2 万亩，户均种植面积达到 15 亩，年总产量突破 10 万吨，总产值接近 4.2 亿元。截止到 2022 年 8 月，该镇高原夏菜种植面积 4.3 万余亩，年产量达到 12 万吨。[①]

D 村已于 2007 年将绝大部分耕地用于种植高原夏菜。2013 年，面临打柴沟镇其他村庄和周边乡镇纷纷投入规模化生产相同品种高原夏菜的现实境遇，D 村为追逐经济利益最大化，试图通过建设温棚期望在每年 10 月至次年 3 月[②]间再完成一波反季节高原夏菜上市，以此可达到一年两熟的目的，由村委会征收了地力较弱的 300 亩耕地作为建设用地。但好景不长，因相关知识经验不足与缺乏相应的技术指导，致使建成的“温棚”变冰棚。棚内温度一度低于室外温度，高原夏菜难以生长，至收获时不仅产量急剧下降，而且质量远远不如 7—8 月的同类产品，经济收益不佳在所难免。2017 年村委会无奈宣布温棚计划失败，并在 2018 年拆除已建成所有温棚，专注于高原夏菜一年一熟。因温棚试验的失败致使 300 亩耕地的土壤肥力需进行生态修复后方可继续种植高原夏菜（如图 1–3 所示），修复期以 5 年为周期，到期后是否继续修复需评估实际地力恢复情况而定。提及此事，村民 SCF 十分生气，他同笔者讲道：

政府说着要搞大棚，让我们冬天了在棚里可以再种一次菜，这样一年下来能收个两次了。把我们家的地给占下了，说是我们家的地不行，建上棚子了说不定种上几次就好了。建好了再一看，那就是个搞笑的嘛，里面就特别冷，种上的豆子了大部分长不起来。有长起来的豆子根本不行，比夏天的小很多，看着就不饱满，问了一圈没人要着。后面就全给推了，留下了一地的石头了啥的，我们还得自己清理，谁管着呢。搞开破坏了积极得很，完了就啥也不管了。原先地里还能种些粮食、洋芋，这么一搞就啥也种不上了。最上面的那层土他们说着用到棚子的墙上了，跟洋灰拌到一起，地里剩下的全是些大大小小的石头，要把这些石头了先清理掉再看怎么办。反正得要上个几年了看怎么个恢复呢，能不能跟

① 数据来源于打柴沟镇政府内部统计资料，2022。

② 受自然环境因素限制，D 村适宜农业生产期一般为每年 3—9 月，于 9 月底 10 月初基本完成收获，最晚到国庆节假期后开展冬灌以备次年 3 月春播开启。

以前一样全看造化了，真的想不通他们当时咋想的，就不能老老实实地种菜吗？非要没事找事。把人气得再说不成，找村上、镇上没人管。（SCF，男，汉族，村民）

图 1–3　正在修复的土地（李智勇　摄）

截止到 2022 年 8 月，除去地力恢复期的 300 亩耕地无法种植农作物外，D 村高原夏菜种植面积共计 2900 亩，户均 2.9 亩。高原夏菜产量大致呈稳中有升，总体上居于高位，亩均产值在 3000—10000 元不等，2015—2020 年间亩均产值稳定 7000 元上下。[①] 村主任 SYX 对此十分自豪地说：

从开始几家几户种上几亩地，到村里耕地全部种上这个菜，用了二十多年的时间。可以这么说吧，用官方的讲在我们这里进行了一次“革命”，重要的是成功了。尽管是中途磕磕绊绊的有呢，遇到不好的天气了、虫子多了、收不及时了、价格变动得大了这些。干啥没有困难呢，有了就尽力把它解决掉，再遇到了就抓紧时间解决，总的下来村民们对这个菜是满意的。你去问问村民，都想着能早点种菜，可以多挣点钱，很少有愿意再返回去种粮食或者普通菜的。大家的热情都很高，不管是种的早还是晚。后来政府把我们村弄成

① 数据来源于 D 村村委会和驻村工作队的统计，2022。

示范村，选了我们几个种得多的专门去培训，有各方面专家来讲课，让我们几个回来再给其他村民讲。原来的种粮补贴全给到种菜上了，前两年还没有摘帽子呢，种菜的每户1亩地上多给着200块钱，这笔钱现在还给着，政策没有变呗。在我们村里，就村委会前面的那块地，冷库包下来的，让我们这里试着培育些新品种，试试看长得咋样，行了就在全县范围内适当推广。这个菜卖得一直挺好，大家的热情都很高，说明大家都接受了。（SYX，男，汉族，村主任）

这段时期高原夏菜产业发展带有明显的项目制色彩。从发展历程来看，项目制的出现恰恰对应着的是财政收支分界的分税制，其最明显特征是同财政转移支付相挂钩，是一种运作与管理方式，[①]并逐渐溢出财政领域演变为确保国家治理和政策任务的落实到基层的重要机制，[②]成为基层治理的基本方法。[③]项目制产生运行的背后，实则是关于集权与分权的探讨，将“自上而下”的分权原则同“自下而上”的市场化竞争相匹配，在资源反补、技术理性的特征下，是一种既集权又分权的存在。[④]总的来说，项目制作为一种制度安排，依存于科层制体系，而在实际运行中又明显带有科层制痕迹。由是观之，两者并非孤立存在，前者为后者提供了文本支撑与行动指南，后者又反过来受制于前者。可以说，学术界对于项目制的关注，一方面肯定其在治理模式中的主导地位，相较于以往一些模式，其所反映的中央政府与地方政府、地方政府与基层政府的权责在制度安排层面还是较为清晰的；另一方面则是在实际运行过程中，受困于科层制的束缚，致使其无法彻底发挥扁平化、灵活性、透明化及有效性等优势，而且在中央政府、地方政府与基层政府间产生权责差并引发格局上的“中心—边缘”。

根据对天祝县2021年高原夏菜产业发展实施方案（详见附录二）的分析，认为项目制下的高原夏菜产业发展具备以下特点。

---

① 折晓叶、陈婴婴：《项目制的分级运作机制和治理逻辑——对“项目进村”案例的社会学分析》，载《中国社会科学》，2011（04）。

② 周雪光：《项目制：一个“控制权”理论视角》，载《开放时代》，2015（02）。

③ 黄宗智、龚为纲、高原：《“项目制”的运作机制和效果是“合理化”吗？》，载《开放时代》，2014（05）。

④ 杜春林、张新文：《从制度安排到实际运行：项目制的生存逻辑与两难处境》，载《南京农业大学学报》，2015（01）。

一是发展方案的自上而下。自 2007 年的首份专项规划确定高原夏莱产业发展不再是“小打小闹”，再到 2021 年确立年度目标，每年县政府都会发布相应的发展方案对高原夏莱产业进行总体规划，之后再逐步细化到具体层面，如在播种面积、品种选择与产量收益等列出明确指标。再根据各乡镇实际情况进行相应的政策供给，具有明显的“项目发包”特点，涵盖对项目运行过程的监控、资源配置方向比例的掌控分配和对项目实施效果的总结评估。由此，高原夏莱产业发展就与相应的“发展方案”捆绑在一起，通过“自上而下”实施，就不只是具备效益提升的经济功能，而是“由外及内”切实参与发展进程当中，深化政府“在场”，确保政府的政策意图能够实现，不失为一种集合了直接治理与间接治理相结合的途径方式。

二是扶持政策的全面覆盖。在既定发展目标下，项目制的实施并非只靠政府一纸方案发力，也需要相应的政策供给更好地发挥政府功效，将扶持政策视为发展方案的有效补充，加以促进发展目标如期有序实现。具体而言，扶持政策包括以下几方面：首先是相应的资金补助，在良种培育与推广、风险防控、新技术应用、基础设施建设、示范区申报等方面予以重点倾斜，也是扶持政策的主要方面。其次是持续的智力扶持，每年安排相关技术人员、专家学者、企业人员轮番进入项目实施区，为村民实地讲解产品特性、种植技术、经验普及与市场信息，不断强化项目开展与实施的思想基础，提高认识，强化意识，为村民个体赋能。最后是销售上的保障扶持，积极引入相关企业驻扎项目主产区，推动“企业—合作社—农民”到“村两委—企业—合作社—农民”层级销售结构的建立健全，确保销售的时效性与实效性，缩短同市场的实际距离与市场对接的深入强化，制定相应的最低收购保证价。

三是综合体系的标准要求。项目制是一个复杂的整体，关于项目规划、运行、评估等多个层级，每层又可细化为若干具体标准与要求，且这些内容并不是一成不变，而是通过不断调整完善引发整体朝既定目标迈进，彼此间相互挂钩又相互制约。高原夏莱项目一方面明确成为激发内生发展动力的主要途径，另一方面强调在环境保护、风险防控、绿色生产、项目管理等方面的工作要求，并制定相应奖惩措施，事关项目整体评估与后续安排。政府力图借助项目制自身的综合体系，在推行实施进程中促使农业生产产业化、科技化、绿色化等不断强化，持续不断增进村民增产增收与乡村内生发展动力的培育激发。通过在农业生产上的着力，进而引发乡村发展其他层面的联动效应，推动项目制红利的扩大与深入。

四是注重延续的政策供给。项目制在制度安排与实际运行中，地方政府作为主要责任方，在确保其整体环节有效开展的同时，相应的政策供给提供了外部保障。此种政策供给的直接目的就在于维系项目制的生命力与延续性，避免因特殊原因致使其中断或是停滞，并根据实际情况反馈适当调整内容，如在历次高原夏菜发展方案中必不可少的扶持政策板块。这就意味着，政府作为乡村发展的重要外部动力源的角色与作用不应简单地排除，毕竟乡村发展的内生动力源尚不足以完全单独支撑，在社会组织参与有限的条件下，政府的角色与作用更不应被抽离，担负着制定切实可行的规划和纲要，配套精准有效的政策和措施的供给者与将项目制落实到位、精准施策的执行者角色。

以高原夏菜产业发展为例，毋庸置疑，乡村特色产业的拓荒与成长对土地、气候、环境等自然因素的依赖性较强，更不应忽视社会文化因素。由于参与主体的多元特征，乡村特色产业不应局限在生产经营形式层面，还应囊括从生产到销售的全过程，如此共同构成特色产业发展的整体过程。[①]

图 1-4　高原夏菜田一瞥（李智勇　摄）

① 汪发元、孙雪莹、黎璟萍、胡容、梅必主:《乡村振兴战略背景下特色农业发展研究》，135 页，北京，中国农业出版社，2018。

第二节　层级销售模式的探索与确立

D村高原夏菜产业发展如火如荼之际，聚焦高原夏菜如何引入、落地开展生产之余，销售环节的关键作用构成了市场交易关系的另一极，两者缺一不可。从种植高原夏菜伊始到2000年，销售模式大多为散户自行出售。2000年以后高原夏菜在D村大面积推广种植，产量急剧递增，散户出售难以为继，小贩收购登上历史舞台。加之天祝县政府于2002年引进兰州蔬菜公司统筹运营高原夏菜销售事宜，次年于距D村12千米的岔口驿村建成高原夏菜保鲜库一座（当地人称之为冷库）。[①] 待冷库建成投入运行后，经过一段时间的规范和治理，探索出一条D村直至天祝县高原夏菜销售模式，即以冷库为核心，以“种植户—小贩—加工点—冷库”为结构的层级销售链。

一、种植户与小贩

如涂尔干（Durkheim）所言，劳动分工是社会秩序最重要的基础，分工成为一种绝对的行为规范，同时还会被当作是一种责任。[②]D村高原夏菜销售链条各个环节的构成者职责相异，却彼此互联互通，共同维系着销售环节的流畅运转及社会交换。

D村种植高原夏菜始于1996年，到2000年全面推广种植期间，不仅品种较少且产量不足，其生产与销售环节一并处在低位。因D村相对优势的地理位置与交通条件，彼时高原夏菜种植户大都选择自行或是几家联合的形式，在固定时间内共同选择前往县城出售。一般来说以固定在每年8月，每月1—2次为主。种植户对市场价格没有明确概念，只是简单地认为比其他常见蔬菜价格要高一些，至于价格波动如何，没有具体上限，对是否能将带去产品全部售出心中无底。据村民WYS回忆：

刚种那会，我就种着1亩豆子（荷兰豆），抱着试试的

① 《天祝藏族自治县概况》编写组：《天祝藏族自治县概况》，128页，北京，民族出版社，2009。本书中凡是提及“冷库”，如无标注，均为岔口驿冷库，特此说明。

② ［法］爱弥尔·涂尔干：《社会分工论》，渠敬东译，4页，北京，生活·读书·新知三联书店，2017。

心态，想着要是不成，就继续种麦子。这个菜长得好，跟我们这里的气候适应，到收的时候产量确实不错，收了80斤左右，自己家里留了20斤，就把剩下的拉到华藏寺（县城）农贸市场卖了。冷库当时没有的，因为才开始种着，毕竟种这个菜的人少、地少，当时建了冷库了肯定不划算呗。我们这里离华藏寺（县城）农贸市场比较近，拉上菜开摩托去20多分钟就到了。早上摘完装到筐子里，架到车上去，到那边中午多了，具体时间忘了。我把筐子卸下来等着呢，整个市场里就我一个卖这个菜，人们看到了过来看看，想要了就买点。当时的价钱要快2块钱了，菜里面可以说是高价了。人们买有半斤的，最多就是1斤。那些豆子到天黑就全卖完了，实话没想到，以为能卖掉一半多就可以了，看出来确实受欢迎，后面两三年都是收了以后我拉上去卖。（WYS，男，汉族，村民）

村民SY同为D村较早的高原夏菜种植户，谈及初期的高原夏菜销售状况，他的经历同WYS基本相似。

我家里早些年种菜的时候，摘完了就只能自己送到华藏寺（县城）那边的市场呗，哪里有现在就直接路边上收的，自己拉过去费了不少劲，这个不是重要的。那会手机是奢侈品啊，我们这里拿手机的基本没有呗。走之前一点不清楚这个菜能卖几个钱，就去了看看有没有别人在卖，有了问问价钱，人家不给你好好说。我就在那边待着，看有人买了，凑过去问，问完才能知道个情况呗。知道了以后心里有数了，再卖我自己的菜，价钱差不多，多的比市场低一点。一般拉过去的都得卖完呢，再拉回去不划算，来回路上花的钱是一部分，再回去着菜不新鲜了，我们那边没人买这个菜，拉回去只就自己家里吃了。那几年种得少，但我每年种的比前一年多，前提是能保证熟了摘完拉过去，一次就能卖完了，不然就损失大了，好在每次全卖完了。不像现在，当天摘了多少当天往收的点送了，就不用担心了。接着几天把剩下的全收完，够数了就拉过去。（SY，男，汉族，村民）

此种“种植户—小贩—加工点—冷库”的层级销售链下，种植户与小贩则构成了第一层关系，即种植户的生产与小贩的收购。随着高原夏菜种植面积的扩大与政府的大力推广，零星的小贩开始在D村出现，基本上是本村村民，少有其他村镇人员。2000年D村开始大规模种植高原夏菜，产量的激增对原有自行销售方式提出挑战。一些村民缘于对机遇的敏锐捕捉，自行开始尝试在收获期游走于田间地头，陆续同种植户建立简单但密切的交易关系。通常，他们驾驶农用车或是摩托车在收获期穿梭在高原夏菜种植户耕地附近，但凡遇到采摘完毕的种植户随即上前进行商议交易。因高原夏菜种植户所掌握的市场信息有限，极少爆发激烈的讨价还价情景，最终成交价大多在最初报价上浮动0.3—0.8元。

小贩的出现为高原夏菜销售模式探索迈出了关键一步，种植户因此把关注点集中在生产层面，免去了由销售问题引发的多余顾虑。在熟人社会性质较强的D村，对小贩的知根知底促使种植户较为放心地将高原夏菜交由其代为销售。只不过在冷库建成投用初期，因高原夏菜产量有限，小贩数量激增，彼此间竞争激烈。即便是小贩们给种植户的收购价格一致，但小贩间每日成交所得极度不均衡，因而常有言语谩骂等过激行为。为获取更多利益，提升各自单日收购量，小贩们无所不用其极，暗中较量拉拢种植户以达到各自收购量最低限额。村民LXS（小贩A）对当时的情况仍记忆犹新：

> 那会简直是不要命了，有时提前几个星期就要说给呢，到收的时候就要跟着他们（种植户）了一起下地，帮着摘完放到自己的筐子里才算放心。这一家收完了，就赶快到下一家去，不然说不上就卖给谁了。价格全是一样的嘛，他们卖给谁不是卖，有的（小贩）直接就当场把钱给了，真正价格要是比给的低了就认命呗，高了就给他们还要返还呢。（LXS，男，汉族，村民，小贩A）

种植户面对小贩的多次请求着实犯难，碍于熟人社会人情世故甚至一时难以抉择。村民SY就讲道：

> 到6月份就有人（小贩）来我家里说让收下了卖给他，

隔几天要过来问一下啥时候收，有没有其他人（小贩）来问的。来我们这里收的那些人（小贩）全是一起的，有的还是亲戚了、同学了，答应这个不答应那个确实不好办，完了背后还说闲话呢。等收的时候他们（小贩）谁来得早就给谁了，别人问起来就说豆子等不得，越早收下来卖得越好呗。（SY，男，汉族，村民）

小贩们用尽浑身解数只为在当时产量有限的高原夏菜交易中尽可能多赚取利润，足以证明从事收购贩卖的经济回报十分可观，方能调动相当数量的村民先后参与其中。后来，在双方建立固定交易关系后，小贩随即舍弃旧有的松散且随意的收购模式，而是相继在村内主干道路旁搭设简易收购点，于每年收获期定点等待由种植户采摘装袋后亲自运送至此，便是省去大部分时间和人力成本。一般而言，收购点的营业时间同种植户每日开始采摘的时间相同步，便于及时接收新鲜产品。小贩处所收购的基本上是种植面积较大且备受青睐的荷兰豆、荚豆等豆类作物。通常情况下，一旦有种植户送产品至收购点，小贩们几乎照单全收。经过反复称重后做好登记，就将所有产品堆积在一起，以等待加工点派人收取进入下一步工序，到晚些时候价格确定再一一与种植户结算，基本上于当天全部完成。若是无法完成，则小贩大都选择先由自己垫付一部分款项，以待剩余部分到位。种植户对小贩普遍持信任态度，愿意也认可了这种“先交货、后拿钱”的模式。村民BWM告诉笔者：

这都是合作了多少年了，加上本来就是一个地方的，交情深得很呗。不给他们（小贩）送过去着就得自己往冷库那边送，还得自己把秧子摘掉了、农药检测了、装筐子标记了，确实麻烦。这么做地里剩下的豆子咋办，摘得慢了就过了这个时期，豆子变老了，不新鲜了，卖不上好价钱了。送到他们（小贩）那里，快快地称完记上账，再不管了，赶快回去接着收呗，争取能往这里多跑几趟。豆子只要是摘下来，有个四五十斤，拿过去的几个筐子全装满了，就赶快送来，全部是当天现摘下的。你得让人家（小贩）信得住你，没有隔夜的豆子，这些都是相互的呗，不能哄人。看着啥都办好了就可以放心回了，到可以领钱的时候就说一声。之前是要跑过去了问了，这几年方便了，手机微信里问问，知道了就说给了，钱到了就转过来了。我知道的是他们（小贩）从我们种的人手里收再给上面的每斤挣着3毛钱，这多少年没变过。我觉得可以了吧，他们（小贩）就在那些房子（收购点）里待着，自己不用张罗着收，等着种的人送过来称一下记账，完了再让上面的过来收，自己没咋动着。一天下来好的话能有至少2000斤，挣着有600块钱了吧，那几十天下来最少最少20000块钱有呢。（BWM，男，汉族，村民）

小贩对村民送来的产品“照单全收”，同样体现出绝对的信任。如村民SYP提到，基本上不会有村民将非当日采摘的产品送往小贩处。很明显，此种信任有赖于双方共同经营维系。

我们一天早上去干活的时候，就看着他们（小贩）的房子（收购点）有的也开了，再晚一些的到9点必须开。有些人去得早，人手多的话，那会就可以送过去了。要是摘的人到了，找不见收的人，他们（小贩）自己就担心起来了，怕豆子出不去咋办。你们去他们（小贩）房子（收购点）那里看了吧，送过去了都收上再称重记账就是个不到一刻钟的事，等着时间长了肯定不好呗，种的人还要回去接着摘呢。这个东西一天摘得越多越好，保证摘的是当天的，有隔夜的不往这里送，就自己吃了，你说送过来他们（小贩）发现了跟新鲜的和到一起了不好呗。（SYP，男，汉族，村民）

可见，小贩在某些方面承担了部分社会分工职能和重构了以信任为前提的社会联结与固定经济关系，缓解了个体种植户难以对接大市场之困境，是乡村共同体在市场经济具备一定应对调适能力的有机体现。

小贩位居销售链最末端，只是负责能够及时将现采摘的产品聚合汇总，以及最终的款项分配，其所能传递的价格信息受制于冷库对市场的把握。一般来讲，冷库于每日16—17时发布收购价，通过层层传递及扣除中间成本，最终种植户获悉的实际收购价略低于最初价。在这之中，小贩对收购价的期盼与变动同种植户相比没有太多的回应表现，这归因于无论实际收购价几何，无碍其均可从中以 0.3 元 / 斤获利。对于此种赚取差价的行为，一方面，小贩认为毫无不妥之处，正是缘于为种植户提供了与市场接轨的机遇，特别是达到以产品换取经济收益的实际目标，并且上层的收购款一旦无法及时拨付到位，便要通过先行垫付收购款将种植户的危机转移至自身，以此作为承接危机之成本。另一方面，种植户对此更是心知肚明，在满足心理价位预期的同时能及时获取当日收益，并且很少有自身承担资金流短缺造成的收益危机，便默许了小贩的此种行为。

二、小贩与加工点

基于日益增长的高原夏菜产量，为确保高原夏菜新鲜度与销路畅通，天祝县政府于 2002 年将高原夏菜的销售以项目承包制的形式授权给兰州 ××× 绿色食品有限公司，由该公司统筹全县的高原夏菜贮存、检测、运输与销售等诸多事宜。次年，该公司于岔口驿村投资新建的容量为 1000 吨的高原夏菜保鲜库正式投入使用。

冷库建成投入使用之初，因高原夏菜产量有限，况且小贩数量急剧增长，致使小贩间收取量差额明显。小贩多是本村村民，彼此间相互熟知，即便是心照不宣地给种植户的收购价相一致，但由于在种植户理性选择之外不得不顾忌关系间亲疏远近，彼时小贩自身或是人手不足或是装备容量有限，冲突时有发生。直至 2004 年，D 村高原夏菜种植面积超过千亩时，冷库的运行模式日趋成熟。为规范销售流程，减少环节程序，加强制度化管理，提高运营效率，冷库规定一律不单独接受小贩运送，而是依据高原夏菜生产区产量分布，先后设立若干加工点衔接小贩与冷库。加工点设立后，先期负责初级加工如摘除豆类作物两侧根蒂，并按照一定标准封装，后期陆续增加农残检测、质量抽查等内容。同小贩的人员构成相一致，D 村加工点负责人由本村人担任，先前即为小贩，忙碌时招募本村人开展相应工作并支付报酬，少有外村人参与。加工点负责人 YSY 对笔者讲道：

> 干这个（加工点）之前，我跟着他们（小贩）一起在村里转着收菜，不管收多收少就往冷库那边送，有段时间一天收不下个 30 斤。收的人太多了，产量就那么多嘛，就是“僧多粥少”呗。后来我了解到冷库不收个人送过去的菜了，

要在每个地方设加工点，让把收着来的菜两边根去掉，把长得奇怪的挑出来，剩下的按照给的筐子装满了拉过去。等于是冷库那边把这些活下放到加工点了，它只需要做其余工作，比如往哪里送了、啥时候送了。我家在路（312 国道）边上有两间房子，离村民们种的地近，收开了方便，完了送过去也方便。冷库那边来人了看了看，就让我在这边做了，一直到现在。量多的时候问问谁愿意来帮忙，一天下来按照加工量的多少给钱，每斤给上 4 毛钱，一直没变过。（YSY，男，汉族，村民，加工点负责人）

通常情况下，小贩收购点自早上 10 点钟后就陆续有种植户运送现摘的产品（如图 1–5 所示）。经过称重登记，一并将所有产品按照 50 斤 / 袋封装。当产品到一定数量（200—300 斤）时，小贩就要告知加工点来收取已有产品。同小贩与种植户间的固定交易关系类似，加工点与小贩间同样存在相应关系，即每个加工点对应固定数量的小贩，却非刻意的隶属关系。从产品流动来看，加工点从未对小贩收购量有明确限定，基本上是对其“照单全收”，不存在数量与质量担忧，而且只从小贩处收购，未与种植户直接接触，产品的单向流动依旧延续。从收益分配来看，小贩所获知的每日收购价格均源自加工点的传递，其自身绝不会妄自给种植户承诺，一旦造成差价过大，则全额由其自身承担，与加工点无涉。在这一过程中，加工点再次以 0.3 元 / 斤的差价从小贩处收购产品。凭借两次流动，小贩每斤产品可获利 0.6 元，综合下来收入不菲。缘于产品从种植户到小贩再到加工点向上单向流动，反之则明确了收购价与收购款的向下流动。加工点负责人 YSY 说道：

我每次收的时候都要说呢，种的人问开了不要胡说价格，就算是前一天的知道，后一天的价格会不会波动，波动多少是你能控制的吗？一旦价钱落差太大，中间的损失你们（小贩）就自己负责，别跟我说了，我也不会管。之前就出过这样的事，他们（小贩）说的价格跟实际价格错着几毛钱，就问我了咋办呢，我说要么赔钱，要么就等着看呗，过一两天价格能不能回来。这个豆子不能放太长时间，我这里就是个加工封装的，没有像冷库一样的设备，咋能给你保证放着就不会坏掉，根本不可能的事情呗。一两次的我还能给帮一下，你要老这么搞，那我生意做不做了。后面再有的就不管了，谁出了事让他们（小贩）自己想办法，自己承担后果。正常来讲，他们（小贩）在自己的房子（收购点）里把收的豆子装好，看着多了就说一声，我这边就安排人过去登记装上，尽快拉过来。因为我这里的活挺多挺复杂的，要在保证速度和质量的前提下干完，抓紧再送到冷库去，检查没问题了才算结束。路边的那些（收购点）就只管收就行了，我的人过去了装上拉回来了、开始加工了，就说一声，把数量记好，价格下来了给钱，给他们（小贩）每斤3毛钱。我看着他们（小贩）一边等着人把豆子送来，称一下就放着，一边等着差不多了联系我去收，往那个房子（收购点）里坐着就行了。有一点是啥，我这里是加工点，不直接从种的人手里收，就是种的人自己拉过来了，再熟也不会收下，只从他们（小贩）的房子（收购点）那里收。这个规矩十几年了，坏规矩的事不能干呗。（YSY，男，汉族，村民，加工点负责人）

图1-5　待加工的毛产品（李智勇　摄）

由于收购价格的发布时间较晚，村民在运送产品至收购点时会不自觉地问到当日价格走势，认为小贩同“上面”关系密切，可能会提前知道价格。加工点对此是明令禁止的，需经常同小贩强调不得随意猜测价格，一旦出事，后果自负。村民WMN（小贩C）对此提道：

每天都有人问着价格怎么样，就算是知道下午才有，我就当着跟说闲话了，说个大概范围就行了。上面的（加工点）来拉的时候次次强调着不能随便乱说，谁能保证得了价格这个东西，还是要看市场呢呗。之前有的（小贩）给乱说价格着，结果下来了塌了6毛钱，一天收着将近2000斤，差不多1200块钱。这个只能你自己出了呗，别的谁会给你出，跟他们有啥关系，你说是不是。自己非要瞎说呢，结果花钱买个教训呗，看他还说不说了。我们这些就每天把该做的做好，送豆子的人来了，给称上记上账，看着差不多了让上面的过来拉走。啥时候上面（加工点）说价格下来了，给记账的人说一下，把钱算清楚不就行了。上面从我这里拉豆子，同样把账记上，他们（加工点）一斤给我3毛钱，多少年了就是这个价，没变过。还有一个，种的人摘下来豆子，除了往我们几个这里送以外，别的地方送去了他们（小贩）也不收，他们（小贩）坏了规矩哪行。这样一个模式十几年了，每次到收的时候都这样，各有各的分工呗。这样豆子卖开了顺利，还轻松了不少。种的人只管种和摘就行了，再不用满处跑着去卖豆子。（WMN，男，村民，小贩C）

上述案例表明，在未经加工点正式通知的情况下，当被问及每日收购价时，小贩的回答总是模棱两可，甚至直接不予告之。一旦因私自“定价”同正式价格间差距较大，所造成的损失一概由小贩本人承担，与加工点及冷库无任何瓜葛；所产生的“利润”则需及时补偿给种植户，小贩绝不可私自谋利。

三、加工点与冷库

加工点的角色和职能不仅体现在与小贩的层级有别，而且同冷库关系更密切，也更为丰富。加工点设立之前，小贩在收到一定数量的产品后，均径直送往冷库，且不进行二次加工及质量检测。为此，冷库不得不增设质量检测与二次加工的程序，而后为减少相应环节与成本，便授权加工点进行代理加工，涵盖毛产品加工，质量检测与封筐包装等。起初，冷库未对加工点数量进行限制，各加工点卷入价格战恶性竞争中，仅D村加工点数量一度突破10家。[①] 从2004年起，冷库便着手对加工点乱象开展治理，规定在高原夏菜产区每村只允许设立一个加工点，该加工点需按照冷库对产品的相关要求从事工作。在确保数量与质量合乎标准的前提下，冷库付给加工点费用1.2元/斤，并不参与加工点内部及其与小贩的利益分配。这一模式也为天祝县后续设立的6家冷库所效仿。

时至今日，共有7座冷库在D村设立8家加工点，有2家同属1座冷库，负责人之间为表兄弟。其中"表哥"正是前文提到的加工点负责人YSY。事实上，冷库方面只认"表哥"，由其全权负责产品加工与质量把关，并付给其加工费，而且不参与两兄弟的利益分配与具体分工。对此，加工点负责人YSY讲道：

> 冷库刚建好的那几年，就我们这里产的豆子多呗，全往冷库送，只要它们收进去，就能拿到钱了。这个就比以前好的多了，人们都就看到了呗，一到7月、8月，各种收的突然就冒出来了，之前就也是个种的人嘛，推上车车像模像样的收开了。收上了就往那边送，每到那会就乱了。后来冷库的要求越来越高了，他们（冷库）就规定着跟我们相同的加工点，每村只能有着一个，有些村产得少呗，就集中到镇上，也是只能有一个。前面小的加工点，是由我表弟负责，我们加到一起负责我们这个村的，光我这边确实忙不过来。我们隔壁的加工点不能从我们村收，那个是J村的。冷库那边只认我不管他（表弟），我不去不行，送货发货的时候更是这样了。至于你两表兄弟咋分钱、是不是吵架了他们（冷库）不管，只要每天把豆子送过去就行了。要是再有一家往冷库里送，一看不是我，冷库是不会收的，其余的就不知道了，这个是最早的呗，合作时间最长的呗。（YSY，男，汉族，村民，加工点负责人）

① 数据来源于对岔口驿冷库负责人的访谈，2019。

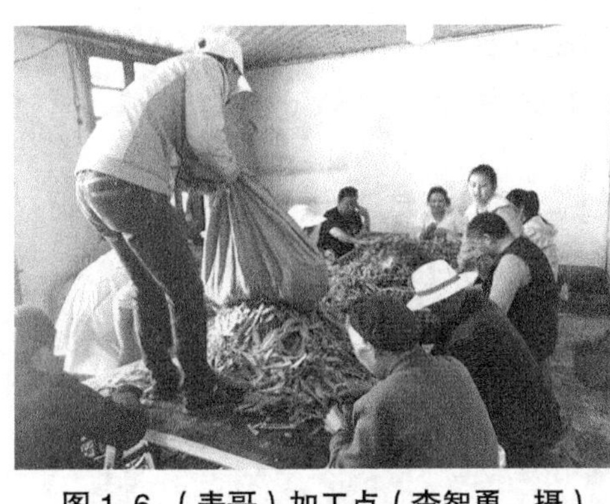
图 1–6 （表哥）加工点（李智勇　摄）

图 1–7 （表弟）加工点（李智勇　摄）

以“表哥”加工点为例，当加工点得到消息后，依次从固定小贩处收购所有毛产品，确保所有产品不得过夜，以免造成积压致使最终价格较市场价低几元不等。在具体操作上，须将毛产品加工成如图 1–8 所示的标准样式。简单来说，就是在不破坏产品整体形状的前提下，去除其两侧的根蒂与残留物。整个过程中有严格操作规范，稍有不慎则会导致产品变为如图 1–9 所示的问题样式，进而影响整个批次的销售。加工点负责人 YSY 告诉笔者：

> 像是跟这个相同的（图 1–9），每个箱子里最多可以有个七条或八条，要是多于八条了肯定就是不合格。你要是抱着侥幸心理送过去了，万一冷库那边看出了不合格，直接让重新返回来再补和检查，那样就不值得了，光路上来回和再找人不得花钱嘛。你们看这些是装好的（图 1–10），我们这里是每一个筐子上必须贴上标签的。就这种小标签，送过去的之前就要把小标签给贴到醒目的位置，表示这些是经过加工，农药检测是合格的，跟冷库的要求一样了，就可以装车送过去了。送过去他们还要再次检查，抽查和全部检查都有呢。但凡发现质量和农药残留不合格，这一批全部让回去重新弄，弄完了送过去再检查，没问题了才会安排是放冷库里还是直接装车送走。还有一个，冷库这边检查发现没问题了，万一被市场上的检测出来了，不管这批豆子是送到北京、广州、西安、杭州，还是香港、澳门，全部都得返过来，而且返过来的全部费用人家不管，由冷库和我们承担，

就担心以后我们的豆子还能不能再往过运了。所以说从我们这里一开始把好关，能省下不少事情。（YSY，男，汉族，村民，加工点负责人）

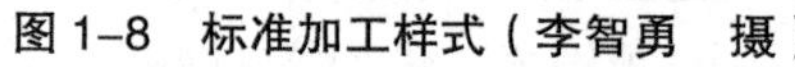

图 1–8　标准加工样式（李智勇　摄）

图 1–9　问题加工样式（李智勇　摄）

等初级加工工序完成后，按照 10 斤 / 筐（其中误差正负 3 克）的标准封装。经过农药残留检测合格无误后，方可进一步封装，并放置于荫凉处（如图 1–10），直至在当晚 22—23 时装车运往冷库。待冷库再次确保安全绿色且质量达标后，最快可于次日凌晨 1 点即完成全部程序入库，而后再由冷库负责分销至各地。

这一筐的重量有 10 斤，平平地装满正好，上下有个 3 克的正负量，说白了就是这么 1 个豆子的克数，多的话就是多出 1 个，少的话就是少放 1 个。在加工的时候要时时认真呢，尽可能减少把豆子弄坏了。要是被冷库检查出来了农药残留超标，它就第一时间给你返过来，而且这一批就全都不要，就算是有再好的货坚决一斤不要。所以我们在做的时候，就找人或是我自己先拿上一个样品跑过去让他们给检测一下，农残合格了我这边才开始干活，不合格了我们就不干，这个要求高得很，不是说我们拉着过来就可以做了。原来有一两次全部做完了让人家检测出来不合格了，这批货就整个不行了呗，损失就得我们来承担。你说划算不划算，人工费了、路上花的已经完了，剩下的只能自己掏钱了，叫干了个啥嘛，这种亏吃上一次够够的了。（YSY，男，汉族，村民，加工点负责人）

图 1-10　等待送往冷库的封筐（李智勇　摄）

就高原夏菜的产品质量和市场标准的重要性，冷库负责人在加工点成立之初便一再强调，到每次接收产品时还要反复说明，目的是要让加工点负责人始终严格把控质量关，避免对高原夏菜的销售造成不利影响。对此，冷库负责人 WXC 谈道：

我们这里给下面的那些加工点早就说了，而且每次豆子送来的时候总要叮嘱呢，严格按照程序要求来，特别是农药残留检测。这里的豆子往外发着全部要贴上绿色食品标签和小标签，出个啥事了标签上一查就知道了。就那绿色食品标签来说，农药残留超标了还叫绿色食品嘛。加工点那里查一遍，送过来了我们这里再查一遍，没问题了才能看是先放冷库里存着还是就碰上哪里要了赶快发过去。（WXC，男，汉族，冷库负责人）

此外，由于数量庞大的产品加工需求，加工点大多会雇用村内闲散人员来完成加工任务，人数5—8人不等，以0.4元/斤支付报酬，每日工作时长8—10个小时，支付给雇工的报酬与小贩的收购差价均抵扣自冷库额外的1.2元/斤的加工费。一般而言，加工点的日常处理能力为800—1200斤，考虑到加工的必要损耗与问题加工样式的存在基数，损耗率大致在3%—5%之间。按照平均折损率4%且质量达标为前提计算，每日加工量在768—1152斤之间，可从冷库方获得加工费用921.6—1382.4元，刨去给小贩的收购差价以毛产品重量×0.3元即240—360元，以及按照标准加工数量×0.4元付给雇工费用307.2—460.8元。由以上可知，理想状态下加工点每日产生成本为547.2—820.8元，净收益为374.4—561.6元。需说明的是，加工点给小贩的代理费出自从冷库方所获加工费，而小贩与种植户产品收购中包含的0.3元差价则与加工点无关，而是扣除于加工点提供给小贩的当日市场收购价中，即在种植户最终获悉收购价上增加0.3元即可。若种植户得知收购价为X元，则真实的市场收购价则为X+0.3元。

综上，特色产业发展的相应需求，催生出D村探索出一条涵盖“种植户—小贩收购点—产品加工点—冷库”的层级销售链（如图1–11、1–12所示）并日臻成熟。此种选择，一是以市场为导向，按照市场对产品的标准要求严格遵循规范其产出销售的各个环节，积极主动地同市场接轨，是逐渐从乡土走向市场的过程；二是彰显出乡村社会有机体般的弹性适应能力，借助原生性社会关系网络建构出熟人社会特征较为明显的层级分明的流动与交换结构，表明特色产业发展是始终未曾远离乡土。有如布迪厄（Bourdieu）指出，无论是行为倾向，抑或是实践感，均不属于普遍通用的既定之物，并且要受到社会条件与历史因素两方面的内容建构方能发挥效应。[①]在高原夏菜层级销售链之中，各参与方分工明确且互不干涉，共同推动产品自下而上的流动与收益自上而下的交换，在把握关系的同时推动市场交易的运行。

① ［法］皮埃尔·布迪厄、［美］华康德：《反思社会学导引》，李猛、李康译，161页，北京，商务印书馆，2015。

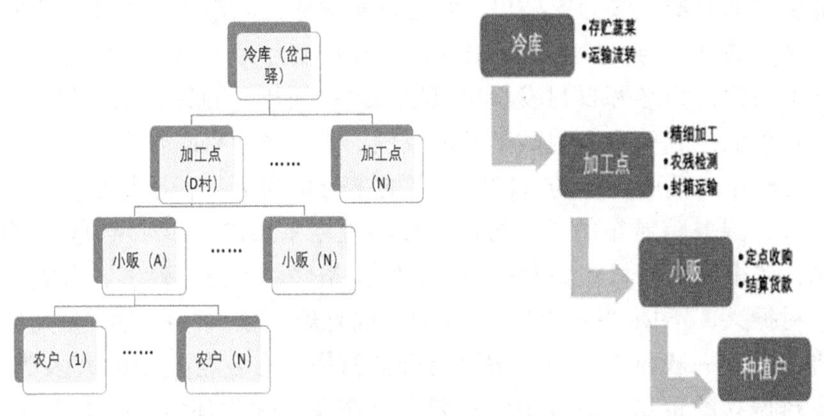

图 1–11　高原夏莱层级销售链组织示意图（李智勇　绘）

图 1–12　高原夏莱层级销售链分工示意图（李智勇　绘）

本章小结

回望历程，可以发现D村特色产业发展带有明显的内生个体资本驱动型特征，可归纳为立足于村庄自身特色的内涵性发展。就产业资金投入而言，主要来自于村庄内部，由单一的种植户自己投入，大多维持着量入为出、渐次增长的稳步推进方式，政府的投入多为扶持性或是配套性投入；就产业资源利用而言，特别是对于处在核心的土地资源来讲，基本保持了小农户家庭经营的弹性与活力，土地使用资格权未实质性越过村庄边界流转至其他外部主体；就产业剩余分配而言，剩余收益基本上留在了村庄内部而非大量外溢，长时间内以初次分配为主，个体投入回报归个体，近些年来随着村集体经济实力的提高，对二次分配关注度逐渐增强；就产业链市场面向而言，产业发展初期以本地区县市与临近县市为主要市场，后经持续发展壮大后，再依托企业外包开拓更大范围内的市场。

“人们并不是机械地作用于环境因素，即使这些因素直接或间接地影响了他们的行动。”[①] D村村民始终没有在环境因素面前逆来顺受、无所事事，更非仅仅满足自我家庭需求的“道义小农”，而是通过以

① ［挪威］托马斯·许兰德·埃里克森：《小地方，大论题——社会文化人类学导论》，董薇译，周大鸣校，282页，北京，商务印书馆，2021。

农业生产的改造升级为突破口，立足自身优势，同市场经济建立起紧密联系和高度参与，始终追求农业生产经济利益最大化。政府部门同样从未缺席，始终为D村发展出谋划策提供扶持。随着高原夏菜项目的引入落地，似乎为D村破解发展瓶颈，追求产业兴旺带来曙光。在这一过程中，政府、市场、村民三者的参与协同更为明显与必要。中共中央、国务院颁布的《乡村振兴战略规划（2018—2022年）》明确强调，要根据不同村庄的发展现状、区位条件、资源禀赋等，分类推进乡村振兴，不搞“一刀切”。其中，现有规模较大的中心村和其他仍将存续的一般村庄，属于集聚提升类村庄，占乡村类型的大多数，是乡村振兴的重点。对这类农村要激活产业、优化环境、提振人气、增添活力，鼓励发挥其自身比较优势，促进产业发展。[①] D村因种植高原夏菜，发展特色产业，开拓农业生产新动能，带动村民增产增收，村庄发展活力一定程度上得到激发，可归为此类村庄范畴当中。

① 《中共中央　国务院印发〈乡村振兴战略规划（2018—2022年）〉》，见中国政府网，http：//www.gov.cn/zhengce/2018-09/26/content_5325534.htm.2018-09-26/2018-12-19。

第二章　作为核心的经济效应：村民与村庄的直观受益

从播种到收获，是美好的期待，是甜蜜的希望，是劳动的意义。D村从简约而不简单的高原夏菜中探索发掘出一条符合自身优势的特色产业发展之路，通过生产与销售环节的相互配合创造出源源不断的经济效应。D村村民逐渐摆脱从事农业生产的低位经济回报窘境，在辛勤耕耘的前提下经历着增产更增收的自然馈赠，直接促进了生活水平的有效提升。在村庄层面，特色产业发展为内生发展动力的激发与维系持续赋能，进而不断培育、筑牢由脱贫攻坚到全面推进乡村振兴的物质基础——产业兴旺。在这一过程中，因地制宜培育特色产业尤为关键，能够为乡村振兴提供充足的内生经济动能。就D村及同类型普通农业型村庄而言，通过对传统农业的改造升级，探索高附加值与回报值的“新农业”[①]不失为迈向产业兴旺的最适路径，而发展特色产业则是其中的关键依托。从根本上讲，无论采用何种特色产业形式，经济效应始终处在核心地位，直观体现着特色产业的生命力长短和认可度强弱，深刻制约着其他方面发展效应的有效发挥。

第一节　村民的美好收获

在较长时间内，D村具有明显的“以代际分工为基础的半工半耕”[②]的家庭劳动力再生产模式，即年长者在家务农，年轻者外出务工。随着年龄的增长与后继力量的补充，原有的年长者为年轻者所替

① 黄宗智：《“家庭农场”是中国农业的发展出路吗？》，载《开放时代》，2014（02）。

② 杨华：《中国农村的“半工半耕”结构》，载《农业经济问题》，2015（09）；夏柱智：《半工半耕：一个农村社会学的中层概念——与兼业概念相比较》，载《南京农业大学学报》，2016（06）；贺雪峰：《半工半耕与中国渐进城镇化模式》，载《中国社会科学》，2017（12）。

代，后者同样为新一代年轻者的涌现而实现角色转换。这样一种“制度化”模式下，仅靠农业生产的经济收益不足以全然担负家庭日常生活开销，并且出现了“过密化”特征，突出表现为劳动力供过于求。因此，外出务工成为多数家庭寻求“开源”可能和化解劳动力“积压”的不二选择。与之相对的是，农业生产自然而然被排列在次要位置，最主要原因是经济收益低而难改。发展特色产业，源源不断地为D村村民带来丰厚可观的经济收益，较之于先前农业生产实现了跨越式增长，选择从事农业生产的村民也从中享受着长时间增产更增收的获得感与满足感，引发了村民追求生活水平有效提升的想法与行动，引发出一些肉眼可见的改变。虽说未能从根本上改变此种“制度化”的“半工半农”模式，却对其产生了如滴水穿石般的深远影响。

一、增产更增收的期盼喜悦

从1996年零星种植起，高原夏菜一方面因其喜凉、耐旱、高产等特征较好地适应了D村自然环境与气候条件，另一方面更加受村民看重的则是较高的经济收益回报，同种植小麦、青稞等粮食作物高投入、低回报形成直接反差。在农牧兼营到农业主导的村庄经济结构调整转型过程中，D村家庭收入尽管具有来源多元化趋势，却始终无法脱离农业生产这一根本源头。在一些村民相继放弃牧业生产后，依靠农业生产出售农产品获取收入在大多数家庭看来仍为最稳定之一环。外出务工虽能在短期内收入超过农业生产，但因各种因素引发的不稳定性，如拖欠报酬、意外频发、机遇难寻等无法成为D村村民来源之唯一，其余收入来源，如经商、工资等只在少数家庭收入来源中占据分量，并非普遍现象。因此，从事农业生产甚至是纯农业生产获取经济收入为绝大部分D村村民家庭的必然选择。

前文所述，D村于2004年完成农作物种植品种调整，高原夏菜取代小麦、青稞等粮食作物和油菜等经济作物跃居首选。这之前及之后，依靠高原夏菜产业发展，D村村民收入连年攀升，其种植面积所占比重逐年增加。村民一边不断发掘高原夏菜经济收益及潜能，一边在高原夏菜连年的丰收中期盼着、品尝着、感受着收入持续增加的喜悦。在市场价格稳中有升及自然环境特别是降水量适中、极端天气发生率较低与虫害罕见的条件下，D村高原夏菜于2017年一度实现亩产值10000元，2015—2020年该村人均纯收入已突破6000元，在天祝县境内村镇收入水平位居前列，足以见得高原夏菜产业发展良好的经济收益回报。

以下选取SY、WGL、XYS三户家庭2019—2021年收入状况为例进行分析说明。SY为D村大姓S姓群体中种植高原夏菜时间最早也是最长久几户之一。WGL一家为享受政策兜底即有低保补助和公益性岗位的家庭，本人则是家庭里唯一的劳动力，其父年近80岁，无劳动能力，其妻患有心脏病、哮喘等顽疾，不宜从事剧烈农业生产劳作，子女均为在校学生，无收入来源。XYS一家为D村少有的收入来源多元的代表，除农业生产收入外，还有工资性收入、务工性收入、经营性收入。

表2-1　SY 2019—2021年度家庭收入表

年度	收入来源	种类	数量	总收入（元）	备注
2019年度	生产性收入	莴笋	1亩	4000	亩产约5000斤，单价0.8元/斤
		荷兰豆	8亩	40000	
		菜豆	1亩	2000	
	财产性收入	土地流转	2亩	1000	
	转移性收入	粮食直补	1份	425.35	
	总收入	47425.35元			
2020年度	生产性收入	莴笋	1亩	3300	亩产约5500斤，单价0.6元/斤
		荷兰豆	7亩	42000	
		菜豆	2亩	6000	
	财产性收入	土地流转	2亩	1400	
	转移性收入	粮食直补	1份	425.35	
	总收入	53135.35元			
2021年度	生产性收入	莴笋	1.5亩	3600	亩产约6000斤，单价0.4元/斤
		荷兰豆	8亩	38400	
		菜豆	0.5亩	2000	
	财产性收入	土地流转	2亩	1500	
	转移性收入	粮食直补	1份	425.35	
	总收入	45925.35元			

数据提供者：SY（男，汉族，村民）。

SY作为D村较早全盘种植高原夏菜的种植户，已多年未曾种植粮食作物。依靠种植高原夏菜的价格相对稳定，种植面积总体不变，亩产量连年增长的情况下，连续三年内农业生产收入所得波动较为平稳。其中蚕豆价格连续三年呈涨幅态势，而莴笋价格一路走低，两年内降幅达 50%。荷兰豆则在亩产量总体稳定的前提下，亩均产值在 5000 元上下波动。因 SY 家未种植粮食作物，缺乏与粮食作物收益的直接对比。从 WGL 家庭收入表入手分析，则将两者间的产量与收益对比较为直观的展现出来。

表 2-2　WGL 2019—2021 年度家庭收入表

年度	收入性质	种类	数量	总收入（元）	备注
2019 年度	生产性收入	莴笋	3 亩	9600	亩产约 4000 斤，单价 0.8 元 / 斤
		蚕豆	2 亩	4000	
		小麦	1 亩	400	
	务工性收入	务工	1 份	4000	WGL 做 D 村环卫员所得
	转移性收入	草原奖补	1 份	44.08	
		粮食直补	1 份	425.35	
	政策性收入	三类低保	3 份	4680	
	总收入	23149.43 元			
2020 年度	生产性收入	莴笋	2 亩	6000	亩产约 5000 斤，单价 0.6 元 / 斤
		蚕豆	3 亩	9000	
		小麦	1 亩	0	未出售
	务工性收入	务工	1 份	4000	WGL 做 D 村环卫员所得
	转移性收入	草原奖补	1 份	44.08	
		粮食直补	1 份	425.35	
	政策性收入	三类低保	3 份	4680	2020 年底取消
	总收入	24149.43 元			
2021 年度	生产性收入	荷兰豆	1 亩	4800	
		蚕豆	4 亩	16000	
		小麦	2 亩	700	
	务工性收入	务工	1 份	4000	WGL 做 D 村环卫员所得
	转移性收入	草原奖补	1 份	44.08	
		粮食直补	1 份	425.35	
	总收入	25969.43 元			

数据提供者：WGL（男，汉族，村民）。

从 WGL 2019—2021 年家庭收入状况来看，小麦产量与价格始终在低位运转，高原夏菜的产量及收益远远高于小麦。在 2020 年底 WGL 一家低保被取消后（原因未知），2021 年通过种植荷兰豆取代价格连年走低的莴笋，其总收入较前一年不降反升。按照 WGL 的想法，2022 年家中可用耕地不再种植小麦，在保持莢豆种植面积 4 亩不变的情况下，扩大荷兰豆种植面积到 3 亩，力争种植高原夏菜带来的生产性收入占比达到 90% 以上。

表 2–3　XYS 2019—2021 年度家庭收入表

年度	收入性质	种类	数量	总收入（元）	备注
2019 年度	生产性收入	荷兰豆	5 亩	25000	
		莢豆	5 亩	10000	
	工资性收入	公务员	1 份	42600	其子在打柴沟镇政府工作
	转称性收入	粮食直补	1 份	425.35	
	务工性收入	务工	1 份	7200	本人 10—12 月武威市务工
	总收入	85225.35 元			
2020 年度	生产性收入	荷兰豆	5 亩	30000	
		莢豆	5 亩	15000	
	工资性收入	公务员	1 份	43400	其子在打柴沟镇政府工作
	转称性收入	粮食直补	1 份	425.35	
	务工性收入	务工	1 份	3000	本人 11 月天祝县务工
	总收入	91825.35 元			
2021 年度	生产性收入	荷兰豆	6 亩	28800	
		莢豆	4 亩	16000	
	工资性收入	公务员	1 份	45000	其子在打柴沟镇政府工作
	转移性收入	粮食直补	1 份	425.35	
	务工性收入	务工	1 份	0	家中建房无暇外出
	总收入	90225.35 元			

数据提供者：XYS（男，蒙古族，村民）。

从 XYS 的家庭收入情况讲，其子在打柴沟镇政府工作，工资性收入较为稳定且占比幅度接近50%。种植高原夏菜的生产性收入稳中有升，加上XYS在2019与2020年外出务工获取一定收入，总体相加连续三年收入在85000—92000元之间浮动，在D村属于中上等收入水平。若是只考虑农业生产性收入，在价格一致无恶意竞争且亩产量相对均衡的条件下，三户彼此间种植高原夏菜收入差别不大。即便是高原夏菜产量未到预期，其经济回报更是远远超过小麦等传统粮食作物。D村种植小麦亩产量在1000斤徘徊浮动，市场收购价大多于每斤1元徘徊。按照亩产量1000斤和1元/亩收购价计算，每亩小麦毛收入1000元，除去各项生产成本后，最终净收入不到500元，与高原夏菜经济收益相比微不足道。况且D村养殖户所占比例较低，单个养殖户牲畜养殖数量较少，因此农业生产性收入几近为收入来源支柱。通过种植高原夏菜，促使这一部分收入存量持续提升，村民丰收更增收。

既增产更增收是乡村特别是农业产业兴旺的最直观体现之一。[①] 改革开放前，广大农民被制度性严格局限在农产品生产特别是粮食生产范畴之内，产品结构同样较为单一。改革开放以来，总体上尽管引发农产品生产类型调整及一些地区的乡镇企业萌生，对于大多数地区的大部分乡村而言，农业仍为最基本的产业化对象。申言之，农民增收问题是“三农”工作中的关键问题之一，置于党和国家“三农”政策与历次中央农村工作会议及近十几年来“一号文件”的突出位置。有如D村的普通农业型村庄缺少二、三产业发展条件与带动效应，依托自身特质与政策红利、市场推动，促进传统农业改造升级达到提质增效，重新发掘释放农业生产效能，培育激发内生动力，仍不失为最根本且最直接的发展路径，D村的实例正是对这一观点的有效回应、现实回应与直接回应。通过特色产业发展蕴含的经济效应持续释放，为困扰许久的村民“减负有效、增收乏力”[②] 之间提供了应对之策与现实参考。

① 朱启臻:《乡村振兴背景下的乡村产业——产业兴旺的一种社会学解释》，载《中国农业大学学报》，2018（03）。

② 曹锦清:《减负有效 增收乏力——论中国农民收入的生长空间》，载《探索与争鸣》，2010（02）。

二、生活水平的有效提升

D村村民通过发展特色产业，经历了增产更增收的期盼喜悦，也直接借助消费水平增加这一手段，引发了生活水平的有效提升。一般来讲，人们的消费水平视收入的绝对水平而定，收入增加的同时，消费水平同样逐渐提升，但两者并非完全呈同等走势。从D村村民消费反馈情况来看，消费的增加要少于收入的增加，生活水平的有效提升是个缓慢的过程。

总体而言，D村的消费市场是较为稳定的。与先前物资短缺、商品配额、物流滞后、观念保守等内外部条件影响下的消费活动相异，该村村民的消费行为充分体现出基于其收入水平的考量，是为共识般的价值遵循，即村民家庭消费的超前性较低，只允许在总体收入允许的框架内选择必需且性价比较高的商品与服务，一定程度上达到自己的满足点就会抑制消费行为。可以说，D村村民家庭消费的收入决定考量被置于首要位置。基于此，生活水平的有效提升更多地体现在除衣、食等基本生活消费外的一些额度较高且以往非必需内容上较为集中，表现为重大消费、享受型消费与发展消费层面。

（一）重大消费

由调研可知，村民能够涉及的重大消费，可归纳为单笔超过2万元以上的消费。特色产业发展为D村村民带来良好的经济收益回报，基本需求不再是主要制约因素，一些延伸及深层需求逐渐引发关注，修建房屋、购买小汽车等方面的考虑逐渐在脑海中明晰。此类数额较大的消费在以往收入偏低的时期内，只能想想作罢。正是顾及收入水平的提高，村民家庭中拥有相应的实力来承担高额消费后的生产生活安排维系。自2010年至今，D村已有超过3/4的家庭完成房屋新建或是修缮。特别是2014年为支持新农村建设，天祝县政府拨款为每户家庭统一修建风格样式一致的大门，诸多村民借助此番“东风”顺势对房屋进行翻修整改。对于这样的“机遇”，被访者认为，特色产业发展的良好经济收益奠定了相应的经济基础，最大限度地降低了后顾之忧。村民KSNAJ对笔者说：

（20）14年政府不是给村里每户人家安上一样的大门，

当时也不让再养那些牛、羊、马了，一下全卖了，全部下来不到10万块钱，算了一下够把房子修一下，就连带着一次把这个事情给做完了。不然就大门是新的，围墙、房子破破烂烂的，不好看。（KSNAJ，男，藏族，村民）

当时禁牧休牧政策颁布施行不久，村民几乎将饲养的中大型牲畜变卖一空，获取了较为可观的收入，其转向农业生产对刺激此类重大消费作用甚微。当然，对从事高原夏菜生产时间较长的村民而言，通过长期良好的经济收益积累奠定一定的经济基础是其开展重大消费的必要支撑。

种菜收益好了以后，修房子的人家明显多了。地里活干完了就有人要么翻新，要么直接推倒了重建一个，一个冬天就能建好了，实话是人们靠着种菜手里多多少少有点钱，修个房子改善一下住的条件呗。要是钱不够了，就先借上些，等过一两年卖菜的钱下来了，也就还上了。（LDC，男，回族，村民）

村民LDC的言语中透露着对高原夏菜良好经济收益持续性的笃定，认为这种势头在短时间内仍将会延续，似乎很难从高峰跌入谷底，也就可以较为放心地做出一些超前消费的决定。此种现象在当时不在少数，但始终未形成普遍气候，多数村民仍坚持量力而行的稳健消费方式。如村民DHY就认为：

原来根本不指望能把房子修一下，一年下来地里粮食卖了得再出去打工挣上钱才能够花的，修房子这个花得更多，索性将就着住了。（20）10年种上这个菜以后，每年下来能攒上些了，这不等了几年，攒了些钱，家里人商量了把房子修一下，没有跟别人借钱或者去贷款。原来政府先给把门修了，新门旧房子不好看呗，等到（20）18年忙完就把房子修了，新房住着确实舒服多了。（DHY，男，土族，村民）

在修缮房屋以外，小汽车更多地出现在D村村民生活中，是另一项重大消费。在走访询问得知，为便于生产生活，村民购买小汽车多以微型载货汽车或是微型轿车为主，实用性强、载重量大、相关花费较低是基本购买动机。同修缮房屋相似，特色产业发展连年的良好经济收益回报促使村民家庭萌生出这一想法，却与修缮房屋动辄近10万或是超过10万的数额来看，选购5万元数额以内的小汽车显然更受村民欢迎。问及为什么会选购该类型汽车时，村民SYQ讲道：

> 之前买个2万多块钱的二手车要犹豫很久，还是因为家里钱不多，因为买个车了平常就要在别处省了，想想还是算了。这个种菜几年了，比原先挣得多的多，买个差不多价钱的车不用担心太多了。我家就（20）16年买了个微货，不到3万块钱的二手车，平时地里干活拉个工具了、化肥了再不用累人了呗，有个啥事了跑去县城也方便得多。（SYQ，男，汉族，村民）

同村民SYQ相似，村民XYS直截了当地指出选购小汽车的现实考量，即为生产生活提供更多便利，不追求享受及攀比。

> 有个车到底还是方便呗，平时了在地里干活了拉人、拉工具拉别的东西了确实快，要是家里有人生病了，送县城来得及呗。别看这个长安的微货便宜，用开了省油、能跑、花得少，这车加一箱油能跑个800多公里，比那些十几万甚至几十万的好多了，那些车中看不中用。我们这里都看的是实用不实用，价钱高的到这了肯定没有我这类车好用。（XYS，男，蒙古族，村民）

D村家庭重大消费比例的增加，首要得益于特色产业发展的良好经济收益，“手中有粮，心中不慌”，“有恒产者有恒心”，为重大消费行为赋予了坚实的经济基础保障。这不仅是特色产业发展经济效应的直接展现，同样是追求美好生活品质和需求的真实写照，更在一定程度上是作为社区成员获取财富与荣耀的象征使然，在本质上如同与努尔人社会中的“夸富宴”性质相似。[①]修缮房屋、购买汽车等重大消费行为并不是简简单单的收入象征，而是旨在彰显自身家庭能力竞争、声望增加与角色地位的暗中较量，收入、物品的跟风攀比只是其在现实中的表现形式。

（二）享受型消费

相较于以重大消费追求生活水平品质提升的高额数目，享受型消费在D村村民家庭生活水平品质提升上占比较小。因高原夏菜生产销售的季节性特点，即便是获取良好的经济收益回报，如旅游、娱乐等享受型消费行为相对较少。就旅游而言，按照高原夏菜生产销售的时间安排，村民每年3—10月几无闲暇时间出游，错过了一年中适宜旅游的月份。到11月份农闲后，村民或是外出务工，或是少有适合地点，只会选择周边的景点前去。从娱乐来讲，村内的娱乐场所和节日活动就可满足大多数村民的文化生活需求，少有家庭会专门安排用于旅游、娱乐等方面的相关消费，在他们看来，此类消费的数额性质不亚于高额消费。对此，村民SY有着代表性见解：

> 钱多了是多了，但不能乱花吧，你说出去一趟的花费，住的地方、路途上、吃的，再给家里买上些礼品着，等于说是白干了几个月。要是上瘾了，每年都想着去，几年下来的钱是不是够买车或者是盖房了。原来说出去能见见世面，现在手机上啥的这么方便，不出去旅游还见不上了吗？（SY，男，汉族，村民）

旅游、娱乐等享受型消费在村民看来不是生活必需品，其一次性消费性质更是同长久以来的认知观念相抵触，也绝非是村民吝啬的表现。村民LDC告诉笔者：

> 哪个（村民）挣着些钱不是苦出来的，你说花钱盖房子了、买个车了，能时时享受上，到外面去旅游了，就那一会会嘛，回来还不是该干啥干啥。不是说没有那个钱和时间，

① ［英］E.E. 埃文思－普理查德：《努尔人——对一个尼罗特人群生活方式和政治制度的描述》，褚建芳译，北京，商务印书馆，2014。

有那个钱，给家里添上些用的，给家里人买上些东西。有那个闲的时间，能找上活干的去上一两个月，天气冷了之后回家来准备第二年的事。这么下来难道不好吗？（LDC，男，回族，村民）

上述访谈者的想法是 D 村大多数村民的共性，当然不排除一些村民在每年农闲时均会选择享受型消费。实际上，D 村村民并不排斥享受型消费，而是在意此种消费的时效性与性价比，即是否能够短时间内产生效果，也就是消费中的即时效应；是否能够在长时间内维系此种效果，也就是消费中的延时效应。显而易见，旅游、娱乐等消费行为与修缮房屋、购买汽车相比只能占据一方优势。D 村村民的享受型消费不只旅游、娱乐等简单层面，而是聚焦在提升日常生活舒适度与安全度层面，譬如安装太阳能热水器、水暖气改造。村民 YYH 讲道：

过去能吃饱穿暖就可以了，这些年种菜着光阴（收入）好多了，我们就想着把生活质量提高一下，安上个太阳能热水器了，这么下来一年四季随时都能在家洗上澡了呗，尤其是在地里忙完了一天，回家了洗个澡睡觉舒服得很。正赶上国家的家电产品补贴呢，算下来一个太阳能热水器比原价便宜了一半，镇上就有专门卖的店，去了商量好人家第二天就给上门安来了，要是天气热当天就能洗上澡。（YYH，男，汉族，村民）

水暖气的改造与环境保护息息相关。天祝县于 2021 年分批在全县范围内启动农村水暖气改造项目，D 村为首批入围村庄。[①] 在此之前 D 村部分村民已完成改造，实现冬季环保取暖、安全取暖。此种取暖方式的优势在于以室外集中燃煤供暖分散至各个房间处，取代了“一房一炉”的老式取暖方式，可谓既安全又高效。

① 《关于印发〈天祝县 2021 年土炕改造工作实施方案〉的通知》，见天祝县人民政府网站，http：//www.gstianzhu.gov.cn/zfxxgk/zfwj_2852/agwwzfl/tzbf/202110/t20211008_1322599.html.2021-10-08/2021-11-14。

安上水暖气之后炉子在房子外面，里面比原先还暖和多了，也不怕被煤烟打了。这些年老人越来越多，他们房子里架炉子烧煤确实危险，万一出个事了后悔来不及。把这个安上了，放在房子外面，安全多了，就算是一晚上煤烧完了，暖气片的水没凉着，醒来了房子里一点不冷。（HCY，男，汉族，村民）

就水暖气改造问题，村民们普遍持相同观点，认为很有必要，但也要一些时间才能适应这一新生活方式。

这几年不是说着要重点保护环境呢。县里今年（2021年）让分批改造土炕成水暖气，我们村是首批改造对象，要让年底了全村都改完。有的前几年就自己改完了，跟太阳能的也连到一块了，天气热了就用太阳能的水，冷了就再自己烧，烧的炉子必须放在房子外面，这么着安全呗。炉子灭了管子里的水还热得很，一晚上够用了，不行了第二天起床了再烧呗，一会会时间又热了。我们家在这之前自己就改了，开始的时候总担心炉子放在外面会不会就给灭了，夜里时时起来看呢。过了一段时间才踏实下来，只要位置选的好，不管刮风下雨的，一点影响没有。（SYQ，男，汉族，村民）

从D村村民的享受型消费倾向与行为可知，其本身不排斥享受型消费，而是关注此种消费能够在生活水平的提升上兼具即时性与延时性。简单来讲，就是注重提升生活水平短期时效与长期时效的辩证，不在于一时的享乐，而是长期的享有，印证了消费的增加低于收入的增加这一论断。村民自身不会因为特色产业发展的良好经济收益出现短时间内的报复性或是冲动性消费倾向与行为，实际上仍按照收入水平与积累规划着相应的消费水平用以追求有效提升生活水平，而非盲目求得生活水平在短期内如火箭上升般显著增强，深知生活水平的有效提升是长期过程，体现出“好钢用在刀刃上”的观念策略。

（三）发展消费

在生活水平有效提升的进程中，让家庭中学龄儿童接受良好教育同样是不可忽视的一环。教育“作为一定目的的对人进行思想、文化、技能和体质训练的一种手段”①，此环节更为村民个体社会化、文化濡化、个体价值追求实现的必经之路，是家庭消费中至关重要的内容，也是为了让自身及后代的生活水平有效提升的主要途径。通过教育水平的提升赋予后代相应的文化资本，进而再由文化资本再生产直至既定目标的实现。就学龄儿童教育而言，义务教育阶段花费大部分由国家承担，家庭压力较小。但在面对非义务教育阶段的花费则普遍捉襟见肘，最大的制约条件便是收入较低。在从事特色产业明显改善收入水平后，D 村村民在这方面的消费比重明显增多。

在义务教育阶段，一般家庭学生的学费、书本费、学杂费等均由国家承担。小学生在村内学校就读实行走读，花费仅为文具用品花费，一年下来不足百元。D 村位于打柴沟镇周边，初中生基本不需要住校，较其他距离较远村庄的学生不存在生活费花费，由此一年可节省至少 1500 元左右的消费支出。但在义务教育阶段的前后时期，即幼儿园和高中教育花费骤增。调研得知，幼儿园每人每年花费为 5200 元左右，D 村村办幼儿园与打柴沟镇幼儿园收费不相上下。到了高中阶段，学生须前往天祝县城就读。各项费用如学费、住宿费、生活费加起来一年可达 5000 元左右，与近几年高原夏菜亩均产值相接近，这对于 D 村大部分家庭来说肯定是一笔数额不小的开支。村民 SYP、LZMR 在访谈时谈道：

> 家里老大上小学，啥费用国家都给管着，还有每天早上一个鸡蛋、一包牛奶的成长餐，平时我们就给个买笔和本子的钱，一年下来能有几个（钱）。就是这个小的花得多，上个幼儿园一年下来乱七八糟得 5000 多块钱。现在不上根本不行，得亏是这几年种菜收益好，不然也去不成。（SYP，男，汉族，村民）

① 林耀华：《民族学通论》，439 页，北京，中央民族大学出版社，1997。

与幼儿园相似，高中同样需顾及花费的数倍增长，一些家庭为便于照顾学生且具备一定的经济实力，多选择在县城买房或是租房，大部分家庭仍选择让学生每隔一段时间回家一次。

> 孙子（20）19 年去县里上高中了，突然就觉得花的多了。每次回来生活费得给吧，现在是半个月回来一次，给上 100 块钱，还嫌不够着。有的家里直接就在县城里买房或者租房，让学生不来回跑了。一年下来学费、住宿费、生活费能花个 5000 块钱左右吧。去年（2020 年）家里总共挣着不到 40000 块钱，这还是种菜以后收入可以了，放在以前估计连上高中的钱拿不出来，要问别人借上。（LZMR，男，土族，村民）

得益于特色产业发展带来的良好经济收益，村民经济收入普遍增长，缓解了高额花费造成的家庭经济压力，对后代非义务教育阶段的关注明显提升。村民 LJ 对笔者谈道：

> 跟你这么大的哪上个什么幼儿园，多的就把小学初中上完，再想上高中了家里困难的也就放弃了。要不是这几年种菜可以，每年都有些光阴（收入）呢，娃们上幼儿园的也就多了，不然那么多的钱一下拿不出来，基本上家家都这样了。看来是我们种这个菜，现在的娃娃们也跟着沾光了，以后等考上高中了肯定继续支持让把书念，起码收入这块的不是大问题了，供个高中生绝对供得起。（LJ，男，汉族，村民）

综上，义务教育阶段的花费较少，而在这之前与之后的幼儿园和高中阶段花费能占到一般家庭年收入的 10% 以上。前文提到的 WGL 家儿子在天祝县民族中学就读，每年花费超过 5000 元，占该家庭年收入的 1/4 以上。倘若没有特色产业发展的良好经济收益，对 D 村大部分家庭而言则是严峻的挑战，令孩子错过适龄教育阶段，势必对其今后的人生造成巨大的影响。

此外，经济收益的显著提升促使 D 村村民为了进一步谋求经济利益最大化，充分发掘特色产业发展的后劲潜力，其自身通过参与相应的知识技能培训产生出一定数额的发展消费。借助知识技能培训，村民对特色产业发展现状的认知更为深刻，反作用于具体生产过程之列，特别是在应对实际困境中往往尽可能地将损失控制到最低，甚至是提前预判未知风险。村民SY作为代表，同笔者提及为学习掌握新技术专门前往武威、兰州等地进行相关培训，基本上是自己出资，就是为了能够推动高原夏菜生产持续迈向深入。2020年，他根据先前学到的虫害防控知识，精准判断出几日后会有小规模蚜虫侵袭，并告知村民们尽早防范。起初部分村民并不相信他，然而几日后虫害来袭，这些村民受损严重，但先前做好防范的村民均有效抵御了此次危机。

在特色产业发展良好的经济收益回报推动下，加速了D村村民对生活水平有效提升的追逐步伐。以经济收入增长作为自变量，将生活水平提升作为因变量，很少僭越收入增加少于消费增加的边界早已成为共识。即使在消费主义和金钱社会氛围颇深的背景下，产生同家庭收入水平不相符的非理性消费行为只是极个别现象。虽然村民间的攀比之风有扩张趋势，却不足以撼动收入与消费的既定关系格局。村民对生活水平提升的期盼喜悦，却始终不脱离“有效”二字，既注重消费行为的即时作用，也在意消费行为的延时作用，在特色产业发展为其带来增收的同时保有量力而行的原则遵循。

第二节　村庄发展活力的发掘夯实

特色产业发展的良好经济收益回报不仅推动着D村村民在经济收入增长和生活水平有效提升层面直观受益，而且重构了以经济价值生产能力为基础的村庄发展活力，持续为村庄发展建设与全面振兴提供内生经济动能，一定程度上扭转了对外源动力的过度依赖。村庄作为集体的经济实力同样获得增生，表现为用于公共事务的支出由村集体承担取代向家庭为单元的摊派，以及有条件为弱势群体提供经济与道义上的双重扶持等方面。由此，在经济生产价值能力发展壮大之际，村庄作为集体的社会生活价值顺势而升，表明村庄发展活力的发掘夯实离不开经济层面的核心作用，以此带动其他层面“活化”的开展。

一、内生动力的持续激发

可以说，D村的特色产业发展之路，恰恰是培育激发内生发展动力的探索之路。一般而言，对于乡村发展动力的讨论，主要集中在“外源式”与“内生式”两个方面。前者认为，面临日益凋敝和衰落的趋势，乡村发展的动力来自外源性因素，较少或是不谈乡村内部资源，如乡村工业的兴起是受城市工业“牵引”的结果。① 后者的观点指出，推动乡村发展的动力正是产生于乡村内部，而乡村居民则是当之无愧的主体。② 改革开放以来，东南沿海地区乡村的兴起更多地验证了后者的观点，即乡村社区为二、三产业的开展与扎根提供了必需的资本、土地、劳动力等基本要素及以“熟人社会”关系网络为内核“社会底蕴”③ 或是“社会基础”④，加之对市场环境与政策调整的精准把握，及时开启发展与转型的双轨同步，造就了一大批具有典型引领作用的经济社会发达乡村，确立了内生发展动力为主的模式样板。

尽管东南沿海乡村的发展成就举世瞩目，但其模式道路却无法全盘移植到D村这样的普通农业型村庄中来。东南沿海地区乡村之所以能够在短期内崛起，二、三产业集聚且融合发展释放的巨大红利是为主导，较少存在仅仅凭借发展第一产业便可异军突起的案例佐证，或许更多的能够提供精神层面的支持鼓励。对于D村而言，在缺乏二、三产业发展必备条件的前提下，在农业生产经济回报低位的时期内，村庄发展动力依靠外源性因素是不得已而为之。其中，政府的转移性支付和项目制推动则是主要甚至是唯一来源，社会力量因自身实力不足而参与度极其有限。长此以往，单纯借助外源因素固然能缓解村庄发展中的若干问题，但在内生动力不足或是低谷的影响下，难免不出现如“减负有效、增收乏力”、政策执行效率低下、社会组织发育缓慢等多重新旧困境，甚至是村民自身滋生出“等、靠、要”的观念。⑤

① 黄宗智：《长江三角洲小农家庭与乡村发展》，265页，北京，中华书局，2000。

② 折晓叶：《社区的实践：“超级村庄”的发展历程》，5页，杭州，浙江人民出版社，2000。

③ 杨善华、孙飞宇：《“社会底蕴”：田野经验与思考》，载《社会》，2015（01）。

④ 付伟：《城乡融合发展进程中的乡村产业及其社会基础——以浙江省L市偏远乡村来料加工为例》，载《中国社会科学》，2018（06）。

⑤ 贺雪峰、田舒彦：《资源下乡背景下城乡基层治理的四个命题》，载《社会科学研究》，2020（06）。

此种境遇不只是个别现象，在广大的中西部普通农业型村庄中实际上不在少数。在此背景下，从脱贫攻坚到乡村振兴，着重培育激发内生发展动力始终处在政策制定与执行的关键位置，成为在不同发展阶段一脉相承的基本内容。

曾几何时，D 村也陷入前路走向何方踌躇不已的境地。受惠于国家层面源源不断的资源输入与优待条件，在最大限度上回应 D 村村民最直接、最关切、最相关的利益问题，充分彰显出“家国一体”情怀。[①] 与之相对，从事农业生产的经济收益回报用以维系日常生活早已困难重重，村民不得不选择其他途径获取更多收益，彼时为满足日常生活的基本需求而四处奔波。长期处于低位收益回报的农业生产直接降低了村庄经济价值生产能力，但村民却无法彻底脱离农业这一于情于理上不可缺少的生计方式与收入来源，无奈接受日复一日到年复一年的循环挣扎。在广阔的中西部地区特别是民族地区，与 D 村拥有相同或相近基础条件的普通农业型村庄不在少数，表现为二、三产业发展滞后或是不具备发展条件，有且只有仍旧依靠农业生产收入满足日常生活，最终结果大都以入不敷出或是接近收支相抵作罢。在国家惠农支农政策力度持续加大的时代环境下，“农价贵、农民贫”便是赤裸裸的现实反映，“地不养人、人却养地”道出了村民的真实感触。

在隐性农业革命的促进与市场需求转变的推动下，D 村开启了对传统农业的初步改造，一是通过良种引入和生产技术的更新，试图更多地发掘已有农作物如小麦、青稞等单位面积产量增加的最大可能性，用以减少不断攀升的生产成本之影响，总体上期望实现经济收入稳中有升；二是不间断引入一些经济作物品种，充实农作物类型，从中选择最为适宜种植且收益回报可观的对象进行推广，包括早先的油菜、马铃薯再到延续至今的高原夏菜。相比前两者，高原夏菜所带来的可能性更多、回报值更大、附加值更高，但未知风险同样摆在眼前，若是无法具备足够的承担及应对能力，人们难以轻易接受“看上去很美”的新选择。一些异化的价值观认为此举是小农经济的劣根性特别是保守性使然，借以歇斯底里般抨击，刻意强化着已经人为主观地施加给“三农”的污名。事实上，此种异化的价值观仍是深受社会达尔文主义塑造下发展主义的荼毒，目的是标榜和宣扬二元对立，而非真正设身

① 周飞舟：《从脱贫攻坚到乡村振兴：迈向“家国一体”的国家与农民关系》，载《社会学研究》，2021（06）。

处地的从村民视角与利益出发，将其视作长久以来人们生产生活智慧的组成部分。“农民在他们的经济活动中一般是精明的、讲究实效的和善于盘算的。只要有真正的高收益，他们就会做出反应。”[①] 正如D村特色产业发展呈现的阶段性扩张，历经超二十年方才实现全面种植，村民决定种或不种、早种晚种、种多种少等需经过时间长度不等的通盘考虑，并不是见到高原夏菜良好的经济收益回报后一哄而上。

时至今日，经过长期的不懈努力，在多方合作的加持下，D村已经扭转对外源动力的绝对依赖，内生动力正处于持续激发阶段。特色产业发展的整体架构较为完善、运转较为流畅，产品与收益的双向流通构筑了对接市场并从中获益的便捷通道。历经时间的积淀，村庄经济价值生产能力被重新发掘出来，并将持续较长时间，沿着完全达到产业兴旺的方向前行。之所以提到内生动力的持续激发，重点是持续，此处囊括以下两层含义。一方面，内生动力的激发只是开端不是终点，激发不等同于生命力强，要在后续发展过程中不断检验此种内生动力形式是否能够长久为乡村发展与全面振兴提供能量供给，抑或“昙花一现”仅为达成某种政治任务的技术手段。另一方面，内生动力的激发需要长时累积而不是瞬时达成，需要在找寻到适合的形式与途径后，在后续发展车道上始终将其摆在突出位置，在夯实基础、发掘潜能、自我成长等方面久久为功。实际上，对于内生动力完全激发的程度，无论在官方层面还是学术层面，尚未出现明确的数字化标准。可以肯定的一点是，内生动力的持续激发不会有过去时或是现在完成时，是一个较为长期进行时的过程与结果互构。

尽管D村特色产业发展呈现着“蒸蒸日上”的总体趋势，内生动力的持续激发未曾有过明显倒退，但是要清醒地意识到，当前离产业兴旺的目标任务仍存有一定差距。D村内生动力的持续激发仍需依托农业生产中不间断在“节本—提质—增效”三重内容处着墨。高原夏菜生产为D村寻找到一条适宜自身条件的发展模式路径，业已成为优势特色产业，有力助推其奔向产业兴旺乃至全面实现乡村振兴的长远目标任务。村民通过置身并参与其中的辛勤耕作，积极同市场需求、市场准则相对接，获取了较之开展传统农业生产更为良好的经济收益回报，更为主动地参与到市场经济当中，证明了D村这片沃土本应具备的更深厚

① ［美］西奥多·舒尔茨：《经济增长与农业》，郭熙保译，11页，北京，中国人民大学出版社，2015。

经济生产价值始终处在“待发掘”状态，只因未能早日遇到与之有机匹配的合适载体。高原夏菜从引入落地再到蓬勃生长，经济效应作为发展效应之核心，持续推动村民农业生产与日常生活的直观受益。更值得注意的是，特色产业发展良好的经济效应印证了包括D村在内的普通农业型村庄的经济价值生产能力并非如一些观点所述的“哀鸿遍野”，内生发展动力匮乏绝不等同于消亡、泯灭或是不存在，仅仅是短期内难觅相契合的激发形式与路径，因此才会暂且停留在客观的资源形态，无法在短期内转化为可产生大量经济收益回报的产业资本。

简单来讲，在隐性农业革命引发了产品结构的变革中，市场对于安全、绿色、高质量农产品的大量需求下，为农业生产提供了难得的市场机遇和发展预期。若一味地固守传统农业生产的观念模式，纵然有良好的市场机遇和发展预期，却不等同于畅通的市场接受度和“变现”能力，也就无法顺势将村庄蕴藏的各类资源潜能转换为经济效应产出优势。建立在特色农业基础上的特色产业，成长周期缓慢、经济产出较低、产业集聚滞后，不如依托二、三产业见效快、实效强，确有一定劣势。但此种劣势可能向潜在优势转化，具有后发型优势效应。一旦特色农业产业发展到足够的规模产值，大都绝非“昙花一现”，而是具备较强的韧性生命力，源源不断地释放内在经济动能，充分发挥多重效应。D村的经验表明，通过对第一产业的改造升级，因地制宜发展特色产业，重构自身优势特质，可以在激发并维系内生动力上大有作为。需要强调的是，内生动力的激发重在持续，数字意义上的“激发”只是开端绝非终点。

二、村庄建设的有序推进

关于村庄建设的问题，在D村调研时，驻村工作队队长YMK这样说：

根据我们工作队和村委会的统计来说吧，因为这么多年来咱们这里坚持种这个菜，村民的收入相比原来种粮食确实是提高了很多，你们去问问有没有人说过比以前差了。这里面还有着很大的提升空间，后面要是各方面都弄好了、弄全了，等这个种菜真正成了产业了，一来是老百姓的收入会比现在更高了，二来是村上集体的实力肯定会越来越强大，就慢慢减少依赖了。我们去东部的一些发达村庄去考察，那边村集体的经济实力很强，把社会发展也给带动起来了。村里基础设施建设、教育、看病甚至是养老基本上可以自给自足了，很少有上面的拨款。一比较下来，就看出我们这里还差得远啊，才脱贫摘帽不久。虽说我们这十几年种菜可以，村民手里的收入明显增多，但村上的经济实力还不能担负大部分公共事务上的花销，虽说这几年有了一些改观，但想要干些大事就不得不依靠上面的拨款，比如修路、修水渠。话说回来，村上要是能达到跟东部那些发达村庄一样的水平，这个事情不光是从村民的角度看，还是从村委会的角度看，肯定是个好事情，就看以后是个啥情况。要是能按照现在这个势头，把种菜真正做大做强，成为支柱产业，每年为村上带来不小的收入，再把它用到村里事情上来，给村民服务上，肯定是不一样的效果，就看这一天啥时候能到来了。（YMK，男，汉族，驻村工作队队长）

正如驻村工作队队长YMK所讲，现阶段高原夏菜产业发展的经济效应虽整体向好，若是以此简单地等同于完全颠覆外源性力量在村庄发展动力构成的角色地位，等同于宣告完全达成“内生式”发展格局，既是罔顾事实，更是妄自尊大。对此，村干部与村民层面的认识看法是一致的。古语有云，“打江山易，守江山难”，这放之于D村特色产业发展层面同样适用。作为核心的特色产业发展经济效应在促进农民增产增收，推动村庄内生动力持续激发，显示出村庄经济发展活力的大幅提升，并影响着对村庄社会发展活力的重构，村庄建设的有序推进便是其中一环，可从硬实力与软实力两个方面进行探讨。

（一）村庄硬实力建设改善肉眼可见

特色产业发展之前与初期的一段时间，由于村集体缺乏一定的经济实力，村民生活水平较为滞后，D村的基础设施建设在低位徘徊，只能依托为数不多的政府扶持资金精打细算地开展。迫不得已之际，还需向村民们进行动员筹集，却往往杯水车薪，难以支撑一两个完整的工程。最终多是产生令人失望的后果：一边是建设工程的撂荒或是烂尾，消耗了一定的人力、财力，却未将蓝图转化为现实，未能为生产生活增光添彩。村民 GYL 讲道：

> 那会村里的条件根本不行，人们手里多靠着外面出去了挣些钱，家里种地能有几个。村上再不用说，拿不出啥钱。当时种菜的人已经多了，到收的时候，从地里往路（312 国道）走的那段就坑坑洼洼的，看着短短的一段路，要小心地走，车不能开太快。要是太快了，豆子晃得不行，掉下去一筐就卖不成了。多的时候我们就自己挑着过去，走着慢点能保全着豆子就行。一个路都这么样，其余的你就可以想象到是个啥情况了。（GYL，男，汉族，村民）

另一边是对村民的摊派频率的提高和数额的持续攀升，村民或是出钱、或是出力，但未见到实质性的成果与作用。在基础设施建设本就滞后又负担过重的情况下，村民难免会心生不满与怨言，加剧了彼时干群关系较为紧张的局面。村民 XYS 对笔者提道：

> 在路上见到他们（村干部）了，多的人都是看在面子上打个招呼，之后马上走，有的他就躲着走。生怕跟他们（村干部）说多了，就想着要怎么怎么帮个忙，说他们（村干部）是为了村里好。要是这个啥修好了，就给我们大家带来好处了。开始的时候说这些能信，后面听的多了、见的多了，真正信的有几个。说个不好听的，见面不骂他们（村干部）已经是给面子了。就拿修路来说，他们（村干部）老是说上面给的钱不够，让我们自己出上些，什么是大家的路。后面越出越多不说，时间还越拉越长，到最后修出来个啥烂玩意。没有几个月，裂开缝的、塌下去的各种毛病，再叫人怎么说。（XYS，男，蒙古族，村民）

不难看出，上述问题产生的根源在于经济实力的掣肘。正所谓“巧妇难为无米之炊”。村庄基础设施建设需要足够的资金作为保障，关系到每一环节的实施开展，直至最终的成果展现。一旦资金链断裂且未能及时恢复，面临的局面多是停工等待，时长不定，这取决于资金缺口的程度与筹集的速度。彼时资金来源以政府为主要途径，村集体经济能力的匮乏与村民的力量弱小不足以具备长期的、稳定的供给者角色。但是，政府要面对的是D村及其同类型村庄嗷嗷待哺之需求庞大，在自身实力尚且不足的考量下，只能将有限的扶持资金“撒盐式”平均分配，以示平等的意图更为突出。当然，对于D村而言，政府的扶持资金已经既是不可多得的资源输入，也是内生发展动力待激发的绝对劣势情形下的无奈之举。

可喜的是，得益于近些年来特色产业发展和村民经济收入增长的积极向好态势，国家政策扶持的持续增强，以及对口支援的力度攀升，天祝县政府财政境遇明显好转，每年不定量为各乡镇改善与提升基础设施建设的扶持款项逐渐增多。D村作为其中受益的一分子，在特色产业发展示范角色的加持下，从天祝县财政获拨专项资金呈连年攀升趋势，2018年已经突破50万元，到2021年达到近70万元。此外，依托同冷库方共建共运的合作社占股分红，D村集体性经营收入的蛋糕同样不断做大，到2021年底累计达到40万元。[①] 在此情景下，D村村委会一连几年从天祝县财政拨款和村集体不断增长的经营性收入中拿出部分资金用于村庄基础设施建设，先后完成院墙粉刷、大小道路硬化与安装路灯等项目。原计划于2022年底全面竣工的水冲式厕所改造项目，因资金周转、工期延长等原因，实际拖延至2024年3月中旬才全部完成。可喜的是，上述种种项目均无须再向村民集资用以补充资金亏空，有效缓解了先前干群关系紧张的局面。对此，村书记LWG深有感触：

> 我当书记的这些年，见证了我们村的各项发展，种菜能挣上钱了，把贫困村的帽子摘了。拿老百姓享受着来说，到了2014年的时候，我们整村这个院墙，一起修的这个。政府给家家户户说是帮着修上个大门，我们就顺便让有条件的把院墙修上，看着好看呗。2016年的时候，我们村上给全都粉刷，再把所有的大路小路给硬化、保洁、绿化，垃圾桶安上。这两年还一个是给路边的专门搞个人行道，完了还要铺砖，2018年铺了10400多个平方（米），去年（2020年）总共是铺了7700多个平方（米）。粉刷墙屋面积下来是个

① 数据来源于D村村委会和驻村工作队的统计，2022。

> 19888个平方（米）。2018年装了76盏路灯，去年（2020年）又装了70盏路灯，把这个村就全部覆盖了。完了以后就是在这个太阳能浴霸上，它的市场价大概是2300块钱吧，个人只掏500块钱成本，人家公司来给你装。完了以后就是草原上有一个项目，家家户户给一个烤箱，就一个炉子，你说享受的多嘛少。现在的政策非常好了，看着就不一样，你们在村里转着看看就知道了。原来是啥样，现在是啥样，这些变化不是说说就来了，那是靠大家的努力换来的，有政府的、村民的，也有其他人的，相信以后发展得会更好。（LWG，男，回族，村书记）

对于近些年来村庄基础设施的建设和改善，村民们同样看在眼里、乐在心里，纷纷表现出积极乐观的心态。基础设施建设和改善的有序推进，对村民生产生活条件提升的影响不言而喻。就农业生产来讲，道路的硬化与质量提升，村民们在高原夏菜生产与销售过程中的额外担忧面减少，农资运输与产品转送更加便捷；水利系统的翻新修缮，村民们在面对极端天气时不再是手足无措、焦头烂额，能够借助其运转尽最大可能止损。从日常生活出发，路灯的安装照亮了居住区的每个角落，人行道的铺设划出了行人的专属区域，墙面的粉刷装饰了别具一格的外在形象，垃圾箱的密集分布同厕所的改造表明了城镇化生活方式的“习得”等。诸多层面的持续改变看来“不足挂齿”，却是“积少成多”，反映着村庄基础设施建设和改善的阶段性成果及有序推进的过程。

（二）村庄软实力建设增生步入新局

有了相对稳定的资金支持，D村基础设施建设和改善正在步入快车道，为农业生产和村民的日常生活增添了诸多幸福感与获得感，是物质层面与精神层面的双重回应。此种回应同样在软实力建设增生方面有所展现，包含着社会服务、文化建设等多项内容。因本书篇幅限制，在此列举其中最具代表性的内容——村庄共同体的道义重现。此处提及的村庄共同体道义，即“手足相亲、守望相助”，在特色产业发展经济效应的影响下，重新焕发出内在价值，实质性地参与到对村庄弱势群体的关怀与保障当中来，作为官方援助的必要补充。

图 2–1　粉刷后的墙体（李智勇　摄）

图 2–2　硬化后的道路（李智勇　摄）

图 2–3　村容村貌一瞥（李智勇　摄）

图 2–4　村内文化墙一角（李智勇　摄）

“手足相亲、守望相助”贯穿于村庄共同体在长期维系运转的历史进程中，孕育且成型于人们的日常生产生活中，成为广泛接受的规范伦理，并始终进行着自我完善与自我调适，是乡土社会“底蕴”中不可或缺的一环。[①] 概言之，乡土社会从来都不是涂尔干（Durkheim）笔下的“机械团结”，恰是这般存在于社会机理中的内生性资源与共识促使人们彼此间的情感联结跨越了客观条件的阻碍，达成了非正式层面上的“有机团结”。传统乡土社会“手足相亲、守望相助”的开展离不开村庄中精英人士的推动，可以是家族或是宗族头人的善举，也可以是文化精英回馈乡土的仁德，构成了乡土社会中的道义援助机

① 杨善华、孙飞宇:《“社会底蕴”：田野经验与思考》，载《社会》，2015（01）。

制和土壤。在特殊的历史环境下，此种道义价值的开展随乡土社会地位的消减与农业生产的低位运转而式微，由政府的政策供给所取代，有限的资源维持基本生存需求尚可，难以提供足够的生活保障。同发展动力源的路径相类似，长期依靠外源性力量削弱了自身的相关能力再造，忽视了内生性资源的发掘调动。

在新的时代环境和现实情境下，为“手足相亲、守望相助”的道义价值赋予了前所未有的呈现机遇。国家通过脱贫攻坚行动的深入开展，宏观上破除了深层顽疾，建立了制度性保障，于整体层面构筑起“防”“治”一体的坚固堡垒。[①] 微观上，村庄共同体的角色作用得到充分展现，在物质和精神层面发挥着类似传统时期“道义权威”的影响。D村村书记LWG讲到，村内一些家庭人口因多种原因无法进行体力劳动，又不得不面对生活的必需开销。在一般人眼中，这些数额可能是他们一亩地的农产品回报，或者是一个月的务工收入，但在这些特殊群体看来，无疑是一笔天文数字。在脱贫攻坚到乡村振兴的进程中，政府将他们纳入政策性兜底保障范畴内，先后完成“两不愁、三保障”所列各项指标，而后接续开展各类帮扶行动，确保政策延续性。在政府之外，村委会同样进行着相应的关怀与帮助，作为必要的辅助与补充。村委会一是按照2万元/户/年的标准从入股分红所得中拿出相应资金，直接转交到个人手中，承诺每隔5年上浮一定比例；二是设置若干公益性岗位，为这些群体家中的正常劳动力提供就地就业机会，如村委会临时工作人员、清洁工等；三是定期为特殊条件家庭组织志愿服务，为其打扫房间卫生、增添生活必需品、确定固定联络人及时获取需求等。村民SYL一家是诸多受益者中的一员，本人身体残疾不能从事体力劳作，父母年老体弱只能从事简单家务劳动，妻子作为家中唯一正常劳动力肩负家庭收入重任。村委会将其列入首批重点关照家庭范畴，由村主任SYX担任固定联络人，定期开展各类帮扶行动（图2–5、图2–6所示），体现着来自共同体内的温暖与关怀。对此，村民SYL不禁感慨：

这些年来我们深刻感受到了政府和村上的帮助，让我们一家能够正常生活，放到过去真是想都不敢想。特别是村里

① 周飞舟：《从脱贫攻坚到乡村振兴：迈向“家国一体”的国家与农民关系》，载《社会学研究》，2021（06）。

的这些帮助和给的东西，确实能感受到通过种菜村里慢慢有些钱了，有条件可以给我们这些人一些实在的东西了，没有忘了我们，从心底里感谢。说个实话，以前多的是口头安慰一下，能起多少作用呢。现在有政府的各种帮助，再加上村里每年给着2万块钱，有志愿者隔上一段时间来帮着干活啥的，日子再怎么都是往好里过呗。（SYL，男，汉族，村民）

图2–5　志愿服务队同SYL交谈（李智勇　摄）

图2–6　志愿服务队打扫卫生（李智勇　摄）

经过几年的努力，同SYL家情况相似的家庭均能得到来自乡村共同体的关照和帮扶。这种重生的道义机制已经粗具规模，成为乡土社会发展中的时代性与适应性产物，被纳入现有社会结构之中。受此扶持和援助的村民深切感受到政府和村集体的关怀，重燃对美好生活的向往，同他们的关系在具体实践中得到强化和再生产。总之，在宏观保障和微观关怀下，得益于特色产业发展的经济效应推动，乡土社会的道义价值实现再造，为其中的弱势群体提供了共同体内如家庭般的情感依托和温暖关怀。宛如鲍曼如诗般的描绘，乡村共同体本就应具备“像一个家，在它的下面，可以遮风挡雨；又像一个壁炉，在严寒的日子里，靠近它，可以温暖我们的手”①。

① ［英］齐格蒙特·鲍曼：《共同体》，欧阳景根译，3页，南京，江苏人民出版社，2003。

总体而言，高原夏菜产业发展的经济效应，既“富了村民”，又“肥了村庄”，在D村这片土地上描绘了迈向产业兴旺的鲜活现实例证。D村经济与社会层面发展活力的发掘激发离不开特色产业发展经济效应的惠及，村民从中的直观受益严格意义上讲是村庄直观受益的重要构成。相较于村民可在较短时间内从特色产业发展中体会到收入增加和生活水平有效提升的喜悦，村庄发展活力的发掘夯实只有开端没有终点，是一个长期坚守并着力可持续的过程。一是要依靠特色产业发展经济效应持续内生经济动能支撑，二是要充分利用外源力量的优势特征与内生力量及资源相结合，绝非简单粗暴地对待两者其一，通过内外部力量资源协同迸发实际效能。由是观之，特色产业发展从根本上扭转了D村农业生产经济收益回报率低、村庄发展活力不足等局面，证明了第一产业同样具备成为优势产业的实效与潜能。要将乡村内生发展动力的持续激发视作从脱贫攻坚到乡村振兴的重中之重，在确保乡村经济发展活力在重燃生机的前提下，不断夯实乡村产业兴旺的内生经济基础，并且依此带动其他领域振兴有序开展，直至实现乡村全面振兴，避免其变为“昙花一现”而后复返至先前的旧路上。就D村特色产业发展经济效应的现状入手，离真正实现产业兴旺的目标仍有巨大的差距。当然，此种差距可视为预设出一定的后发机遇，能否将其转化为优势，仍需披荆斩棘、不畏艰难，将特色产业的产业化真正扎根到实处，以稳中有升的经济收益回报作为今后发展道路上强有力的内生动力供给。

本章小结

在乡村振兴中，产业兴旺是基础、是首位，是实现农民富裕的可靠保证。[①] 诸如D村的二、三产业发展条件不足或是不具备潜力的村庄，属于“主要从事传统农业生产的农村”[②] 这一类型，其经济发展就务必将农业生产放在产业兴旺突出位置，作为主要途径。此过程中，有的村庄因自然环境等各种因素制约没能从传统农业生产的改造升级

① 钟钰：《实现乡村振兴战略的科学内涵与实现路径》，载《新疆师范大学学报》，2018（05）。

② 贺雪峰：《关于实施乡村振兴战略的几个问题》，载《南京农业大学学报》，2018（03）。

中觅得提升经济价值生产能力的路径方法，只能单纯依靠外部力量输送供维系的动力而坚守。但更多的村庄走上了同D村相同或相近的发展路径，即立足区域优势，发挥内外力量协同作用，引入优质适宜农产品类型，步入特色产业发展之路，迸发出源源不断的经济收益回报，培育激发内生动力，朝着产业兴旺的目标迈进。可以说，经济效应在特色产业发展效应内在结构中处在核心地位，事关其他效应显现程度。无论特色产业发展到何种阶段、何种程度，经济效应的核心地位始终不容动摇，其他效应始终围绕着经济效应展开。

总之，只有在实现乡村的产业兴旺之路上行稳致远，才能使农民的生产生活有更加坚实的基础。这一过程与结果需要时间的积淀和实践的检验，也需要参与者的坚守，绝非成型模式的简单复制粘贴和人为主观的“神化”，而是依托自身的实际条件将客观的现实资源转化为具有能力与潜能的经济效应之过程与结果。村民的增产增收与生活水平的有效提升、村庄发展活力的发掘夯实只是阶段性结果而非最终目标。历经数十年的经济快速发展，人们的收入水平与购买力相应同比大幅提升，对绿色、有机、高品质的农产品同亲和、优美的生态环境的需求一并提升，就乡村历史文化的吸引力明显兴起。进一步讲，乡村的农产品、环境、文化得以借助加工、包装，升级为附加值更高的商品。[①] 此类因子为乡村产业集聚与产品提质增效带来了一定的市场机遇与空间。以产业兴旺为根基带动“乡风文明、生态宜居、治理有效、生活富裕”的乡村全面振兴方为最终蓝图，村民在经济、社会和精神生活上才会更加富足，乡村才能够增强活力，并且真正强壮坚韧。

① 宁夏：《大农业：乡村振兴背景下的农业转型》，载《中国农业大学学报》，2019（06）。

第三章　作为延展的空间效应：示范区的建构与呈现

2020年底，因特色产业发展的经济效应、体系成型、辐射带动等多重指标符合条件，打柴沟镇得以成功入围农业农村部第十批全国"一村一品"（高原夏菜）示范村镇，为甘肃省仅有5个入围对象之一、武威市唯一入选对象。示范称号不仅是国家层面的官方肯定与支持鼓励，也是依此实现了一次空间建构，表明在产业兴旺进程中对空间思维的把握十分必要，[①] 证明了二十多年坚守付出的特色产业发展在创造经济效应的同时，带来了一次作为经济效应延展的空间效应。通常，空间被视为物理性的容器，也是为人类行为和社会关系提供具体的实践场所。[②] 这样一种人为建构的空间效应形式究竟在现实中影响如何，是否如其光鲜亮丽的荣誉外表相类似，或是只局限于流于形式的附加头衔来作为空间表征的一环，还是意味着特色产业发展进入了"特殊阶段"的关键节点？本章的论述便就此展开，试图对上述疑问一一解答。

第一节　忐忑：成为示范后的现实表达

凭借种植看上去有些毫不起眼的高原夏菜，D村村民不但收获了农业生产收入增加的期盼喜悦，而且在获悉打柴沟镇被官方授予全国"一村一品"（高原夏菜）示范村镇的称号后，为能获此荣誉，一方面欣喜万分，自己生产生活的地方似乎不再是不起眼的角落，一跃成为受到国家肯定的典型示范。这一空间效应形式无形中强化着村民对高

① 杨华：《乡村振兴需要什么样的思维？》，见收杨华、陈奕山、张慧鹏等：《多维视野中的乡村振兴（笔谈）》，载《西北民族研究》，2020（02）。

② 郑震：《空间：一个社会学的概念》，载《社会学研究》，2010（05）。

原夏菜的殷切期望与深厚情感。另一方面，D村村民也逐渐意识到，此种荣誉称号绝不是由他们独自享有，而是囊括了整个打柴沟镇行政区划内的所有居民。即便是未曾涉及高原夏菜产业的人们，往往能从他们口中听到谈论这一称号荣誉并以此为荣，一种“相对剥夺感”油然而生。

一、得到肯定的欢愉

农业农村部办公厅2020年9月27日发布的《关于开展第十批全国“一村一品”示范村镇认定工作的通知》(以下简称《通知》)明确指出，申报条件以“特色产业”为基础，要求“立足本地农业农村资源，发展特色产业，开发特色产品，具有较强的示范引领和辐射带动作用”。打柴沟镇特别是D村为天祝县境内较早种植高原夏菜的地区，高原夏菜喜凉、耐旱、高产等特性同D村自然环境、气候条件、耕地地力等较为良好的契合。经过长期发展经营，D村已探索出较为成熟的产销模式，特色产业规模化雏形具备，已成为推动村庄经济发展的主导产业。《通知》中提到，主导产业的经济效益在镇一级，产值需超过5000万元，占全镇生产总值的30%以上，贫困县可降低至3000万元，占比为20%。[①]

据打柴沟镇政府工作人员介绍，2019年全镇高原夏菜种植面积为4万亩，产量约为8万吨，总产值约为3.8亿元，占全镇生产总值的68%。高原夏菜产业俨然成为该镇主导产业，远远超出《通知》提出的“5000万元，30%”的最低标准。前文提到，该镇高原夏菜早在2004年便经相关部门检测认定为绿色食品，允许使用绿色食品标志，产品远销国内外多个地区，同样符合《通知》中所列“标准化生产，享有一定美誉度”的基本条件。包括D村在内的多个村庄全部耕地均投入高原夏菜产业行列，从业人口数量所占比超过60%，到了镇一级人口数量所占比超过50%。可见高原夏菜产业的“联农带农”作用越发突出，久为诟病的乡村空心化程度在该镇尤为走低，同样超过《通知》所列“主导产业农民从业就业人口数量占常住人口数量的30%以上”的基本要求。经济效益的又一体现则是对人均可支配收入的衡量。

① 《农业农村部办公厅〈关于开展第十批全国“一村一品”示范村镇认定工作的通知〉》，见农业农村部网站，http：//www.moa.gov.cn/xw/bmdt/202009/t20200927_6353364.htm.2020-09-27/2021-01-12。

《通知》提到，通过培育主导产业，镇一级人均可支配收入需比所在县域高 10% 以上。调研得知，2019 年打柴沟镇人均可支配收入突破 1 万元，全镇常住居民收入的 66% 来源于高原夏菜产业，是传统种植粮食作物收益的近 10 倍，[①] 较天祝县 2019 年人均可支配收入的 8129 元高出 23.01%。[②]

对照《通知》所罗列的申报条件，打柴沟镇各项指标均达到并超过最低标准，从数据上来看入围似乎是实至名归。特别是在关键经济效益指标上，充分展现出特色产业发展的良好经济效应与长期潜力，但在诸如推动主导产业同二、三产业融合，延长产业链条，开展电子商务同《通知》所列标准差距明显。笔者通过对打柴沟镇副镇长 DDL[③] 的访谈，了解到了该镇申报示范区的经过。

案例 3–1：申报示范区的历程

2021 年 7 月 7 日，在经过若干次请示沟通后，笔者得以就申报示范村镇等相关话题同打柴沟镇副镇长 DDL 进行交谈。她提到，打柴沟镇从 2007 年开始就在全镇范围内推广种植高原夏菜，每年产量不仅能稳定下来，而且还连着几年在增长，在天祝县也一直是排在前面的。到 2010 年，该镇按照要求建成了面积 2.5 万亩的高原夏菜生产基地，像 D 村、安家河村、金强驿村这些早就全部种上高原夏菜了。农民通过种植高原夏菜确确实实收入增加了，得到了实惠，从中找出了一条适合自身特点的发展路径。在该镇境内，缺少旅游景点或者是大型工厂，二、三产业发展基础薄弱，说白了就是要靠着把农业生产搞好，向农业生产寻求经济收益突破。这些年来镇党委、政府把这些事情就始终放在重要位置上，要把高原夏菜做大做强，成该镇范围内的支柱产业，不仅是生产，还包括在销售扩展、技术推广、灾害防治等方面综合提升。经过这几年下来总的来说效果比较可以，越来越多的村民自己地里不种粮食了，跟上种植

① 数据来源于打柴沟镇政府内部统计资料，2021。

② 数据来源于天祝藏族自治县统计局：《2019 年天祝藏族自治县国民经济和社会发展统计公报》。

③ DDL，女，藏族，打柴沟镇副镇长。

高原夏菜收益丰厚。

提到“一村一品”示范区，她指出，每年国家都在搞申报，要是能评上了就证明你这个地方把这个事情重视着搞起来了，得到国家的认可了。2020年是打柴沟镇第三次申报，总算成功了。第一次是在2017年，那会这里（贫困）帽子没摘，评比标准比一般的要低上些，但是申报条件肯定是达到了，有些条件标准就是刚刚满足，不多不少，结果那一年就没评上。第二次是2018年，打柴沟镇政府吸取之前的经验教训，不光是要看是不是达标，更是看要超过那些标准，能超过多少才是有机会的。因为每年给甘肃省的名额不超过10个，竞争确实相当激烈。打柴沟镇在天祝县是有绝对优势的，但要是放到整个甘肃省的话稍显不足，结果第二次申报仍是名落孙山。这之后打柴沟镇党委和政府讨论还要不要继续申报，天祝县的一些领导和工作人员也在参会之中。他们就建议先要把自己实力增强，继续加大对高原夏菜的关注度、重视度，再决定要不要申报。就这样，打柴沟镇决定给出两年的时间让高原夏菜的种植面积、实际产量和经济收益大幅增加。到了2020年再申报的时候，尽管在有些方面像是电子商务刚刚起步，但按照跟申报条件对比，就比较有信心了，这一次下来就评上了，总的来说是打心底里高兴。评上以后就更不能懈怠和放松，还是要按照标准要求，争取把高原夏菜的特色产业让它越来越好，越来越强，不能辜负了示范区的称号吧。

正如DDL副镇长所讲，申报示范区不是一蹴而就，而是积累了宝贵的经验认知。通过前两次失败的经历，促使打柴沟镇加大高原夏菜产业发展投入力度，持续激发高原夏菜产业发展经济增长活力，在各环节确保高原夏菜总产量、总产值，亩产量、亩产值与种植面积扩大呈正向增长态势，最终达成申报任务，获评示范区称号。从另一方面讲，完成一次作为经济效应延展的空间效应呈现的过程与结果。

一般来说，乡村中最愿意看到一个村庄产业发展效应的莫过于同村庄关系最为密切的人，毫无疑问，这便是村民。[1] D村村民获知这一消息后，脸上洋溢着喜悦之情。无论是在田间地头辛勤付出挥洒汗水的农忙时节，还是在茶余饭后日常交往的谈资闲聊，但凡提及此事，虽然意识到此种荣誉可能不会引发什么物质上的奖励或是改变，却依旧在津津乐道中表达着得到肯定且参与其中的骄傲与欢愉，村干部也不会例外。村书记LWG提道：

实话是没想到啊，我们这里能因为种菜被国家当成典型示范了。我听到这个消息的时候，第一反应是不可能吧。到镇里开会着听县上领导和镇上领导说，然后让我们挨个看了文件了，才肯定这就是真的了。回去的时候跟村委们说，跟村民们说，开始都跟我一个反应，后面全觉得不可思议。就说我们种个菜怎么还让国家表扬了，我说这就是国家认为我们种这个菜是对的，让大家挣上钱了，腰包鼓起来了，国家全看着呢。以后可得接着把这个菜种好，得了表扬了就要好好干呢，可别木不得（自满）。（LWG，男，回族，村书记）

与村干部较为自豪的心态相比，村民在表达欢愉之情的同时，透露出对高原夏菜产业发展的长远期盼。村民SY告诉笔者：

你说这个称号让国家评上了，能给我们给上些啥，我看不太可能，就是说起来了好听呗，跟别人说着我们这里是示范了。人家开玩笑着说，你们示范里的人一天干活了戴个红花呢嘛。我觉着这个带给我们最大的好处就是个信心，能让我们继续把这个菜种下去，觉着能让我们挣的越来越多，生活越来越好就可以了。再不要像是在手机上看着有些地方一会搞养殖了，一会搞种树了，再过几天又要搞旅游呢，想到啥是啥，这不是折腾人嘛。反正我们这里能因为这次这个示范评上了，把种菜往好里搞、往大里搞，别胡乱折腾了就行。（SY，男，汉族，村民）

① 陈奕山：《产品要素与产品结构视角下的乡村振兴》，见杨华、陈奕山、张慧鹏等：《多维视野中的乡村振兴（笔谈）》，载《西北民族研究》，2020（02）。

D村村民的反应虽说有欢愉喜悦之情，但他们更在意的不是示范区的称号能为其带来什么物质性的奖励或者在其他人面前“高人一等”，而是在得到国家的肯定与鼓励后，最重要的是能够坚定特色产业发展的信心，从农业生产中强化自己对美好生活向往的经济基础。此种文化观念中对特色产业发展价值认知的增进强化既要以经济效应为稳固基础，也要从精神层面加以巩固维系。这或许是打柴沟镇获授示范区的深层意义，即推动村民坚定且加深对特色产业发展的信任与认同，不仅仅是经济效应的作用，更有文化价值的维系。从另一个角度说，村民对此种“得到肯定的欢愉”实质上是对参与其中的获得感、幸福感、满足感与信任感的自我表达。但好景不长，很快D村村民便意识到除了以上几种自我表达外，一种额外的情感表达同样伴随其中，甚至在一定程度上直接压抑着以上情感。

二、被“分享”的不甘

获授示范区不久后，D村村民在较为积极的氛围中觉察到，此种荣誉在打柴沟镇其他村庄村民口中同样成为津津乐道的话题，并显示出与自身相似的乐观情绪，十分令人疑惑。经过一番了解，D村村民方才得知，这一空间效应形式的涵盖范围为打柴沟镇而非D村，信息获取的不对称与不全面致使村民处于一种荣誉被剥夺或是强制为他者分享的不甘。村书记LWG与笔者谈起此事时，也表达一些不理解。

大家心里都清楚，这就是个表扬和肯定的形式嘛，还真的能给你发些啥，基本上不可能。有一个问题，大家听到这个消息后，都觉得是给我们村里的。因为我们这边种上菜了，证明了这个菜跟这边的环境了、气候了特别适合，收的时候产量比预计多，人们因为这个了慢慢挣上些钱了呗。周围的村子看着我们通过种这个挣得多，生活慢慢变好了，他们眼红了就跟着我们后面种。我们这里种给了二十几年，从种上到中间的过程再到怎么收、怎么卖，已经很熟悉了，这个示范要不是我们村这些年给带着，能示范起来不？你看像X村了、T村了这些才就种上了几年啥，那产量了、收入了有没有我们村的一半啥，我看悬得很。再像是东边，山跟前的S村，再说不成，几十年前的土房子了多得很，村里啥都没有，人陆续往出跑着，要是没有国家的帮忙啥，我看早就没人了。就这些他们也成了让国家承认的示范了，他们示范了个啥，明摆着沾我们的光了。（LWG，男，回族，村书记）

村书记LWG的想法基本上是D村村民内心的真实写照，自己作为打柴沟镇甚至放眼于天祝县境内，在高原夏菜产业发展的时间长度，还是现实规模，或是经济效应，再是产业化程度均处在前列，认为自身的引领作用无须他人言明。打柴沟镇之所以能够获得示范区称号，大部分原因须归功于D村长期以来的典型带动。镇政府应当在获得称号后对此特别指明，而非随便让镇内其他“不够格”村庄来分享，更何况以此为荣。对此，加工点负责人、小贩以及村民虽各有说辞，但总体上趋向是一致的。

我和周边这几个别的村加工点的有时候聊着就说起来了，从每天处理这个菜的量上就能看出来，我这最多的时候，一天下来从早上8点多开始一直到晚上11点，你们有时候下午一两点就关门了。这就可以看出来你们对应的村里种菜实际是个啥情况，但说起来了大家都有个这个示范的帽子。我就说着你们这些加起来才跟我这里能持平的就跟上了我们享福了，他们就知足吧，平白无故的让国家给肯定了，就偷着乐吧。（YSY，男，汉族，村民，加工点负责人）

加工点负责人YSY以高原夏菜收获期每日实际加工量、工作时间等为事实依据，表达着自己的不满。村民SNDJ（小贩B）对此持相似态度，认为政府应当对此有个合理的解释。

周边那些一天收得少的（小贩）跑我们这边浪来了，还在我面前说着我一天这么累了给示范做贡献了，到下来了还不是一句没提，包括我们这个村。他们（小贩）一天收得少，卖得少也能成示范的一部分了。听着听着就习惯了，看着他们（小贩）来了，能不说话就不说话。我觉得这个政府应该要说一下，让那些不够格的、沾荣誉的（人们）心里明白这些跟他们有啥关系，白沾了个荣誉这还特别高兴，知不知道主要靠谁才有了这个，把这个搞清楚了再不要胡说。（SNDJ，男，藏族，村民，小贩B）

村民GYL的话语中更是直接表达了无奈与气愤，因其住所与耕地位置同邻村B村相近，总能听到B村村民谈论此事。

我们家的地和B村离得近呗。那里干啥的人都有呢，种粮食的、种药材的、养羊的、种菜的，跟我们都种菜不一样，他们一天把这个称呼了老挂在嘴边了。放羊的老汉了见人了说着，在这个里面放羊，羊吃的草是让国家肯定过的草，吃了以后就成了国家肯定了的羊了，你说可笑不可笑。跟他们有啥关系，他们干了些啥自己不清楚吗，真以为自己是光荣的了。别的不敢说，在种菜这一块，我们比华藏寺那边的产量好、挣得多、时间长，上面不把我们的作用说一下就算了，还让这些不相干的人白沾好处，实话不合适。（GYL，男，汉族，村民）

对这种无故被分享的不甘，加工点负责人、小贩还是村民虽说气愤，但他们出发点不在于为此“讨个说法”，而是希望政府部门能够正视多年来他们的辛勤付出和探索尝试，绝不是轻描淡写、一笔带过地不谈或是少谈，甚至是默许其他村庄村民毫无感恩之情或是只为分享到这一荣誉称号而自以为是的言语和行为。实际上，之所以用打柴沟镇的名义申报示范村镇，一是镇党委政府希望能够以此激励高原夏菜在全镇范围内推广的深度广度进一步扩展，促使高原夏菜产业成为本镇主导产业；二是按照《通知》所列申报条件，即使D村以村为单位去申报，理想状态下的指标同最低标准仍差距较为明显。尤其是第二点，是多数D村村民所不明晰的方面。

首先，打柴沟镇政府需借此机会将本镇高原夏菜产业规模与产值总量加速提升，设置阶段性目标用来奠定其主导产业地位。不仅是瞄准单一的经济效应，而是要在吸纳农业就业人口，提升产业融合发展程度，调动多方资源参与产销过程，完善与市场经济紧密联系等多重层面更好地发挥联动带动作用。无论是在评比过程中还是评比结果出炉后，对照《通知》所列各项条件，能够做到从一而终。总的来说，打柴沟镇政府的想法与做法无可厚非。况且通过前两次申报结果的不尽如人意中意识到，在将高原夏菜产业发展经济效应置于重中之重外，仍需在其非经济效应层面，更准确地来讲应该是以经济效应为核心的其余层面，予以更多关注。根据对打柴沟镇镇长 YDM[①] 的访谈，笔者从中获悉了镇政府着眼"一盘棋"的通盘考虑。

案例 3-2：着眼"一盘棋"

笔者在走访 D 村期间，曾多次前往打柴沟镇政府试图获悉更多官方层面的看法。经过多次的坚持不懈，终于得以在 2021 年 7 月 20 日下午 15：30 分如约对该镇镇长 YDM 进行访谈。他提到，示范结果出来后，政府工作人员下去走访了解情况的时候，听到了一些村民除高兴以外的不同声音。怎么个不同法呢，就拿 D 村举个例子。他们那里是该镇从事高原夏菜种植时间最早也是最长的行政村，种植面积最大，种植品种最多，经济收入累计最多，跟相关从业人口数量比例也是最多的。毫不夸张地讲，起到了很好的引领示范作用，政府怎么可能不知道或者是忘了。

要是从长远上看，打柴沟镇范围内的大多数村庄同样适合高原夏菜生产，近些年来有的村原来灌溉不便，通过改善水利条件和灌溉条件，具备了一定的发展基础；有的村土地不如 D 村平坦，通过平整土地、拆除废弃建筑、坡田改梯田等渐次符合相应条件，同样就把发展高原夏菜生产当成增加村民收入的方法路径，因为在 D 村的这些年实例已经证明了高原夏菜生产适合该镇整体条件。再一个，通过不断引入和培育一些新品种，高原夏菜的耐旱性、耐虫性与节水性更强。按照不同地方的资源禀赋种植相应的品种，能够带动更多的村庄村民参与进来，让更多人从事农业生产，实现收入增长，减少对外出务工的过度依赖。特别是评上示范村镇

① YDM，男，藏族，打柴沟镇镇长。

之后，能让村民们对高原夏菜生产信心更加坚定，成为实现美好生活需求的希望与寄托。高原夏菜既成为增收富民的产业，也足以发挥联动带动作用。比如说建立更多能真正发挥作用的合作社，再把村民们组织起来，带动更多的村民参与到种植高原夏菜中，扩大种植面积、种植人数和经济收入，等等。若是能够引入多一些有实力和能力的企业开展加工、运输、育种、试验等，提升高原夏菜产业链附加值就更好了。经过一段时间的培育壮大，高原夏菜达到完全产业化的标准，对脱贫攻坚与乡村振兴的有效衔接有着不同寻常的积极意义。

不言而喻，以镇为单位申报示范区的综合影响远远超出村一级。从长远来看，有利于将高原夏菜产业集聚作用发挥至最大，引发更广范围且更深层次的持续影响。打柴沟镇所辖行政村中，大多数同D村境遇相似。因二、三产业发展条件薄弱，不足以在短时间内创造出一定规模与相应的经济价值，依靠对传统农业的改造升级，从农业生产中寻求产业兴旺推动全面乡村振兴仍是主要途径。特别是借助自身特质着力特色产业发展，重新发掘经济价值生产能力，培育激发内生发展动力，本质上看在发展条件与策略路径上具有较强同质性。因此着眼于“一盘棋”，以打柴沟镇为单位申报示范区也就在情理之中，并且各项指标均大幅超出申报条件标准。更要明确的是，若以D村为单位申报，即便在理想状态下计算各项指标数据，也难以一一满足《通知》所列申报条件标准。

《通知》明确指出，申报主体若为行政村，主导产业产值需超过1000万元，占全村生产总值的50%以上。[①] 由于D村无村办企业，高原夏菜产业已成为该村主导产业，其产值几乎等同于全村生产总值。D村2019年高原夏菜种植面积为2900亩，假设理想状态下，高原夏菜品种均为荷兰豆，不考虑任何因素影响下，荷兰豆亩产峰值为500斤，则该村2019年荷兰豆总产量为1450000斤。以当年荷兰豆均价为每斤6元来计算，则该村2019年荷兰豆总产值为8700000元，由此可

① 《农业农村部办公厅〈关于开展第十批全国“一村一品”示范村镇认定工作的通知〉》，见农业农村部网站，http：//www.moa.gov.cn/xw/bmdt/202009/t20200927_6353364.htm.2020-09-27/2021-01-12。

得D村2019年主导产业产值为8700000元。此外，D村村委会引入兰州绿色蔬菜公司在村内新建成投入使用冷库一座，并与冷库共同发起成立高原夏菜产销合作社，入股50万元占有1/4原始股份，按照每年8厘利参与年终分红，获得收入4万元，可忽略不计。理想状态下排除各类不利因素计算亩产值与总产值，不难发现D村主导产业生产总值仍与《通知》所列申报条件标准有一定差距。实际情况是以荷兰豆、荚豆、莴笋、其他蔬菜种植面积占比5∶2∶2∶1分配，致使高原夏菜实际产值同理想状态下差距同样较为明显。此外，与《通知》中所列另一种数字标准差距更是相当突出。按照D村村委会和驻村工作队统计，2019年该村人均可支配收入达到7000元，[①] 而打柴沟镇同年居民人均可支配收入突破1万元，未满足人均可支配收入比所在镇高20%以上的基本条件，仅为所在镇的70%。驻村工作队队长YMK对此给笔者详细地讲解道：

> 最开始那会，听到别的地方人说这个示范怎么怎么了，还有些心里不是滋味，觉得这个称号是因为我们出了大多数贡献才拿上的，要是我们自己评说不定也能评上。后来去市里参加会议碰到农业农村局的领导了，他把这个好好跟我讲了一遍，说你们回去了拿上这个标准算一下，再去镇里问问别人，看看镇里的数据是个怎么样的。回去我跟L书记说了，他说可以看一下，主要是看我们村跟这个条件了比下来是个啥情况，正好我们也要对高原夏菜做一个年度评估的。做出来后就把村委会的人、冷库的人、一些村民叫上了在村委会开个会，把我们几个的弄出来的结果汇报了，跟这个条件差得挺多的。首先一个1000万元的产值根本达不到，原来我们一直认为十几年了，到现在啥条件越来越好了，应该会是一个比较高的数字。经过这么统计，才发现根本不是这么一回事。这以后确实要在怎么提高产值和增加农民收入上多下些工夫，这里面应该还会很多东西是我们大家没有看到的、想到的、做到的。（YMK，男，汉族，驻村工作队队长）

① 数据来源于D村村委会和驻村工作队统计数据，2021。

D村村委会和驻村工作队对此问题进行深入讨论分析后，在最短时间内召集了村内种植户代表予以告知，随后召开全村村民大会进行详细说明。村民SY告诉笔者：

> 就半个月前吧，我们党员一起学习开会的时候，工作队的队长也来了。就把他们根据申报示范村的条件标准，和我们村去年种菜的情况进行了比较。下来跟标准要求差的码子（数量）大，就让我们党员平时了多跟村民们说，再不要觉得是别人沾了我们的光了。有了这个国家的表扬和肯定了，我们下来就要把菜种更好，让大家手里的钱再多些，能踏踏实实地干好自己的事。虽然说这么些年种菜看着可以，绝对不能说就到此为止了，就认为这样就可以了。事实上跟真正能发展到产业这个层面，要做的事情很多，花的时间很多，指望着短时间内就能成功了，就不会是现在这个样子，让我们党员要把具体情况给村民们讲清楚。（SY，男，汉族，村民）

由此可知，看似D村高原夏菜产业已具规模，并为村民明显改善收入条件之余，应当意识到离完整的产业化存在不小差距，距达到产业兴旺的远景目标还需从整体上着力，辅以“节本—提质—增效”等诸多环节的持续改善与提升，朝着将良好的市场预期转化为顺畅的市场流通，让区位资源的客观优势转化为惠及产业的有力依托。在实现产业兴旺的征途中仍需各方力量协同作用共同发力，促使达到以产业兴旺为基础的乡村全面振兴演变为D村乃至更广范围内乡村真正意义上的现代化发展转型，而不是因为阶段性目标的满足忘却初心，未能始终。

第二节　额外的“负担”

示范区作为特色产业发展的空间效应形式，获得国家肯定之余，将其视作实现产业兴旺进程中的无形加持，足以为特色产业发展额外赋能，特别是营造一种积极向上的环境氛围同政策支持。从列斐伏尔空间理论上出发，此种示范区是一种“由国家管理和控制的空间，用以表达政府意志”[①]。因此，基于上述具有“私心”性质的逻辑考虑，隐晦地释放出“利己”导向。但“天不遂人愿”，此种称号荣誉的无形加持在一些层面上反倒增添了额外的“负担”，与其最初所期背道相向。D村作为打柴沟镇高原夏菜产业化的引领，颇有承担此类“负担”的不情愿却又是无奈之举。

一、疲于奔波的村干部与种植户

D村村书记LWG告知，被授予示范区后，围绕这一称号参加各类会议、接待访问团体与外出宣传经验逐渐置于村两委领导班子日常工作内容的优先位置。正是因为D村在打柴沟镇高原夏菜产业发展的特殊角色，被树立为典型案例，在各项相关工作中保有较高出镜率。其中既有在会议宣讲时村干部的汇报式发言，也有种植户代表的切身体会讲述；既有生产销售各环节中的追随者纷至沓来，也有奔赴前去其他村庄的实际指导；既有迎来送往各类活动穿插致使原本工作开展滞后的些许无奈，也有迫于形势与任务而不得不反复投身其中的义务使然。

首先，村干部与种植户共赴各类会议与宣讲活动谈及经验体会。获评示范区不久，D村村委会收到打柴沟镇政府通知，需选派村干部1名、具有典型引领带动作用的种植户代表2名，准备参加于（2020）年底召开的县农业农村工作会议，做表态发言、谈经验认识与心得体会，每人时间控制在10分钟以内。接到这一任务通知后，D村村委会在2天内便确立了具体参加人员名单，分别是村书记LWG，种植户代表SY、WLZ，两位代表均为党员且种植时间较长、较早实现全面种植，他们的收入来源基本为高原夏菜产业。村书记LWG告诉笔者：

> 上面通知说了，要我们村选几个人去县里年底的会上去发言。每个人嘛，就根据自己的经历谈谈感受和体会，说说这些年从种菜里认识到了啥，收获了些啥，给县上的领导和其他地方的要想着跟种菜或是发展别的啥的当个例子呗。村委和党员们商量了，这次就从党员里选几个，起个带头作用

① Lefebvre Henri. *The Production of Space*. Trans. Donald Nicholson-Smith. Massachusetts: Blackwell, 1991: 285.

吧。后面要是再有了，就多从不是党员里的选。再一个去县开会发言党员去了正式一些、会说一些。我去了想着就说这些年村上对种菜是个怎么支持和帮忙的。通过种菜让村民们不光是收入增加了，种的人越来越多了。还有村上有钱了，基本上每年改造一下村里的环境设施。这几年下来村里明显不一样了，一些原来没有的也有了，路好了，路灯装上了，多少年没人要的破房子给推了建篮球场和小广场，每几户人家就放上垃圾箱，让不要再乱扔垃圾了，反正下来就谈谈变化和以后哪些方面能再做好的呗，他们听的不就是这些嘛。我把这些想法给工作队里的大学生说给了，他们给我写了个发言的稿子，完了先给发过去看看有没有不合适的，没啥问题了，我去了就按着那个说了。（LWG，男，回族，村书记）

十分遗憾的是，参会者发言稿留在会议记录档案中，无法得知具体内容。从各自回忆来看，LWG书记的发言内容集中在高原夏菜产业发展的影响，提及问题处较少，而两位种植户代表的发言则结合了自身的经历，提及高原夏菜产业发展过程中遇到的困境遭遇，忧患意识较为明显。

开党员会着书记把这个事说了，要找上两个种菜代表，去县里会上发言，把自己的感受和想法说一下。我是自己主动要去的，别的人犹犹豫豫定不下来。当时我问书记说，能不能说一下这里面有啥困难、有啥问题，自己解决不了的。歌功颂德的事不用我说，我也不会说，去了就讲讲问题，说说实话呗。中央一直说要实事求是，这个没啥的吧。书记说了，你把你的想法了完会以后跟工作队的大学生说一下，让他们按照这个先写出来个东西。之后了发给过去了让看一下，没问题就讲呗。下来后，我把2019年这里快收的时候下暴雨把地淹了，后面没啥结果的让写上。我家当时淹了2亩，那一片的多多少少都淹了些，豆子没赶上收的，损失最后都是自己的。这种事情实际上每年发生，多的只能我们自己挨着。我去会上说了，希望是像这种的事情以后能有个解决办法。（SY，男，汉族，村民）

村民SY发言的侧重点在于高原夏菜生产过程中风险防控与补救措施的内容，属于现实问题层面。村民WLZ所述内容则出于对现有发展模式的探讨，涉及高原夏菜产业发展的长远目标。

> 我家跟L书记家住隔壁，他最早跟我说了让我去参加，跟家里人商量了一下去就去吧。先说了一下这几年种菜的情况，肯定是增加收入了，农民的腰包鼓起来了，生活变好了呗。再就说了一个这个合作社的事情。原来没有村里的冷库着，大家想搞个合作社怎么搞不起来，不积极，可能是前几年的合作社空壳子太多，村民对这个不太相信了，还不如自己搞自己的。现在有了冷库，村里跟上它们合作，就把合作社建到冷库了，政府来检查评估结果是最好的（A）。你说对我们这里实际上起了多大作用嘛，很多人看来没啥作用，该怎么搞还是怎么搞。要是能真正让合作社发挥好作用，让更多的村民愿意相信、愿意加入不是更好嘛。有句老话说的，火车跑得快，全靠车头带。现在我看新闻上说到处成立合作社，让它们发挥作用。它们这个车头行不行，能不能跑起来，跑起来了速度咋样，你问别人可能跟我的想法差不多。会上我多的在说这个，就把实际情况是啥说了呗，其余的想不起来了。我们就是种菜的农民呗，好听的话没说几句，说的都是不好听的，希望能多给一些帮助吧。（WLZ，男，汉族，村民）

从种植户们的发言内容中便可看出，虽然特色产业发展增加村民收入且带来了示范区的称号，但在实际过程中的困境居多，大多属于长期存在却应对收效甚微之处，这就透露出他们作为一线农业生产者的直观感受。随后陆续开展的同类型会议或是外出宣讲时，一般会以1名村干部与2—3名种植户代表共同参加，已形成固定模式。据调研反馈，2021年全年D村村干部与种植户参加会议或宣讲会超过25次，参加人数超过50人，其中村两委成员和部分党员参与至少3次。

更为出乎意料的是，D村早在2021年春播开启前就有“常住人口”不到10人，为附近村镇的工作人员或是种植户。他们抱着学习跟随的态度试图通过全程参与高原夏菜产销过程，将此种模式及其运转方式进行全方位了解，为所在村镇开展高原夏菜产业积累原始资料和直接经验。村民BWM就接待了一位邻镇政府的工作人员，同笔者分享了自身感受。

就在今年（2021年）开春的时候吧，村上说着上面派下来人跟着学习种菜。不管是种还是收全部参加，就看着我们啥时候该干啥了，怎么干的，遇到问题了怎么个处理，让我只要是跟种菜有关的必须要带上呢，说是来学习我们的先进经验。我头一次听说我们这里成了先进了，跟着我们从头到尾学着种。平时干活的时候跟上我们一起，不干了就回去，不用在我们家住。过几天着人家来了，就是个年轻小伙子嘛，人挺热情，干活了特别积极，有啥不懂的地方随时问开了。我们该搭架子了、除草了、下种子了、盖地膜了啥的全来着，给说一下帮着一起干了。时间长了我们就不好意思，想着当成个到我们这打工的，给上些工钱了，他没有收着。估计是上面给了些还是啥，这我们不清楚。从3月底到现在快4个月了，不分平时周末，基本上天天来，跟我们说着一次就把整个怎么办的学懂学好呗，等着明年了自己家里那边也要开始种菜了。（BWM，男，汉族，村民）

此般“常住人口”的来源，部分人员以选派前来，其余人员则为自发前来，与种植户关系密切，保持生产时间同步。村民MDM讲道：

你说的这个，我这就有啊，不过他是自己来的，跟我原来打工的时候认识，后面种菜觉得收入可以，我再没出去打工。他每年要去，家里没种菜，种的青稞和小麦，都知道不挣钱，就他们自己吃，靠着他出去打工着挣上些。去年（2020年）了打工不好找呗，他一年下来挣了不到6000块钱，你说6000块钱养活一家子够不够？今年（2021年）过年的时候问我这几年种菜咋样，我把实际情况说给了，没想到等4月初的时候提着两瓶酒过来了，说是要跟我学种菜，让我当师傅手把手给带呢。答应了以后，除了天气不好的时候没来，有时候比我早到了，活少了就别让来了，来了没啥事着就干等着。他还特别犟，要愿意来来呗。完了跟其他人聊着才知道，跑过来跟上了学的还有几个，实话奇怪了。有的（村民）直接说了来了就是增加负担嘛，让干个活了要担心能不能干好。有些是亲戚朋友的关系，不说嘛不行，说了不好说，把人弄得特别烦。（MDM，男，回族，村民）

无论是选派人员还是自发前来的村民，种植户对这种未成普遍气候，却时常见到的情形于不解中透露出无奈。原先较长时间里鲜见此种现象，到有了示范区的称号后，此种现象如雨后春笋般出现，在一定程度上变成完成任务但非简单的走马观花，无形中为涉事其中的种植户增添诸多负担与隐忧。一方面担心他们借助学习之名藏有其他不可告人的目的，另一方面出于私心，不愿意更多人“做蛋糕”并且“分蛋糕”。事实上，此种针对种植户额外的“负担”意味着对其种植高原夏菜产业发展的赞许与肯定，以及对发展目标的无差别追逐。若是此处体现不是特别明显，那么D村种植户频繁前去其他村庄进行实践指导的此种额外“负担”，更能表现出由空间效应引发的推拉作用，村民TWY[①]便是其中一员。

案例3–3：定期指导的“科技人员”

2021年7月31日，笔者在实地访谈中遇到先前的访谈对象TWY。他正急忙驾驶三轮摩托车外出办事，同他打招呼后得知要去同镇T村为今年新进种植高原夏菜的几户指导如何提高采摘效率的问题。听到后，笔者随即询问能否一同前去，得到肯定答复后，便一同前往。在前去的路上，TWY提到自己今年已经是第三次了，第一次去是协助几户人家搭理架子，第二次是处理虫害问题，笑着说成了定期去的“科技人员”了。虽说去一次至少要半天时间，回答当地种植户诸多问题，但他不觉得这是负担或是累赘。相反每次

① TWY，男，汉族，村民。

前去若是遇到自己先前未曾遇到的问题，可以积累些经验以防万一，只要不影响自己家的正常农业生产即可。等到了T村，常联系的几户种植户早已在路边等待，予以热情欢迎。接下来的两小时内，TWY依次前往各自所种植的荷兰豆旁，先让种植户逐一演示采摘手法，再根据各自问题亲自演示如何改进，短时间内几乎种植户的采摘折损率明显降低。回D村途中，TWY直言，一开始是把它当成一种走过场的任务了。到第一次抱着转一圈就回来的想法前去后，便改变了想法，将自己的知识与经验倾囊相授，他们嘴里说的“科技人员”肯定够不上，就是同他们相比有些经验和体会罢了。诸如TWY的D村村民目前虽参与人数较少，却不坚持事不关己高高挂起的态度和想法，在不影响自身农业生产的前提下，十分愿意提供帮助。从最开始的任务选派，到如今的心甘情愿。

总之，面临种种额外的“负担”，村干部和种植户都已经或是正在抑或是将要不断承接下来。在村干部眼中，有如政治选派或任务的负担尽管是疲于奔波，却也乐在其中。对于一些种植户而言，同样是选派或是任务，其出发点多集中于对存在问题反馈与知识经验传授，希望高原夏菜产业化进程走深走实的同时，能让更多人参与其中享受红利。

二、别样的“责任担当”

在获评示范区后，打柴沟镇希冀以此为契机，推动高原夏菜产业在全镇范围内发展成为主导产业。为达成此目标，打柴沟镇政府试图借此称号荣誉获取更多政策供给与优惠条件，进而更为深入地推动高原夏菜产业化进程。各类试验项目先行到来，涵盖良种培育、新技术应用等方面，似乎在示范的光环下，作用于抽象的、政治—制度空间的生产，[①] 为打柴沟镇赋予别样的“责任担当”，却仿佛同先前的预期需求背道而驰。这其中，D村承担了大部分任务。

2021年3月春播前，村书记LWG接到镇政府通知，要求今年在

① 殷洁、罗小龙：《资本、权力与空间：“空间的生产”解析》，载《人文地理》，2012（02）。

不少于5%的种植面积推行浇灌改滴灌，为全县范围内先行先试，须尽快确定参与种植户名单后上报。对此他很是不解，这已经是春播前接到的第三个试验内容，前两个分别是新型驱蚊仪器（图3–1）测试和新品种（图3–2）培育，对种植面积占比无明确要求，可借助合作社承包的土地上开展。此番试验滴灌，则至少需要动员25户种植户才能达到最低数字。按照相关要求，试验滴灌的设备由县财政补助一半资金，由招标中标企业统一运送安装，全程跟进调试。即便如此，在种植户的理性考量下，主动参与者寥寥无几，主要担心生产成本的增加与产量收益的未知。对此，村书记LWG较为无奈地感慨道：

> 今年这工作难搞得很，才说了要试验菜的新品种，还有那个打虫子的设备，放到我们这里看看啥情况。那村民们谁愿意试这个，人家要忙着撒种子了、换架子了、翻地了。再说了你说要试，人家给你白试呢嘛，所以就让放到合作社包的地里看是个啥情况，这些没啥问题。那这个滴灌咋办呢，最少要140亩，你就是按照每户平均10亩的耕地来算，得有个14家吧，实际上就要最少25家。这个就是听过没用过，种了多少年地靠抽上来的河水和老天爷降的雨了浇着呗。这个滴灌应该是个好东西，上面说着省水，管子上扎孔孔，一个孔对着一个根，就浇得好呗。这个管子了县里出一半的钱，剩下的自己想办法。开始问了一圈，没几个愿意的。村民们说的也对啊，光靠怎么宣传保证不了啥情况啊，没有试过不知道咋样，水多了少了咋看呢，啥都不懂啊。（LWG，男，回族，村书记）

经过动员与想办法，比如让党员家庭带头参与，精准扶贫户与其享受优惠条件挂钩等无奈之举，在上报截止日到来前，D村总共动员28户，总面积为151.6亩。每亩所用滴灌设备成本花费约270元，种植户自身负担130元。

> 换成这个滴灌了，滴灌管子是1米6毛钱，水费跟以前一样1亩下来90块钱，我家这8亩地下来连管子带水花了1900多块钱，之前不用的时候就付个水费呗，要是老天

爷照顾，水费掏的能少些。我听说这管子要是质量不行，要每年一换，算下来成本高得很。这两年政府给补助些了能考虑，过几年不给补助了，要是没要求必须要用这个，就再不用了。今年用滴灌的了到现在收的1亩豆子有个340斤，我这邻居没用滴灌收了320多斤，效果确实一般，花了这么大价钱，多收个不到20斤，说实话，1亩地的管子钱出不来。（DHY，男，土族，村民）

图3–1　驱虫试验设备（李智勇　摄）

图3–2　新品种试验田（李智勇　摄）

DHY的经历可以说是参与滴灌试验的种植户们的普遍情况。在产量增长有限且难以平衡滴灌支出成本的现实下，村民们对滴灌的信任度大打折扣。村民 XYS 就提道：

> 这个说不成，真真说不成。费了这么半天劲，天天担心会不会出啥问题。担心这个管子质量行不行，别让冻了、晒了、被偷了，比原来担心的事多，那要是能有效果也行呢。前几天专门先收了用下这个的，摘完了一称没有多多少着，把人就气死呢。开始的时候说得多么多么好，我们这么给配合的，结果出来就是个这种结果。这么算下来，去掉成本了跟原来刚刚持平，你说干了个啥。这成了示范了没说是给帮着把问题解决一下的，倒又来创造问题来了。（XYS，男，蒙古族，村民）

根据种植户们的反馈，改用滴灌后未对高原夏菜产量带来明显增加，仅有的一些产量增加收益与滴灌试验成本花费几乎抵消，计算下来与未使用滴灌设备前收入基本持平，对此纷纷表示无奈与不理解。天祝县政府之所以试验滴灌，一个实际的出发点便是在高原夏菜亩产量总体稳定的条件下，如何尽可能降低农业“内卷化”风险，通过改革农业生产技术、更新农业生产设备与提高种植作物良种率等，从其内部寻求推动亩产量与亩产值提升。相较于其他村庄尚未具备相应条件，D 村在高原夏菜产业化程度与实力上位居前列，已濒临农业“内卷化”边缘。在现有农业生产环境与条件下，以荷兰豆为例，亩产量自 2018 年以来已连续四年保持在 360 斤上下，大幅度增产的可能性较低。在市场价格增长低于各项成本支出增长的背景下，实际上近四年种植户纯收入已经陷入稳而难长的循环当中。因此，D 村当仁不让地成为应对“内卷化”风险的“排头兵”，也就肩负着承接各类试验之别样的“责任担当”。

虽说在 D 村开展各类试验的根本出发点和落脚点在于农业生产的提质增效与农民增产增收，但试验的相关保障内容应当及时跟进。特别是在试验成本的分担上，应明确多方参与共同承担，而不仅仅是让种植户或是村庄冒着一定风险证明其对错与否。尽管种植户的理性经济人特征越发突出，但其个体作为风险承担者的能力仍为弱发育阶段，“安全第一”的道义小农特征同样较为明显。若非如此，就不会出现部分村民参与县里会议时对高原夏菜产业现状与发展前景的隐忧。这也就从侧面表明当前特色产业发展过程中存有多而杂的可供改进完善之处，但凡任一参与主体自身力量无法彻底应对时，就需要一个庞大且综合的支撑、服务与保障体系。

与部分村民对各类试验的不看好或是不关注相异，村主任SYX力主各类试验的开展，认为会对特色产业发展起到推动作用。尤其是他认为此举可能会缓解一些制约许久的老问题，不应该因为一两次的效果不理想而一味排斥。

> 这些东西要真是害人的，用政府放着过来试嘛，难道说是政府看着你们这个地方这些年种菜变好了就心里难受得不行了，跟你们有仇呢？人家是巴不得你们变好，巴不得越来越多的地方变好，这么下来人家脸上有光呗，不比你再拿上一个示范的荣誉称号强。前几年虫子多的时候，你们天天说着喷这个药没作用、那个药没效果，自己的豆子活生生地让虫子吃了多少，卖的时候少挣了多少钱。要是这次的这个驱虫设备（图3-1）试验下来成功了，以后就算是虫子再有，再打药没作用，这个设备它总不能也有了抵抗了，还能不往那边飞了。你不飞它都能把你要么吸着过去，要么远远地就给打死了，而且这个跟路灯一样，靠着太阳能供给，不花你家一分钱。以后能推广了，我就先给家里地上安一个，有了这个再不操心虫子了，买农药打虫子的钱还省下来了，原来最多的一年光这个花给了500多块钱。早早安上一个，政府给些补贴，估计花不了多少钱，下来跟几年的农药钱一样。这个用上十几年没问题，而且过几年再改进升级一下能一直用下去。（SYX，男，汉族，村主任）

同村主任SYX持类似看法的村民仅为少数，多数村民对此信心不足，更无与之相似的经济实力。令人欣喜的是，D村与冷库共同成立的合作社在项目试验中发挥着先锋角色，承担了已有三项试验项目中的两项，即驱虫设备与良种培育，并且将滴灌试验应用到同前两者相同的土地中，试图更进一步改善生产条件，挖掘发展潜力。

案例 3–4：显而易见的新应用

驱虫设备（图 3–1）已是 D 村冷库于 2021 年承接的第二个试验项目，安置在冷库承包的土地中，总共为 4 台。据冷库负责人 HY 介绍，一台设备能够覆盖 25 亩地，安装太阳能电池板供电，保证不分昼夜地运转。一般的害虫如飞蛾、蚜虫、线虫等，只要在地里出现就能在短时间内被灭除。该设备最外圈是电网，中间的机器能释放特殊香味用来吸引害虫靠近，但凡碰到电网后瞬时毙命，绝不存在抗药性的因素。2021 年冷库承包的土地未购买杀虫剂，但防治效果十分突出，同期一度爆发小规模虫害时，安装该设备的土地几乎不受影响。此外，安装驱虫设备的土地还是高原夏菜新品种试验田（图 3–2，表 3–1），更加耐寒、耐旱、抗虫、高产，预计较现有品种增加两成产量。之后同样是全部试验滴灌设备，因未到收获期，具体产量不得而知。总之，D 村冷库对新技术与新品种的推广应用热情与积极度较高。HY 告诉笔者，若是此番综合试验效果令人满意的话，后续的承包地将持续扩大新品种、新技术试验面积，更为积极地承接各类试验。若是试验效果显著，便可及时向 D 村村民推广，村民也可随时前往试验田参观询问。如需村民在自己的土地上开展相关应用，冷库可全程提供技术指导。

2021 年 10 月，在线上询问 D 村冷库相关人员后，反馈试验田效果显著。新品种高原夏菜亩产量高出普通品种约 20%，单位面积下成本降低 10%，在价格一致的前提下，两者相加收益则超过 30%。可见通过农业生产技术革新与新种良种更迭，有助于持续发掘农业生产经济价值潜能，探索“节本—提质—增效”环节有序开展，巩固主导产业的实力地位，同样是对农业“内卷化”危机的有效回应。因此，承接各类试验虽为 D 村形式上引发了“额外的负担”，从长远来看，此种“负担”实则对高原夏菜产业化进程有所裨益，只是需要在责任分担与风险保障层面进一步明晰权责。

表 3-1　D 村冷库培育的良种高原夏菜[①]

序号	菜种	品种
1	苦苣	金花苦苣
2	甘蓝	绮丽七号
3		意大利绿宝石
4		中甘 15
5		中甘 21
6	紫甘蓝	紫玉三号
7	抑子甘蓝	富兰克林
8	结球生菜	撒林拉斯
9	宝塔菜	ROCAULIFLOWE
10	罗马生菜	紫罗马
11		京生一号
12	红叶生菜	红皱
13	松花	庆松 65
14		庆松 83
15	西兰花	紫晶一号
16		普成美秀
17	娃娃菜	华耐 633
18		华耐芯黄
19		金陇黄
20		321
21	莴笋	八斤棒
22		紫霸王
23		紫龙
24	西葫芦	黑金 F1
25		黄香蕉
26	螺丝菜	京旋 1 号
27	结球豌豆	
28	洋姜	

① 截至 2021 年 8 月，数据来源于 D 村冷库调研访谈。

农业产业是一个整体性系统，若是只靠一味坚守基于经验的固有生产模式、生产技术与生产行为，依靠单纯扩大种植面积提高产量而忽视与信息、科技、市场、设施等其他要素一并构成的协同综合，恐怕才是一步步滑入农业“内卷化”桎梏的前兆。① 追逐“节本—提质—增效”的过程中，依靠农业生产科技与农产品良种不失为重要环节，以此来应对支出成本增长高于市场价格的怪圈乱象，进而持续推动农民增产增收、农业提质增效，巩固完善农业生产在诸如D村及同类型村庄经济价值生产的主导作用。同时，为特色产业发展迈向主导产业强化自身实力与发掘自身潜能，别样的“责任担当”之意义或许在此。

第三节　示范的要素与旨归

借助示范区这一空间效应形式的推拉作用，着眼于以特色产业发展在乡村产业兴旺的过程与结果中迸发更多动力能量。只是此种推拉作用不应在官方肯定与鼓励过后方才显露，而是在先前长时间的发展进程中就应逐步明晰，背后则是对特色产业发展认知不足导致。特别是在成为示范区后，将特色产业发展赋予特定外衣，掩盖了一般性发展旨归，实际上绝非申报示范区的初衷所在。“空间在其本身也许是原始赐予的，但空间的组织和意义却是社会变化、社会转型和社会经验的产物。”② 进一步探究特色产业发展空间效应的内涵本质，就需要分析其要素构成，突出一般性发展旨归，超越示范区这一称号的镜像遮蔽。

一、示范的要素构成

D村先后被授予县级、省级、国家级示范区，其构建与完善及产业运行自始至终无法脱离“民众受益”的根本出发点，还须关注更高一层的“乡村受益”。显然，示范区不只是特色产业发展空间效应形式，唯独聚焦于经济层面，更是有自然、人文、社会、文化等多重因素共同发力与全面推进。简而言之，既要从社会发展的一般性要素中

---

① 黄宗智：《小农经济理论与“内卷化”及“去内卷化”》，载《开放时代》，2020（04）；黄宗智：《再论内卷化，兼论去内卷化》，载《开放时代》，2021（01）。

② ［美］爱德华·W. 苏贾：《后现代地理学——重申批判社会理论中的空间》，王文斌译，121页，北京，商务印书馆，2004。

发掘，也要关注那些潜藏在乡村社会文化内部的各类资源，并在多重要素的有机匹配而非简单的数字相加中逐层窥探。

（一）“区位”——承载性要素

示范区的构成分为自然生态环境、人们的生产空间与生活空间三部分，三者间拥有一定的重合区域，引发相关知识的产生与运行逻辑。自然生态环境是特色产业扎根、兴盛的土壤，村民的生产生活在漫长的历史长河中不断被赋予原生空间多而全的生产功能与文化价值。可以说，在示范区申报与获授的进程与结果中，自然生态环境是基础更是关键。于该空间内，特色产业发展的科学性、可持续性、协调性同自然生态环境关系密切，村民的生产生活在与自然生态环境结合赋予其具备文化生产的功能特质。例如，位于鄂西南武陵山区的土家族苗族文化生态保护实验区，依托武陵山区土家族、苗族所处的自然生态环境，特有的饮食类非物质文化遗产由此衍生并持续发酵，从而带有深刻的自然生态环境烙印。[①] 特色产业之所以被冠以“特色”，其中要义就是同相应的自然生态环境达到有机匹配，达到两者的“有机团结”。

当自然生态环境作用于村规民约与道德价值的生成与维系，继而以此来明确或规范人的行为与乡村秩序，通过持续累积参与到村民的生产生活空间与实践当中，其间自然而然地将特色产业发展的非经济效应引申至空间、社会与文化层面。在自然生态环境影响下的生产实践与生活空间运行过程中，以此形成并累积的“地方性知识”便具备了习惯法特征，大多以非正式制度形式规范并引导着村民个体与集体的行动。由此，自然生态环境也就被赋予特色产业发展空间效应力量，并且促使文化生态环境不断进行再生产。于此种意义上讲，自然生态环境不单为作为空间效应形式的示范区提供承载性力量与枝繁叶茂的必需品，更何况它根植在以自然性因素为前提的到以人及其发展为主旨的文化空间的发展实践进程。示范区的自然环境生态受制于人们处在发展变化中的美好向往促使其迸发着持续涌现出来的文化再生产力、无尽的现实创造力与长期的经济发展推动力，从而昭示着其内生发展动力的持续激发。

① 林继富：《文化生态保护区建设的动力机制——基于“空间生产”视角的讨论》，载《中央民族大学学报》，2021（04）。

（二）“原生”——传承性要素

示范区作为特色产业发展空间效应形式，严格意义上是一种人为建构的抽象意义空间，但却从未与原生空间相脱离。原生空间是示范区的基础与核心空间，在时间与空间的高度结合及共同塑造下进而演变为以人为中心的社会文化场域，并保有和运行着特定的社会文化系统。概言之，示范区作为空间效应形式不只是简单的原生空间被冠以新的名号，更是体现出固有生活面向与深刻人文特质的空间建构。示范区的存续及其相关的运转日常，同原生空间内的固有生计方式与生活开展既表明着一定延续性的，也是凸显相互协作的，最终目的是在实现“民众受益”的全面性。满足经济效应层面的获得感之余，激发村民对选择继续在原生空间内实现美好生活向往与正确意义导向的坚守传承，强化村庄生活面向，全面推进乡村振兴各项目标任务有序实现。

之所以强调示范区这一空间效应形式中的“原生”，一方面缘于其带有明显的传统性，通过分层次的空间边界来推动示范区民众生产生活的维系。可以说，示范区传承了土地、道路、商铺、住宅、公共广场等原生空间内本就具备的动态灵性的物理空间，接续并发展了村民的生产生活实践机理和社会文化逻辑，看似异质实则同构。放眼于原生空间发展变化的过程，示范区围绕地缘空间积聚发展空间的核心架构，并从多种层面上传承和接续各要素的空间形式类型和存在内容方式，继而在与时俱进中维系空间结构的协同稳定推动的多重要素有机匹配与共同施力，从而实现在原生空间结构相对稳定的前提下寻求适合自身前进道路的动态平衡。①

另一方面，看似在既有文化生态环境土壤上生成的建构性示范区逾越了原生性因素，实质上原生性因素与建构性因素并不意味着就此分离。示范区内各要素的传承延续同原生空间本就是同类型的，还是同质性的。考量到自然条件适宜、可持续条件较好的空间作为支撑，示范区使原生性因素被及时赋予新的能量与能力，尤其是具备相应的底蕴得以使其传承接续。此举的“重点不在于空间本身，而在于产生

① 徐璐、褚传弘：《制造亚丁：乡村振兴中的空间生产与想象》，载《西南民族大学学报》，2021（05）。

空间的过程”及避免以“空间最常作为一种控制和统治手段”[①]。示范区的原生性传承接续遵循着从“上代延绵至下代”，始终面向“区隔”与分化势头日盛的个体与群体，伴随着整合的不断深入和群体间纽带的重构，乡村共同体的特质不断被予以强化。因此，示范区的传承性要素是具备积极的、主动的创造性产物而非被动的、消极的单一物理存在。由此观之，示范区的建构与运行不等同于物理性的、静止的、死板的，却以人文性动态性鲜活地贯穿于不仅是特色产业发展历程，还是一般性的发展实践中，彰显了原生性因素在传承接续与创新发展的并行态势。

（三）“受益”——驱动性要素

示范区的驱动性因素源自于使参与民众受益，不仅局限于经济层面。实际上，示范区的建构依旧无法规避发展主义语境的塑造，在全面推进乡村振兴、新型城镇化建设、城乡融合发展的广度深度持续迈入长远之际，原生空间中仍潜藏着诸多困境窠臼。针对适应新时代示范区建设和全面推进乡村振兴的标准要求，在“民众受益”的目标需求驱动下，大力调动参与者的主观积极性与投身热情度，弘扬原生空间的历史底蕴与文化传统，推进特色产业发展空间效应富有创造性，借以助力“民众受益”在诸多层面成为必然且必须之路。总之，示范区既代表多元文化交往、交流与交融，也是各类文化发展创新的容器。

作为容器之外，示范区更应是包含了不同群体间的文化交流形式。特别是如D村之类的多民族村庄，对于以共有生活家园、共享文化传统、共同经济生活为要点的共同性巩固增强至关重要，深刻影响着“民众受益”的进程与结果。纵观历史发展，中华民族正是在饱经风霜中实现了由自在到自觉再到自为的瞩目成就，借助全方位交往交流交融的时空穿梭，逐渐形成并完善共同体特性，持续达到“受益”的各个目标，印证了习近平总书记关于“五个共同”即“我国各民族共同开拓了祖国的辽阔疆域，共同缔造了统一的多民族国家，共同书写了辉煌的中国历史，共同创造了灿烂的中华文化，共同培育了伟大

① ［美］彼得·马库塞等：《寻找正义之城：城市理论与实践中的辩论》，贾荣香译，91—110页，北京，社会科学文献出版社，2016。

的民族精神”[①]的正确论述。

当前诸如D村甚至是更大地域范畴内的示范区均附着上特定且明确的行政区划边界，在很大程度上要顾及管理问题与效率问题。实际上，示范区的行政区划边界并不全然等同于文化空间边界，所存在的一定差异不意味着彻底中止彼此间协同交互影响下的特色产业发展。在“受益”驱动下的特色产业发展逻辑贯穿了不同地域各群体之间，即便是路径和模式存有明显差异。例如，D村依托自身特质将高原夏菜扎根立足，而前文提到的N村，其牧业村性质注定无法照搬D村的经验模式。通过对自身条件的分析研究，N村将民俗文化旅游作为适合自身的特色产业发展路径。两种相异的发展定位并没有完全切割两地所处文化传统的共同性，并没有制约“民众受益”和“乡村受益”的持续深入。

示范区在充分尊重内部社会文化系统的特殊性和个性化的“受益”仍需不断完善规范，现阶段在一定程度上以牺牲若干方面内容形式来满足经济层面的“受益”。因此，示范区在“受益”的驱动下，应迈向共同性而非同质性进而凸显其整体性，并且始终将“受益”扩展到更多层面，将“个体受益”到“群体受益”再到“整体受益”的横向脉络更加理顺贯通。

（四）“动力源”——保障性要素

示范区的构建运行始终是通过政府部门的政策供给与引导下的特色产业发展空间效应形式，政府与相关的个体与群体构成了不可或缺的保障力量。首先，示范区是人为构建的，需历经申请申报、专家评审、项目论证等一系列程序，充分体现出其科学性、可靠性与可行性。其次，根据国家关于示范区发展建设的总体规划及相应政策，再依次开展相应管理制度、政策法规、规划纲要的制定、落实、考核等具体任务。最后，涉及相关方面的考察调研与学术研究亟待专家学者参与其中，从学理上不断保障示范区的设立运行有理可依、有据能证。

以附录二所示天祝县2021年高原夏菜产业发展实施方案为例，直观说明了空间的层级分布，同时用发展条件与能力的关联异同为依据进行相应的提质增效任务，包括对新品种的推广；绿色农业的倡导；

① 习近平：《在全国民族团结进步表彰大会上的讲话》，载《人民日报》，2024-09-28（002）。

环境保护的要求；扶持政策的条件；相关责任的明确等方面，就需要根据时空条件的差异以最适当地的方式方法予以呈现。总之，示范区离不开政府部门的政策供给、资金扶持与规划指导，并积极调动社会力量参与和个体行动开展，共同为之努力，才能既有效又有序地形成多方合力参与之局面。

进一步讲，示范区是空间结构整体性的体现，是几重边界明显却又密切相关的各类空间共同参与。那么，凡是提及何种类型空间，均无法脱离相应的社会文化基础。因此，示范区是将各类差异且边界明显的类型凝聚在一种整体统一性当中，“这些层次按照各种特殊的、最终由经济层次决定的规定，相互联系，共同存在于这种复杂的、构成的统一性中”[①]。示范区传承并延续着原生空间所具备的生产要素和生产动能，依旧没有简单粗暴地割裂了原生空间内部复杂交织的社会关系，特别是背后蕴藏的多元性表征。简而言之，不同类型空间之间在独立与联系中相互施加作用，最终统一于特色产业发展空间效应的整体层面。反之，空间效应的整体统一性并非意味着“空间层次”间的自给自足与永不相交。

综上，示范区作为特色产业发展空间效应形式，受多重影响因素呈现为本能性、机制性、体系性三合一，从承载与传承，驱动和保障及引导等不同层面展现。彼此间影响、交互作用形成的运行机制，并通过整体汇合的策略开展并深化示范区建设和以培育激发内生动力为主要目标的特色产业发展持续迈向深入。

二、超越示范的发展旨归

“规范的空间生产实践将有助于解决诸多与空间有关的复杂问题，形成合理的人与诸多复杂人化关系和谐共处、良性共生的新发展生态。”[②]示范区蕴含着多重类型的物理空间与社会文化空间，它们既千姿百态，又保有一定的原生性特质，同时经历着内外部力量的参与塑造。虽然示范区是一种人为建构的产物，却也是承载着村民经济生产以及社会文化系统存续的平台，其持续运转正是得益于多重因素的协

① ［法］阿尔都塞、［法］巴里巴尔：《读〈资本论〉》，李其庆、冯文光译，107—108页，北京，中央编译出版社，2001。

② 陈忠：《空间批判与发展伦理：空间与伦理的双向建构及“空间乌托邦”的历史超越》，载《学术月刊》，2010（01）。

调配合。被冠以示范区称号压根不等同于D村特色产业发展步入终结，只有跳出示范区这一抽象意义空间形式的拘束，才能更进一步认识、理解和参与发展实践，在过程与结果的双赢中展现多重旨归。

（一）目标旨归：美好生活的需求与向往

示范区构建完善的主旨是以人为中心赋予原生空间更多特色鲜明的自然文化内涵，以此促使在此之中从事生产生活的民众质量不断增加幸福感、获得感，是在空间层面的赋予新的能量与能力的过程与结果，本质上还是着眼于乡村全面发展。此类示范区是发展实践与原生性产物间相互作用、和谐发展之成果，也是在追求与时俱进中对地方社会秩序规范、道德价值的调适进程，最终目的则是关注“人的再生产”这一经典命题。因此，将发展实践立足于人们对于美好生活的需求与向往的价值预设下，并积极演变为实际可控而非虚无缥缈的任务愿景，促使发展实践和特定的结构对接融合，方能更带有情感上的亲和力、社群上的凝聚力与文化上的向心力，以至朝向达成视满足美好生活向往为内核的目标旨归。

这一目标旨归下的发展实践，以受益主体的需求目标作为杠杆进行规范，不仅迎合受益主体追逐利益最大化的行动目标，而且从发展的视角出发审视自身。参与主体特别是受益主体的需求同样与时俱进且发展传承，能够使其生活需求得以达成的关键渠道涵盖预期收益的呈现形式、持久受益的显现内容等。诸如此类示范区原生空间的稳固性难以动摇，也不可避免地存有相对的滞后性，引起了发展参与主体需求的变革呼声，导致出不相协调与矛盾差异。参与主体便因时因势发挥主观能动性求变、对原有的且不合时宜的发展实践内容、策略、目标及时修正调整。正因如此，方能持续不断且与时俱进地推进发展实践的目标旨归，追逐并满足美好生活的需求与向往。

（二）运行旨归：乡村与人的共同充实

无论发展实践态势如何，其标志性的原生产物处在持续被赋予新的能量与能力的过程中，不断强化并昭示着乡村在剧烈变化着的时代环境下的魅力所在。有鉴于此，一种绝非单一的、个体性的，而是在政府、市场、个体等相异层次的参与者们以原生空间为基础的乡村发展实践便跃然纸上。原生空间内村民业已固化的社会关系、生计方式、地方性知识等为乡村共同体凝聚与强化赋予了肥沃的社会文化资源及与之相匹配的精神食粮。可以说，发展实践的运行与效应是多重参与力量与多维社会关系的协同合作共筑，并且从个体到群体再到社区等不同层次开展关于乡村实体空间之内部关系与外在联系的互动与调适，以此推动强化乡村共同体彰显生活面向的运行旨归。

进而，发展实践体现着原生性与建构性因素间的彼此关联互动。首先，原生性因素意在突出乡村内部的延续至今的社会文化记忆资源及由此衍生出的相应道德规范、价值追求与民间叙事，用以维系社区居民强烈的归属感与高度的认同感，完成从“自然人”到“社区人”的身份转变。其次，建构性因素，一方面承继了原生性要素及其特征，另一方面瞬息万变的外部因素直接关系到民众的行动选择和认知程度，导致诸多原生性因素在某些方面逐渐式微。

在日常性的生活选择与工具性的理性选择间并存共生且相互制衡，借以推进发展实践的持续枝繁叶茂，并推动其不断参与和出现在村民的日常行为当中。由于政府相关政策与发展规划等保障因素，以提升村民生活质量为出发点、落脚点的政策规章等人为性内容施加于原生性因素来推动乡村发展的趋势更为突出。“在各社区和群体适应周围环境以及与自然和历史的互动中，被不断地再创造，为这些社区和群体提供认同感和持续感”[①]于发展实践中得到传承与强化。

之所以将特色产业定义为一种发展实践抓手及载体，关键一点在于特色产业发展来绝非个体的单一行为，也非同原生、传统彻底划界，而是一方面要在原生空间内乡村共同体的集体记忆资源中不断汲取营养并嵌入融合；另一方面则是在村民日常生产生活需求与变革中积累相应支持，涉及内外部力量协同合作，就需要在“大传统”与“小传统”的碰撞、互动中实现内外相融合的发展实践特质。总之，以遵循并对接乡土社会逻辑和文化价值规则为前提，发展实践运行旨归更为明晰。

（三）价值旨归：“自我”的表达

发展实践的空间效应有赖于村民的文化表达。格尔茨（Geertz）在其对文化和民族志的经典解释中提到研究者、研究对象与研究地点

① 林继富：《文化生态保护区建设的动力机制——基于“空间生产”视角的讨论》，载《中央民族大学学报》，2021（04）。

的划分，并指出不是在研究村落，而是在村落中做研究。[①] 这一论述，不只是将空间视作研究对象，而是注重研究对象的分布与选取离不开特定空间，对空间的理解似乎尚未突破物理意义上的固有环境和影响行动者日常行为的文化容器的角色设定。马林诺夫斯基（Malinowski）描绘的“库拉”圈，通过项圈的顺时针扩散与手镯的逆时针流动将众多闭合的岛屿空间连接入一个范围更大闭合更深的实体空间，并以此延展出经济、社会与文化各式要素。[②] 埃文思－普理查德（Evans-Pritchard）将努尔人生活地区划分为三类空间，即物理空间、生态空间、结构空间，此类空间同样是相对闭合的，并且空间中将生态与牛视作核心。[③] 基于发展实践的文化表达具有一定的原生性与建构性，这是出自村民同自然生态环境、文化生态环境之间形成的相应联结与历史传统，是村民长久以来对原生空间生活与依存的现实景观或是生活环境的真情实感使然，并反过来得以作用于既有的发展实践。

可以说，发展实践空间效应的价值旨归便是自我表达的再凝聚、再强化。特别是共同体意识的培育铸牢，其中以生产方式与生活层面的在仪式性活动为尤为显现。涂尔干（Durkheim）强调人类集体文化情感通过仪式得到强化，则是源于外在力量施加在人身上的作用，并通过付诸共同的集体行动从而促使在集体中的诸个体均具备了一致的文化价值，最终促使集体观念的产生。[④] 可见，村民对发展实践的文化感知与表达则表现为以文化认同为纽带社会联结关系，以共同体意识来丰富多方“共生”关系，亦展现为差异性关系。发展实践的受益主体是村民，其文化的表达离不开社会关系的作用，并同样以形式内容各异的途径映射出社会关系的复杂多样，因此便引发乡村整体文化的表达，促使共同体意识的培育铸牢，小到村庄共同体、乡村共同体、地域共同体层面。在更广范围内的中华民族共同体之维，则始终以铸牢中华民族共同体意识为主线引导。

① ［美］克里福德·格尔茨：《文化的解释》，韩莉译，1—31页，南京，译林出版社，2015。

② ［英］马林诺夫斯基：《西太平洋上的航海者——美拉尼西亚新几内亚群岛土著人之事业及冒险活动的报告》，弓秀英译，北京，商务印书馆，2014。

③ ［英］E.E. 埃文思－普理查德：《努尔人——对一个尼罗特人群生活方式和政治制度的描述》，褚建芳译，北京，商务印书馆，2014。

④ ［法］爱弥尔·涂尔干：《宗教生活的基本形式》，渠东、汲喆译，399页，上海，上海人民出版社，2006。

总之，特定空间的"原生特质"在各类型发展实践与全面推进乡村振兴过程中或是式微，或是舍弃，或是重构。发展实践应该从受益主体的生产生活入手，延续、重构并不断赋予原生空间的内生发展动力，其所展现的各类旨归是发展效应的全面延展，不单单局限于经济或是某一层面。推动发展实践更多地作用到乡村全面发展，更加满足村民的美好生活向往，更加符合乡村共同体延续的方向，更加助力全面推进乡村振兴有序实现。

本章小结

综上所述，示范区正是特色产业发展空间效应形式展现。列斐伏尔认为空间并非绝对中性的物理存在，空间实践是空间再生产的必备要素，并能改变参与主体的地位与权力，而且绝不是脱离原有空间而独立运转。"因为一个空间如何被表征内在蕴含着这个空间如何被使用：为什么样的目的使用，谁来使用，什么时候使用以及为什么使用。"[①]本章的内容则表明，示范区作为特色产业发展空间效应形式体现着较为纷繁的面貌，实体空间受其影响，延续、重塑、强化着稳定的发展旨归所在。

空间概念在日常生活中业已成为最基本的维度，诸多方面的议题内容涉及空间的探讨愈发增强。城市与乡村的空间对立，受制于所谓"进步"的意识形态，为两者在共同经历现代化阶段的转型任务中，强加了一种道德层面上的方向性，建构了乡村与城市在象征意义层面的对立结构。看似规模宏大的发展实践，持续推动社会再生产在过程与结果的循环往复中，社会运行与转型的同步得以维持，却将乡村建构为现代性表征的反面，城乡关系的不协调化反之更甚。[②]取代和改造的城市化方向积聚成了发展实践的出发点和落脚点，乡村空间本身自然而然被披上了"进步"与"落后"互构的外衣。如此看待，发展实践的直接产物便是导致如同城乡对立的加深与二元结构的强化，从某种意义上讲，违背了发展实践设定最初的向"善"取向，朝向合理化

① ［英］安杰伊·齐埃利涅茨：《空间和社会理论》，邢冬梅译，95页，苏州，苏州大学出版社，2018。

② 赵旭东、朱天谱：《反思发展主义：基于中国城乡结构转型的分析》，载《北方民族大学学报》，2015（01）。

方向迈进之路荆棘丛生。

立足区位优势，加以各方力量的参与和行动，D村找寻并明确出一条适宜自身的发展路径与模式。但此种模式并没有彻底脱离原生空间可为采纳的优势条件，相反通过建构性因素的引入，在不同程度上进行“自我再生产”。即便是相关理论知识和工具视角尚未能彻底为村民所认知与认可，但不容置疑的是，作为现象与实践的再生产早已默默嵌入村民日常生产生活中，村民在不知不觉中成为特色产业发展的参与者、推动者与受益者。相较村民层面，特色产业发展空间效应在乡村整体层面更应受到关注，其所主张的对多原生性与建构性因素的互动调适，对参与主体各司其职的明确，对基于文化表达下共同体意识的展现等均为事关乡村整体命运的关键因素。激活乡村的生机，令乡村越发繁荣，既要在空间营造的积累中推动乡土文化传承创新及经济社会建设的共赢，也要在“以人为本”的关切下审视和开展乡村建设，力求规避“重形式轻内容”。[①] 尤其是强调重在跳出示范区这一抽象意义空间形式，极力规避“碎片化、同质化、等级化的倾向”[②]，为促使特色产业发展和乡村共同体延续积蓄能量。

① 麻国庆：《乡村建设，实非建设乡村》，载《旅游学刊》，2019（06）。

② Lefebvre Henri，*Preface to the new edition of 'Production of Space'*，S. Elden，E. Lebas，E. Kofman. Henri Lefebvre. *Key Writings*. New York and London，2003：210.

第四章　作为驱动的社会效应：村庄内外关系的调适

就特色产业发展空间效应探讨，基本上站在较为宏观的立场，实则特色产业发展在微观层面引发的社会效应同样值得关注。历经长时段的耕耘，特色产业同乡村社会对接与嵌入程度较为深入。村庄原有内外社会关系受其影响，体现出积极变革与回应调适。列斐伏尔（Lefebvre）提到，空间中到处弥漫着社会关系，它不仅被社会关系支持，也生产社会关系和被社会关系所生产。[①] 在这样一个仍以“关系”为主的乡村社会中，并非一些研究者基于经验研究和西方社会学范式中对关系的忽视而等同于缺乏独立意识和行动能力的有机体，也非缺乏将个体联结为群体的社会文化资源，而是在同特色产业的碰撞与互动中，逐步改善并衍生出同现实需求相适应内外社会关系。“关系的存在并非局限于认同和沟通的样式，它们亦在知识分布和权力配置的过程中构成了关系的关系，即权力关系，它常常以微观形式渗透、散布和穿行在日常生活的生产和再生产之中。”[②] 特色产业在创造良好的经济效应之余，同样具备“中间人”特征，在村庄内外关系的调适处亦引发作为驱动的社会效应，体现在权威的再造与村庄社会关联的强化、经济的互助与各民族交往交流的深化和同市场联动的扩展及维系。

第一节　权威的再造与村庄社会关联的强化

在高原夏菜产业从零星种植到全面开花的发展历程中，D村村民依托对村庄内部社会关系网的经营与利用，在追求经济利益最大化的

---

① ［法］亨利·列斐伏尔：《空间：社会产物与使用价值》，见包亚明：《现代性与空间的生产》，48页，上海，上海教育出版社，2003。

② 渠敬东：《缺席与断裂：有关失范的社会学研究》，2页，北京，商务印书馆，2017。

促使下，逐步接受了高原夏菜的主导农作物地位，形成了具有集体性行动性质的以高原夏菜生产为代表的共同经济生活。在这之中，村庄社会关联于无形中伴随高原夏菜产业发展的驱动得到强化，与经济能人、村干部权威的再造密不可分。

一、经济能人的带动与聚合

前文提到，D 村高原夏菜产业发展从 1996 年的村民自发引入、零星试种，到 2007 年政府以项目制形式推动，实则可以用"点—线—面"的有序扩展描述。值得注意的是，在这样一种有序扩展中，在经济效应显著的影响下，诞生出了一批较早积累了一定经济资本的经济能人。这类经济能人有着共同特点，即较早接触高原夏菜生产，较早实现生活富裕，拥有足够的生产经验，带动一定数量村民跟随。长此以往，这些"先行者"依靠高原夏菜生产摇身变为经济能人，具有典型引领作用，重新树立了其在村庄社会关系网络中的角色地位，是为"后致型"关系再生产。

当前 D 村村主任 SYX 是最早的高原夏菜种植户之一，也是较早且较为成功的经济能人。虽说最初种植面积较低，但他敏锐地察觉到高原夏菜同 D 村的自然环境、气候条件较为适合，产量令人满意，到 1998 年就决定在自家全部耕地上种植高原夏菜，为 D 村的第一户。在当时，不用说在耕地上全部种植高原夏菜的家庭，能接受高原夏菜的家庭尤为稀少。全部种植高原夏菜的第一年，SYX 经济收入就已是村内平均数的十几倍。经过多年的奋斗积累，他的经济收入水平已处在 D 村前列。直观体现便是将家中房屋里里外外修缮一新，新添置各类家具与设备。为此，他曾赴兰州、武威等地采购，并购买价格 12 万元的轿车一辆，全部统计下来花费近 25 万元。这在当时的 D 村是前所未有的现象，直接印证了种植高原夏菜不仅大幅度增加经济收入，而且推动生活质量明显改善。由此，SYX 因此成了具有一定知名度的典型种植户，名副其实的经济能人。

之后的几年，高原夏菜的高产量、高需求、高价格在一段时间内保持稳定，SYX 的经济收入连年大幅攀升，为其他村民树立了典型引领作用。村内其他种植户纷纷效仿跟随，通过 SYX 的帮助带动，迅速走上高原夏菜生产的快车道，享受到相应的经济红利。此过程的反复多次，SYX 权威的再造和角色的改变也就水到渠成了。村民 SX 告诉笔者：

现在的村主任，靠着这个种菜是我们这里条件好的代表了，不然选村主任没那么多人服。大家都是在种地，他靠着种菜时间最早最长挣上些钱了，条件好了，没偷没抢着，平时下地干活也都一起呗。知道他靠着这个种菜挣上钱了，我们同姓的肯定也想过好日子啊，就跟上了他先学着种呗，有个啥不懂就问，等自己会了就问的不多了。他自己跟着我们同姓的说，让大家赶快都种上，趁着种的人少，价格高些，早种早挣钱、多挣钱呗，有啥不知道的了就问他，大家把他一直特别相信，毕竟一个村里的，要是把你哄下他自己还有脸再面对我们其他人嘛。像是年纪大的（村民）了，对这些不懂呗，问了说不出来个啥。我们都就跟着他种呗，能让我们大家的生活变好。（SX，男，汉族，村民）

到2015年村两委换届之际，SYX凭借自身的能人权威，既得到大部分村民支持，也受到上级部门的关注，顺利当选村主任一职，之后连任两届直至今日，完成了一次从经济能人到村治精英的再生产。凭借高原夏莱生产的经历和相应成就，SYX既是村庄经济能人，又借助此身份转变成为“能人治村”，更准确地讲是富人治村之典范，于有形和无形中彰显着权威所在。时至今日，纵然肩负着村主任的工作，日常奔波于村庄各项事务中，SYX始终未曾放弃这一“金钵钵”，并且在新技术、新品种试验方面走在D村前列。总的来讲，他在村庄层面权威的再造与巩固因“菜”而生、由“菜”而成。

此种经济能人所带动的参与对象是在整个村庄范围内，“地缘”特征较为明显，参与特色产业发展引发的在地“业缘”成为旧有关系维系与新进关系开辟的主要途径。杨国枢认为，“缘”是一种命定性或是前定性的持久性社会关系，此种持久性不但可视作事实性的，同样可视作认定性的。[①]虽然步入高原夏菜生产最初的目的是为了增加经济收入，有时是不得已而为之，但在此过程中，新旧社会关系的衍生与维系往往事在人为，于无形中推动社会关系网的自我转型与自我成长。对普通村民而言，他们对经济能人发挥的带动引领作用看在眼里、记在心里，流露出的情感多表现为感激。村民BGL与SXL相继谈道：

① 杨国枢：《中国人之缘的观念与功能》，见杨国枢：《中国人的心理》，123—155，台北，桂冠出版社，1988。

他们几个是我们这里种菜的代表典型了呗，自己生活变好了不说，影响着我们这里更多人种上菜了，收入变多了。能走到今天，别的不说，他们几个的作用和干了些啥大家心里清楚，可以说是我们这里的“致富带头人”。然后这些年困难问题有呢，也不是他们就能解决的，有啥问题了大家就一起商量看咋办呢。（BGL，男，汉族，村民）

政府给不给像示范那样专门说一下我们没啥办法，在大家心里明白得很。没把他们几个了当成神一样，就是感谢他们给村里带来这个菜，自己先种着看情况，再告诉大家种这个没错。这个说实话，要不是他们，也会有别的人来做这个事，而且不只是为了自己，把我们其他人想着呢，我们去找帮忙了啥话不说就来了。不像是现在看到的有些人，找着去帮忙了要么爱帮不帮的样子，要么就先把价钱说好，跟以前完全不一样。（SXL，男，汉族，村民）

由此可知，村民与经济能人间的社会距离并没有因为后者权威的再造而疏远，反倒是此种权威的再造拉近了同更多村民间的关联。经济能人生产在村、生活在村致使其利益在村、价值在村，无法脱离村庄社会内部的支持与认可。原来可能只是点头之交的双方，因为高原夏菜生产的开展联系频率增加。久而久之，双方的交往交流日益加深，对彼此的了解更加深入，相互关联性越发增强。况且，此种经济能人的权威属于非正式范畴，不带有如政治权威般的强制性服从，更容易呈现在日常生产生活的细微之处。

D村中由经济能人带动其他村民投身于高原夏菜生产，并强化固有社会关联的案例不在少数。作为代表的村主任SYX有着自己的见解：

后面种菜晚的村民，有各种各样的原因。不管咋样，只要人家要种了，跑过来问你了，你说都一块住着，抬头不见低头见的，还能不让人家挣钱过好日子就不说了？根本不可能嘛，这个种菜跟以前种粮食了一样嘛，只是换了个品种呗。住在这里的人们每家每户要靠着这个吃饭养活一大家子，除非你搬走了不在这住了可以不种地，我们农民着不种地了咋办。来问你的人们，有的跟你熟一些，有的就关系一般，人家跑过来问你来了，那人家把你当成可信任的人了，当成会的人了，要不是这样，咋不去问别人。就这个，你不给人家说合适不合适，这个不是啥特别的手艺，有些人会了就行，人们要靠这个吃饭生活呢呗。别人我不知道，谁来问我我就说，全部说，地里有啥事了跑过来问我，有时候直接跟上去了。这么下来着，多的人从我这跟上了种菜，挣上些钱了，家里生活慢慢变好了，后面着全来感谢我了。这么一来一往，跟本来关系好的再不用说，本来关系一般的也就慢慢好了，除了种菜以外的事接触的变多了。（SYX，男，汉族，村主任）

总的来讲，此种经济能人带动高原夏菜生产的有序扩展，充分利用了原有先赋性社会关系网。通过改变农作物种植结构，调动内外资源，在推动收入增加的过程与结果中产生的后致性力量反作用于村庄社会关系网，促使其在维系过程中逐步增加强化了新的“业缘”因素。因此，高原夏菜产业在D村的落地推广过程，更多的是在已有村庄社会关系网上的行为所致，借此获取相应的社会支持，由少数的经济能人扩展到全体的村民。在这一过程中，此种经济能人发挥着道义权威般的典型引领作用，始终未曾脱离原有村庄社会关系网而独善其身。在村庄社会关系网的日常有效运转中，经济能人面对村庄其他成员的相应需求应接不暇，遵循固有的道义原则施以援手，以一种互惠的理念推动高原夏菜生产的有序扩展，将趋向个体化、原子化的村民借此重新聚合到具有集体性行动性质的高原夏菜生产上来，自然而然在无形中强化了村庄社会关联，增进了村庄凝聚力，重构了村庄共同经济生活。

综上所述，经济能人实现了自身权威的再造，并以此发挥的聚合作用，从而跨越了个体、家庭的边界，引发更大范围内高原夏菜生产的扩展。人们如何挖掘并使用各种资源，寻求帮助以应付人生事件、缓冲压力以及满足需要。[①] 基于长久以来形成的先赋优势，在诸多个体的参与加持下，潜移默化地促使村庄社会关系网的原有内涵存续和新生内容补充，共谱村庄社会关联的巩固强化之成果。

---

① 周大鸣:《差序格局与中国人的关系研究》，载《中央民族大学学报》，2022（01）。

二、村干部的推动与把控

除经济能人的带动外，D 村高原夏菜产业发展至今，离不开村干部的推动与把控。他们也许无法像经济能人般手把手传授知识、技能与经验，却可以在总体规划、问题应对、沟通协调等方面充当相应角色，服务于特色产业发展全过程。通过这样一种“后台”角色的发挥，村干部的权威得以强化之际，同村民间的联系也就更为紧密。

现任村书记 LWG 自 2013 年接替担任村书记 30 余年的其父 LXS，已两次连任。他们父子既见证了高原夏菜产业从零星种植到全面开花，也为这一过程与结果的实现亲力亲为，尽可能提供便利与保障。通过与村民的访谈，笔者了解到在高原夏菜产业起步的最初几年，虽有部分村民如现任村主任 SYX 敢于尝试且经济收益可观，但大多数村民对这一新事物持谨慎观望态度。彼时村书记 LXS 对此表现出较为积极的一面，既鼓励种植户不要轻易放弃高原夏菜生产，要对其保有希望信心，并奉劝不要随意冒进，以免遭遇未知变故对已有生产生活造成巨大影响，要为自己留足后路，又敦促更多村民勇于尝试而非刻意疏远。村民 SY 对此记忆犹新：

> 刚种那会老书记对这个挺关心的，总的说是挺支持的吧，没有说坚决不让种或者说风凉话。一来跟我们说要对这个菜有希望呗，村里一些人把它给引进来了，在我们这边种上效果挺好的，就说明它是有前途的，让我们别三天打鱼、两天晒网的。要种就把它给种好，别人看了以后可能就跟上种了，慢慢就扩大开了。二来是说干啥都有个危险呗，种这个菜也是一样，希望越大、失望越大，让我们几个要考虑到。万一出个啥事了有个退路是最好的，起码正常生活不能给耽误了。（SY，男，汉族，村民）

到了急剧扩张期，随着小麦收购保护价的取消，在高原夏菜被认定为“绿色食品”后，村民纷纷视其为农作物首选和致富新门路。村书记 LXS 对此不可能视而不见，全力推动高原夏菜在农作物种植结构调整上迈进。对已经从事高原夏菜生产的村民，他时常穿梭在田间与居所，询问生产进度与后顾之忧，了解到他们的实际需求后，在力所能及的范围内及时予以协助。对尚在观望中的村民，在尊重其自身选择的前提下，适度劝说他们早日加入生产行列中，尽快完成农作物种植品种调整。总体上，村书记 LXS 在这段时期仍延续着先前较为积极的态度，对种植高原夏菜的急剧扩张不设额外障碍。正是在这样一种较为宽松的氛围中，D 村高原夏菜产业粗具规模。村书记 LXS 的权威经此实现再造，村民对其认可度逐渐提升。倘若他当时的所作所为旨在刻意排斥高原夏菜生产，尽管无法阻挡村民的自发行为上升到集体性行动，却也是不利于村庄社会关联的巩固维系，反而会加剧村干部与村民间关系的紧张，对其自身权威起到消极影响。

事实上，到 LWG 书记就任后，D 村高原夏菜产业已进入平稳发展期，表现为种植面积已扩展到 D 村全部耕地，种植品种多为豆类作物和红笋，产量从增产向稳产过渡，亩均产值维持在稳定区间。这样一种看似稳定的表面下实则隐藏着诸多隐忧，比如农资质量问题的层出不穷、极端天气发生频率的倍增、同质化严重致使产品市场竞争力的下降，等等，无一例外地摆在 LWG 书记面前。因其自身具备的强人特质，一些尚未经过深思熟虑与实践检验的“应对之策”被强制推行，却多数事与愿违。最具代表性的便是前文提到“温棚事件”，就是在他上任之初拍板而定，试图在反季节高原夏菜生产上有所作为。不容否认，此决定的出发点仍是着眼于高原夏菜产业发展。由访谈得知，该事件伊始实际上有过激烈的争论，多数村委会成员明确表示反对，最终仍付诸实施却收效甚微、教训惨痛。

当然，LWG 书记敢于碰硬的秉性，坚持着只谈整体而不言个别的行事作风，为他赢得了更多的尊重与支持，权威的再造自然不在话下。2021 年 D 村村民采购的农资出现严重的质量问题，尤其是地膜以次充好，购买使用后才发现远未发挥正常作用，致使当年高原夏菜产量大幅减少。村民与经销商多次协商赔偿事宜未果，似乎只能自身吞下苦果。LWG 书记得知此事后，明确表示一定会为村民争取利益，不然就主动辞职。为此，他多次前往经销商、生产厂家与监管部门，义正词言地说明事实情况和赔偿要求，直到事情妥善解决为止。经过近一个月地来回奔波，确定由生产厂家和经销商按照购买地膜总价的 10 倍赔偿。调研得知，此类事件基本上年年发生，也在 LWG 书记上任后的次次“关切”下均能得到妥善解决。在村民看来，LWG 书记是“靠得住的、能办事的”。村民 DHY 说道：

我们的书记这几年在种菜上没少操心，要是遇到个啥事了，自己解决不了的，一般给他说给就有些办法。你说要是下雹子了、价格不好了，他也没办法。像今年（2021年）这种地膜出事的，只要他说了要管，肯定能给你个好的结果。这些年农药、种子哪哪都出过事，我们几个人去找了一点作用没有的。人家书记去了以后态度强硬，不把事情解决不罢休，啥时候解决啥时候完。效果确实好，要放在我们身上，估计就自己忍着了。要不说人家能当书记，关键时刻能靠得住。（DHY，男，土族，村民）

除了应对难题之外，LWG 书记带领村委会成员同驻村工作队配合，近年来响应政府号召，围绕将高原夏菜产业作为主导产业开展相应工作。在总体规划上，以县政府每年的“产业发展实施方案”为蓝本，为 D 村高原夏菜产业发展制定年度规划，有序推进并落实各项目标任务。如 2020 年在新冠疫情肆虐期间，严格按照防控要求，开展村庄土地平整与废弃物清理，共平整土地 100 余亩，清理废弃物 10000 多立方米。这些土地在 2021 年的高原夏菜生产中，亩产量已接近平均水平。在具体保障上，发挥与冷库共建的合作社作用，由合作社牵头采购各类生产物资，在保证质量的前提下以相对优惠的价格面向参与社员及精准扶贫户。这在一定程度上缓解了部分村民对农资质量问题的担忧，同时也实实在在地发挥了企业与合作社的作用，为高原夏菜产业发展模式探索着新的可能。

面临高原夏菜产业发展逐渐进入瓶颈期的不争事实，村干部若仅仅在口头上表示支持或模棱两可态度，未能针对实际问题需求发挥应尽职责，即便是有再强硬的性格与行事作风，在村民心中的认可度也会因此大打折扣。或许在后续的村庄政治生活中村干部权威的展现依旧是表面上光彩，源于此种权威的获得来自于其所处的位置赋予，掌握着一定的权力，事关村民基本的生产生活。但要想实现权威的再造，就离不开向下获取村庄社会网络的支持，积累更多的社会资本。相比村书记 LWG 注重整体上的“掌控”，高原夏菜生产经验不足，村主任 SYX 凭借自己的经济能人条件，能够在具体实践层面给予村民更多的帮助。特别是自 2021 年以来，他承接了几项试验项目进行探索，在村民中走在前列，其典型引领作用也从带动村民从事高原夏菜生产转变为检验新事物成效，以此作为强化自身权威与村庄社会关联的新纽带。

可见，村干部在特色产业发展中同村民的联系呈现紧密趋势，构成了村庄社会关联强化的另一方面。这一过程中，村干部基本上能够围绕特色产业发展发挥一定作用，多数情况下获得村民的认可与支持，总体上其权威的再造体现着巩固基础上的增进。随着特色产业发展不断迈向深水区，旧有困境与新生难题叠加交织，无疑考验着村干部的应对能力，稍有不慎，可能会导致同村民间关系的紧张。

高原夏菜产业在D村落地生根的过程，既是特色产业的萌芽成长阶段，也是如波兰尼所述“经济嵌入社会文化系统”[①]与促使经济有序开展运转的结果。在同以现代化为内核的发展主义和市场经济的遭遇冲击下，村庄社会关系网在一定程度上出现裂痕却未彻底瓦解，依旧在发展的不同阶段进行着自我适应修复和充当服务者角色。在这之中，村庄社会关联于无形中伴随特色产业发展进行着维系与调适，并不断强化。

第二节　经济的互助与各民族交往交流交融的深化

在特色产业发展取得阶段性成果外，2021年打柴沟镇得益于民族团结工作的优异成绩获得全国民族团结进步示范单位，[②]树立了平等、团结、互助、和谐的社会主义民族关系样本。特色产业发展延续至今，既是村民们对于依托农业生产改造升级以满足美好生活向往的逐步实现进程，也是生活在同一片土地的各族人民在正确民族关系的氛围中确立共同经济生活，实现各民族共同团结奋斗，共同繁荣发展之路，还是促进农业高质高效、乡村宜居宜业、农民富裕富足的内在动力。特色产业发展的良好效应，推动了民族间经济交往与互助的巩固与维系，此种经济交往与互助构成的地方氛围又是特色产业发展能够落地扎根的必然因素。特别是以D村为范例，其自身作为拥有多个民族的

① ［英］卡尔·波兰尼：《大转型：我们时代的政治、经济起源》，黄树民译，北京，社会科学文献出版社，2017。

② 《国家民委关于命名第八批全国民族团结进步示范区示范单位的决定》，见国家民委网站，https：//www.neac.gov.cn/seac/xxgk/202101/1144099.shtml.2021-01-19/2021-03-11。

“小生境”，经济结构与生计方式经历了从农牧兼营到农业主导的结构性转变，并在农作物种植品种上逐步确立高原夏菜“一枝独秀”格局。在这一过程中，各民族并非同步接受适应，但到高原夏菜生产在D村全面开花，各民族间经济互助，共同推动民族交往交流交融的深化。特色产业发展不仅成为深化民族交往交流交融的纽带，而且使各民族具备共同经济生活的特征，促成对村庄的认同与村庄凝聚力的加强。

一、各民族的良性生产协作

“民族关系是在人们的交往联系中，不仅具有社会性，而且具有民族性的社会关系。”[①] 如前文所述，D村农牧兼营的生计方式存在较长时间。在D村民族构成中，回族、土族家庭同占大多数的汉族相同，从事农业生产，较少进行牲畜养殖。藏族与蒙古族家庭先前多从事牧业生产，农业生产比重较低却绝非没有，主要依靠种植青稞、牧草等作物为牧业生产提供部分饲料供给。高原夏菜产业在D村如火如荼发展之时，牧业生产条件虽然有限，但这几户家庭的牧业情怀相当浓厚，最初几年仍旧遵循原有牧主农辅的生计方式安排，其经济收入来源以售卖牲畜为主。对于高原夏菜生产及其经济收益自然有所耳闻，并对此表示肯定与赞许。村民JSJJ说：

> 那会还没有说不让养这些（牲畜），我们家就一直在养，每年靠着卖几个养活家里。我们养些牛羊了习惯了呗，先人们就靠着这个卖点钱了生活着，一辈辈人传下来，全是靠着这个。我们这边养牛羊了条件不行，没有大片的草场，出去放着只能往西山那边赶，其余地方多的是耕地呗。赶过去了冬天还行，不怕把庄稼给踩了，地上有啥就让吃啥。往出去赶了确实是个头疼的事，不赶了让待到圈里不行呗，比不上那些一天在草场里跑的、吃的，肉质不行呗，要买些精饲料了给吃呢。家里地有呢，6亩多，种上些青稞、牧草了，能给添点就行。村里开始种菜以后呗，听别的人说了这个菜长得怎么怎么好，价钱比种粮食了多得多。不管种啥，只要不犯法，能多挣上钱就行。这个菜跟我们这边环境了挺合

① 高永久：《民族学概论》，157页，天津，南开大学出版社，2009。

适的，有时候放牛羊着碰到了就问一下啥情况了，时不时开个玩笑了，说这下土里能刨出来金疙瘩了。现在的主任那会种菜就是好手，靠这个几年以后成了我们这里条件好的了。（JSJJ，男，藏族，村民）

与村民JSJJ相似，村民KSNAJ长时间从事牲畜养殖，对高原夏菜生产始终保持较高关注。在牲畜养殖艰难开展之际，他并未放弃转向农业生产的念头，这也为之后生计方式的顺利转型埋下种子。

我们几家着种菜晚呗，那会着主要养牛羊，种地还是种不来。跟大多数人家里祖祖辈辈种地一样，我们家祖祖辈辈就是个养这些（牛羊）。马养过，那个东西太难养，没几年不养了。后面牛羊养的多呗，地里种上些牧草了完了喂给吃呗，这边的草不行，长得没有从外面买的好，饲料多的要从外面买。上面那会没说不让养，西山上没有跟现在这个铁丝网围住一样，把他们往出去赶多的是去那边。别的地方耕地多呗，地里菜种着，一年比一年多，从山上了往下看到了5月份以后绿油油的一片。那会没想着后面能种菜，能养这些一年算一年吧，毕竟养这些了我们还是擅长着。村上书记见了说着，你们养这些跟他们种地了都是为了生活呗，要是换一下不见得都好。那会牛羊了价格还可以，一年下来卖上几个了留下几个了够生活呢。跟种菜选好的品种一样，我们养牛羊的时候，隔上几年了也要换品种呢，一个道理呗。去串门着听他们说种菜啥情况了，就说我要是哪一天养不动牛羊了，他们全程给帮忙，直到教会为止。那时候觉得没啥，可能以后不会种菜了，没想到后面不久就跟上种了。（KSNAJ，男，藏族，村民）

相关条件的制约，牲畜饲养成本的持续走高及市场竞争力的不断弱化，致使D村牧业生产始终未曾突破中低位运转，既无法为养殖户们带来常年稳定的高额回报，又不得不连年面对此种局面却难以作为。各族村民生活的同一片空间内，在高原夏菜生产连年攀升的良好经济收益回报下，映衬出牧业生产的相对尴尬境遇。到2013年甘肃省实施禁牧休牧政策后，牧业生产走向终结之势不可避免。先前从事的家庭无一例外选择放弃，亟待另谋出路。面对该往何处去的十字路口，加入高原夏菜生产行列进而转向农业生产毫无意外成为最优解。对于此类涉及农业生产未深的前养殖户而言，依靠一些富有经验的村民全程帮助与悉心指导，较快适应了农业生产的节奏安排，并从中寻觅出新的长久的家庭收入主要源头。这一过程的开展与结果的实现，恰是民族间经济交往与互助的真实写照。村民 KSNAJ 对笔者讲道：

> 禁牧的事情知道了以后，牛羊再养下去彻底不划算了，再怎么说以前咋样咋样了，跟现在情况不一样了呗。再养下去着挣不上钱不说，一年下来要赔进去多少不想一下嘛，索性卖掉了不养了省了很多事。之后家里人商量着咋办，我说不行就跟上了种菜，不会了可以从头开始学嘛，随便问个谁了肯定帮呢，这么些年来关系一直挺好的。L 书记下来问了几次咋办呢，想好以后干啥了没。我说给要跟上种菜呢，他说没问题，有啥困难了跟他说，他让人帮着解决。关系好的几个专门跑过来说，要是种菜了有啥问题就给帮忙，都一个地方住着，这么多年从爷爷辈关系就好得很。我们之前种地种不来呗，在这方面他们是师傅，我们是徒弟呗。后面我们家跟上 SYP 学着种，人家的地在东上（社），我们这里是西下（社），别看一个村里，那走过来远着呢。从开始翻地、除草、播种，到中间搭架子、盖地膜、上化肥，最后到收的时候，基本上啥事都要问人家，电话里说不清楚的，人家一会会就跑过来了现场教着看咋办呢。要是没人家的帮助，我们可能就种不出来菜了，不像现在能靠着种菜挣上钱了，这个谁也忘不了。跟我们家情况一样的，全是走这么个流程，村上时时问着，下来了靠着他们的帮助家家都起来了。本来我们这里关系就好，借着这个更进一步了。（KSNAJ，男，藏族，村民）

KSNAJ 家生计方式转型的案例，在 D 村同类型家庭中呈现出一致的趋向，是最晚从事高原夏菜生产的一批家庭。但经由村内高原夏菜生产的典型代表一对一帮助，从种到收全程参与，同自身勤奋好学相结合，也就能在短时间内步入正轨。作为帮助KSNAJ走上高原夏菜生产的“引领者”，村民SYP对此感触很深：

> 一个地方左邻右舍的住着，多少年了关系跟一家人一样，人家有困难了而且是大的困难了，不用谁说，肯定要帮一下。他们对于这个种地没多少经验，原来老说种不来地，后面要靠着种菜养家生活呢，实话是不容易，跟养牛羊了完全不是一回事，全要从头开始呗，没人给帮忙了一年下来挣不上钱了不行呗。村上书记知道了专门跟我们几个帮忙的人说给，一定要帮着让他们把这个怎么种怎么收的全部弄懂，到让他们能自己下来种菜了才行。其实不用书记说，我们也会这样做，书记说了表示村上对这个事重视了呗，那你说村上重视了，我们几个帮忙的肯定要更重视呗。后面的各个环节吧，我都会跑过去看着他们干活，要是不会的就专门给说一下，不理解了就亲自做一遍，有不懂的那会手机人人有了呗，打个电话过来说一下。一年下来吧，基本上掌握下来了。到第二年开始，就不用专门教了，但有啥事要帮忙的二话不说要给解决。靠着种菜，跟他们联系得频繁了，关系比以前更好了，这是没话说的，谁家没有个难处了还。两三年前我家老汉眼睛白内障了做手术呢，人家给帮忙联系了医院和医生，还用车专门把老汉送过去和接回来，有困难了相互帮忙呗。（SYP，男，汉族，村民）

可以说，民族间经济互助的频繁，促使其他民族在高原夏菜产业发展上行稳致远，是D村民族交往交流交融深化的现实缩影。互助产生新的力量，促进发展，增进和谐。围绕着高原夏菜的生产与销售，为各民族间共同性纽带的强化引入了新的推动力。尤其是共同经济生活局面的重新建立，促使各民族在生计方式上增进共同性特质，在良性生产协作下，于追求经济利益最大化和风险困境最小化的过程与结果中，共同的“我们”取代了单一的“我”“你”“他”，成为共有情感与共识认知，筑牢了各民族坚实的关系纽带。各民族间平等、团结、互助、和谐的民族关系已经内化为村庄关系网的组成部分，推动着特色产业发展的全面推行与高度认可，在其他层面同样有着生动展现，反之不断巩固强化着民族关系成为村庄社会关系网不可或缺的一面。

二、各民族的情感纽带坚实

扩大各民族交往交流，前提是创造各民族共居共事共乐的社会条件，实现各民族混杂居住相融，各民族共同学习文化相融，各民族共同劳作经济社会相融，各民族共享幸福情感相融。[①] D村各民族的情感纽带在步入共同经济生活后越发坚实，特色产业在其中赋予了必需的经济资源，以一种“外在”的力量发挥着推动作用。当然，情感纽带坚实的体现除了农业生产领域外，在各民族日常生活层面亦有所展现。相比前者，后者不只是在“看得见摸得着”之处，更多的表征出“只可意会”的内容，[②] 而非空洞的关系形式。因此，就要发现在特色产业发展影响下的一些自然而然的、细微之处的、不经意的改变，从侧面印证各民族的情感纽带坚实具备内外相合之特征。

D村作为各民族共同生活的空间，其历史悠久，在漫长的交往交流交融中，民族关系的和谐稳定是为主流。生计方式的差异、民族文化的不同未造成民族间关系的明显区隔，在集体重大节日和个体生命历程的关键节点，均能看到各民族的人们的相互参与和合作，特别强调要注意和尊重不同民族间的风俗禁忌。此种观念和行为的背后，是各民族间高度的彼此信任与相互熟知，已经是一种不言而明的共同约定，内化为乡土社会文化系统的组成部分。从事共同的高原夏菜生产之后，为各民族日常生活与交往交流增添了新的共同性，但长久以来的非正式共同约定始终铭记于心，保障着各民族情感纽带坚实的方向不发生明显偏差。

村民SY是D村高原夏菜产业发展的典型代表，也是助力其他民族成员实现生计方式转型的帮扶者之一。成长生活在这片乡土中，SY从小就对各民族间的风俗习惯耳濡目染，应当对这种多元予以应有的尊重而不是过分放大差异来区分你我。即便没有强有力的外部动员，村民们在长久的交往交流中自然而然形成了共同情感纽带并维系至今。正是基于这样的“意会”，SY接到助力任务时毫不犹豫地就答应下来，

① 金炳镐：《加强“三交”、促进“三和”，巩固和发展社会主义民族关系》，载《中国民族报》，2017-08-11（005）。

② 费孝通：《费孝通全集》（第17卷），438—465页，呼和浩特，内蒙古人民出版社，2009。

其助力对象 JSJJ 在整个过程中积极配合，最后较为顺利地完成既定目标任务。SY 告诉笔者：

知道这个事之后，马上就回给了说可以做，没啥困难的地方。说是不同民族的，生活了这么长时间了，大家相互之间都熟悉得很，就当是帮个忙呗。他们之前很少有干过农活的，刚开始的时候确实不适应，慢慢下来就好很多了，后面大家有啥想法随时沟通，没啥不好意思的。整个下来他们接受的好，我帮的也没啥问题，合作得挺好。（SY，男，汉族，村民）

村民 JSJJ 对此事一直记忆犹新，由牧转农及从事高原夏菜生产，为双方本来良好的交往关系增添了强化巩固的新内容。同样，在其余助力者与助力对象间借助此次机遇，均收获了不同程度的情感纽带更为坚实的过程与结果。

我们知道是他（SY）以后高兴得很呗。其实啊，无论是谁来我们都欢迎，能帮着我们把这个菜怎么种、怎么收这一系列的事情弄懂，后面主要的是我们自己来弄呗。平时我们之间关系就可以，到过节了相互之间邀请上，聚到一块一起过个节，从来不会说是拿风俗啥的开玩笑，也都心知肚明。到种菜的时候，没有说是不好意思和不情愿的，他尽心说着，我这里用心学着，有啥问题了随时说，一年下来就能自己干了。后面啥不明白了就打电话问，或者闲了去他家里问，也当是串门了呗。（JSJJ，男，藏族，村民）

在日常生产协作之余，SY 和助力对象们利用闲暇时间聚集的频率增加，起初多为探讨与高原夏菜相关的内容。渐渐地，“将心比心”成为彼此分享感受的主要基调。一方面，助力对象面临的多重困难，有些是 SY 曾遇到过的，如操作不娴熟、农资用量偏差、时机把握欠缺等，就可以结合自己的经历尽可能多地为他们在实践中排忧解难；有些是当下出现，经验丰富且规模成型的种植户难以独自应对，况且是当时正处在培育成长中的助力对象实力更为单薄，尤其是市场价格的走低与生产成本的攀升间的关联，就需要双方更加紧密合作，共寻应对策略，凸显共同利益下命运与共的价值依存。另一方面，助力对象也在“将心比心”潜移默化的影响下，逐渐改变了先前对农业生产和农业从业者的一些看法。从农业生产来讲，在未大规模从事高原夏菜生产前，农业生产的经济收益回报较低，难以支撑起家庭一整年的生产生活开销，村民不得不依靠外出务工获取收入补贴家用。到闲暇时，青壮年劳动力多选择就近务工，获取额外收入的同时便于及时回应家庭需求。留下开展日常农业生产活动的，基本上是年长的劳动者，也就带有明显的“老人农业”色彩。

当然，牧民就很少面临此类困境，凭借牲畜售卖的经济收入远高于农业生产数倍。即便是家庭青壮年选择外出务工，往往是基于生活而非生存的动机。对比下来，牧民心中或多或少会产生对农业生产的轻视态度，只不过不会当面表露而已。从事农业生产后，先前的牧民经过辛勤实践深感农业生产的身心俱疲和经济回报的来之不易，进而引发观念上的转变，更加意识到农业生产的存在价值，更加明确农业生产者身份的深刻内涵，更加坚定从事农业生产的决心。随着彼此间围绕发展特色产业关联的不断扩展延伸，双方在“将心比心”的行动伦理[①]氛围中，得以敞开心扉，能够将一些深藏在心底的想法在较为融洽轻松的氛围中予以表达。可以看出，“将心比心”在乡土社会中是相互的，如果双方均未能很好地遵循或是仅要求一方遵循，那么再浓厚的历史底蕴也会在实践中不断消减，坚实的情感纽带不断遭受冲击，最终成为形式上的陈列品。

D村经过这次小规模的生计方式转型，推动了各民族的交往交流交融迈上新台阶。以经济互助为主线，以历史底蕴为基础，各民族交往交流交融的深化包括但不限于日常生产生活层面，更多地在情感纽带处彰显。同SY及其助力对象相似，追求经济交往互助基础上功利性较低的情感互通趋向显著。在各个受助力对象独立进行农业生产后，原本认为带有明显利益目的的私下聚集会在短期内不复存在。而实际的反馈是，此种聚集一直延续至今，已发展成为固定的日常生活组成部分。交谈的内容逐步延伸至日常生活的诸多方面，参与的范围不局限在原本助力者及其助力对象间，而是零门槛的“见者有份”。通过

① 周飞舟:《将心比心：论中国社会学的田野调查》，载《中国社会科学》，2021(12)。

高频的情感互通，个体、群体到整体的社会关联于无形中得到不同程度上的强化，使之更为紧密，反过来又能促进前者不断迈向深入。阎云翔教授指出，在关联较为紧密的乡村社区，成员间关系情感的培养意指一种在文化上开展建构自我的途径，而不是与他人交换资源的策略。[①] 在"推己及人"的乡土社会"差序格局"下，[②] 情感互通是过程与目标的结合体，能够跨越既有社会结构的限制，充斥在人们的日常生产生活当中。只不过在乡村社会中，因其具备较为浓厚的"熟人社会"性质表现得更为突出也更为直接。

综上，各民族间情感纽带依托特色产业发展的驱动不断紧密坚实，丰富了村庄社会关系网络的时代性内涵，即共同性特质的增进，为村庄共同体的维系沉淀了外在形式与"只可意会"一体的内生性资源。

三、各民族的村庄认同强烈

经济的互助深化了各民族良性生产协作及情感纽带坚实之外，有了从事特色产业这一共同经济生活，将各民族在共同生活空间上增添了新的共同性特质。在此种共同性特质的催化下，村民的共同利益被赋予新的内容。由此，各民族村民在经济互助频繁的推动下，于先赋型村庄社会关系中补充了后致型因子，村庄凝聚力在另一维度上一并提升，为村庄共同体维系赋予内生精神动力。

前文所述，农业主导成为D村经济结构转型的最终结果，高原夏菜又为农作物品种调整的结果。可以说，D村经历了一大一小的复合式经济结构转型。高原夏菜生产既成为了村民生计方式的主导，也是带有集体性行动性质的共同经济生活方式。对各民族村民而言，参与到高原夏菜产业发展行列中，生计方式上的差异性演变为共同性。他们共同受到市场价格波动的影响，受到生产要素浮动的制约，受到各类风险的挑战，呈现出"一荣俱荣、一损俱损"的共同命运。为此，通过不断提升彼此间社会关联，加强彼此间协同合作的力度，增进扩展村民们共抵风险、共商良策、共化难题、共享成果的共同性向度，着力相互之间交往交流交融的深化。

① 阎云翔：《礼物的流动——一个中国村庄的互惠原则与社会网络》，240—241页，上海，上海人民出版社，2017。

② 费孝通：《费孝通全集》（第17卷），438—465页，呼和浩特，内蒙古人民出版社，2009。

在先前的农牧兼营期，农业生产者和牧业生产者同受市场价格波动影响，但在程度上还是有所差别的。一般来讲，D村藏族、蒙古族家庭多饲养牛、羊等牲畜，依靠每年不定量的售卖，收入情况较农业生产高出不少。即使是与其他民族村民谈及或是听闻农业生产收入的起伏，因其没有切身经历，就无法直观体会到其中的真实感受。在操持与其他村民相同的生计方式后，他们一方面是从高原夏菜产业中获取共同利益，另一方面也在其中经历着共同过程，产生出共同情感，或喜悦、或忧伤、或无奈、或心酸，等等。这样一来，各民族村民间在共同利益、共同情感的加持下，以共同生产生活的空间结成更强有力的村庄社会关联，对村庄认同进一步提升，村庄凝聚力从而进一步增强。因此，特色产业发展不只是推动民族间经济互助的频繁，更为提升各民族村庄认同增进新的共同性特质。村民JSJJ语重心长地说：

> 原先我们多的是养些牲畜，靠着一年卖上几个了过生活。地里种的青稞、牧草就是给它们吃的，从来不管外面市场上的价格是多少。所以说听着种地的那些人说今年价格不好，被冰雹打了啥的，也是有点不舒服。但说个实话，对自己确实没啥影响。路上碰见了，人家愿意跟你说一下，听完了感觉不好呗。现在可是不一样了，全部种上菜了，价格好坏都一样，天气不好了受苦的也一样。今年（2021年）5月份的暴雨把我们这里基本上全给害了，到收的时候价格更是不行，一年下来没挣上钱呗，大家都是同样的情况呗。碰见了不管谁这就是个能谈到一起的话题，有的没的说几句，在一起感慨一下。（JSJJ，男，藏族，村民）

值得注意的是，在特色产业发展于无形中推动各民族村庄认同提升之外，村干部的作用亦不容忽视。

现任书记LWG与担任村书记30余年的其父LXS均为回族，但在日常工作中只讲整体的村庄而不讲差异的民族，不因其自身民族身份而大肆宣扬错误意识。相反，他们始终均以村庄整体利益目标为重，无差别对待村民。村书记LWG明确告诉笔者：

> 我是当着这个村的书记，是村里全部人的书记，不是说我自己是回族，我就给回族的当书记，不给汉族、藏族的当书记了，那根本不可能。你做个啥决定是给这个村做的，办的事是给村里的人办的，难道因为你是哪个民族的我就给你先办了。我们这里从来不拿这个办事，只要你来，有啥问题、有啥事情要办的我就给办上呗。你们家啥情况我自己一清二楚，不用你说这些。平时村里大家关系处得可以呢，要是有哪个说你们民族咋了咋了，只要是我听到，直接电话打给骂一顿，你说你哪个民族了想干啥呢，是因为你是这个民族了比别人高一等嘛，还是说低一等，或者是你今年没好好干活挣不上钱了赖给民族呢。这些从我爸当书记的那会就说给了，到我这里还是一样。只要你是在这个地方生活，你就是这个地方的人，跟其他人一样。有啥问题了，需要帮忙的了你来找我就行。你看现在除了比如说藏族过节或是回族过节了能知道谁是哪个民族的，平时的时候哪个放到嘴边上。就像是过年着，多少年了都一起过年，把这个当成大家一起过的了呗。（LWG，男，回族，村书记）

当村内牧业生产面临终结导致相关村民走向两难选择时，LWG书记从整体利益出发，为牧转农村民走上从事高原夏菜生产之路着力缓解现实困境。为此，他指定了部分村民进行“对口帮扶”，顺利帮助牧转农村民渡过难关，实现生计方式转型，参与到村庄高原夏菜生产的“集体行动”当中来。他对笔者讲道：

> 当时省里下文件了，要保护环境，不适宜放牧的就要停下来。我们这边原来西山上是放牧的多呗，那会不久给围住了，他们就不知道咋办呗。我去给说着让跟上一起种菜，那几年效益实话比现在好，要不上几年就出来了。而且我们这里种菜时间长了，村民的经验了多得很呗，专门让人给带一带，先自己联系，找不到我帮着找，肯定能保证让教会学会。没多长时间，他们的地里全种上菜了，没有扔掉的，到现在了一直种着。原来没种的时候，老说自己看着种菜的一天忙的热火朝天，自己就是种不来呗。那时候我就说过，只要想

种怎么都能学会，把这个不算个啥，跟这个学不会我给你找能让你学会的呗。后面他们几户加进来了以后，我们这里能用的耕地全部种上菜了，成为村民们的挣钱的主要来源了呗，能在同一个地方干同样的事还能挣上钱，跟你是不是汉族、是不是回族有啥关系。只要你觉得干这个能挣钱，能过好日子就行了，管那么多干啥。（LWG，男，回族，村书记）

萨林斯（Sahlins）认为并不存在真正纯粹的利益交换空间，强调经济是一种社会范畴，不仅仅是满足个体需要的活动，而是社会的物质生命过程，这种物质生命过程更不具备共同价值诉求性质，是特定社会文化中的特殊产物。① 就这样，村民们在共同生活地域——D村，从事着共同经济生活——高原夏菜生产，操持着共同语言——国家通用语言，表现出共同文化层面上的共同心理素质——对村庄的认同、对农业生产的依靠，进而不断巩固强化着村庄共同体的延续前行。民族关系本质上是相关民族之间的权益关系。高原夏菜产业在D村的有序扩展，各民族在交往交流交融过程中的经济互助，不仅重构夯实了内部社会关系网，而且着重在共同体维系层面开辟新式动力源。由此，D村在迈向产业兴旺乃至全面推进乡村振兴进程中不失自我本色的同时，也有序推动自我成长。

作为拥有多个民族的村庄，D村通过特色产业发展充分展现着平等、团结、互助、和谐的社会主义民族关系本质特征，民族间交往交流交融在持续深化。与此同时，各民族间情感联系纽带有了质的飞跃。依托特色产业发展，各民族在共同利益、共同情感、共同经济生活等方面提升了彼此间的凝聚力，对共同生产生活的空间——D村认同进一步提升，为村庄共同体的维系与前行赋予更为深厚的物质条件与精神动力。

第三节　外部联动的扩展与维系

在为村庄内部社会关联的强化与各民族交往交流交融深化之余，应当明确特色产业发展是村庄从市场中获取价值回报，尤其是经济价

① ［美］萨林斯：《石器时代经济学》，张经纬等译，2页，北京，生活·读书·新知三联书店，2019。

值的重要推手。这就意味着，特色产业发展非但没有改变村庄市场参与高度集中的基本面，反倒是促使其与市场间互动不断扩展，将双方间的关系推向更为紧密程度。由此看来，特色产业如同村庄与市场之间的沟通中介，涵盖了产品流通、信息传递、收入分配及由此引发联动的扩展与维系。

正因特色产业承担了沟通联结村庄与市场的角色，那么其本身也就具备了“中间人”特征。实际上，这样一种具备“中间人”特征的实物，是背后的操纵者和主导者对其赋予象征意义的过程。实物的流动、象征意义的呈现，同参与者的行动密不可分。放眼于D村高原夏菜产业发展上，前文提到的层级销售链便是使其具备“中间人”特征的主要承载对象。他们上承市场，下接村庄，以高原夏菜从产品到商品的流通，市场信息自上而下、由外到内的传递中发挥串联作用，确保村庄与市场间联结的持续稳定。

一、市场参与提升

特色产业的“中间人”特征，首先表现为推动村庄与市场间产品流通的渠道便捷。该角色就是通过缩短由物理空间、社会交往与时间要求造成的距离，促成交易各方既定目标任务能够如期实现。[①] 交易对象在理论上的无任何因素限制实质上是一种空想。置于现实层面，交易对象的受限因素呈现出复杂态势。

就D村而言，高原夏菜产业发展之前同市场关系是较为松散的，彼此间接触频率较低。尽管身处打柴沟镇小城镇周边，似乎同市场的物理空间距离较短，只不过与其余村庄相比，节省了一些时间成本。在农作物播种期与收获期是同市场接触的密切阶段，村民可直接同市场接触，也可通过第三方达成，但在时间跨度和参与深度上有所欠缺。

到了步入高原夏菜产业发展阶段，特别是自种植面积急剧扩张以来，原先固有的同市场较为低频的联系格局已无法适应新的产业发展态势。与粮食作物相比，高原夏菜市场的物理空间分布将交易对象分隔开来。前文提到，D村高原夏菜销售的主要市场远在百里千里之外，这就在提供了巨大的经济获利的潜力之余，也隐藏了大量的不可预见的贸易壁垒。且不说百里千里之外的广阔市场，仅仅是收获期内每日

① ［美］玛丽娜·克拉科夫斯基：《中间人经济：经纪人、中介、交易商如何创造价值并赚取利润？》，唐榕彬、许可译，北京，中信出版集团股份有限公司，2018。

产出一定数量产品的销售问题，便是种植户难以招架的燃眉之急。事实早已证明，仅靠种植户自寻销路如运送至县城及周边农贸市场不适宜大规模产业发展的情形。基于此，催生了小贩的兴起从而参与社会分工，而后相继产生了冷库与加工点，构成了高原夏菜层级销售链，为种植户缓解了后顾之忧。得益于层级销售链的建立完善，种植户便可就地亲眼目睹产品进入市场流通环节，以产品的形式参与市场，并从中获益，产品流通的便捷较以往增色不少。对此，村主任 SYX 说道：

我们这种菜主要往国内一些地方和国外邻近的几个国家卖，光是靠着县里和周边地方能消化掉多少，靠我们自己再怎么想办法最后也是没办法。这样一个销售的环节建立起来，为村民们解决了麻烦，收下来的菜不愁没有销路，换不成钱了。只要到收的时候摘完送到小贩那里，就等于进入市场了。至于你这个菜发到哪去卖了，他们根本不关心，只要能收到钱就可以了。有了这个环节，对村民来讲，不用担心菜卖不出去。再说这个菜，只要是进入到环节里面了，不管最后出现在哪里，中间是坐车了、坐飞机了，总能在某个地方的市场里出现。（SYX，男，汉族，村主任）

D 村高原夏菜的收获期在 60 天左右，其“保鲜”特质对时间极为敏感，与经济收益直接挂钩。这就表明要尽量减少在流通环节中的新鲜度损耗，也是对流通环节的便捷度与保鲜措施提出新要求。既要符合市场相关标准，也要尽可能降低时间消耗，仅仅依靠个体的力量绝对无力同时满足两者要求。层级销售链作为一种非正式的社会组织，通过明确的层级分工，承担着产品流通环节中各项要求，目的是令高原夏菜从产品到商品的时间跨度、质量标准与经济利益最大化兼顾。借助调研得知的相关信息，假设种植户们在上午 10 时左右将采摘完毕的高原夏菜产品集中送至小贩处，经过称重、记账约 15 分钟，等到总重量达到可送至加工点的数额时，小贩便会告知加工点收取，2 小时后可运送至加工点进行初级加工。到下午 16 时许，这一批产品的标准加工、农残检测完成并封装置于阴凉处，到晚间 22 时送至冷库。冷库方各项检测合格后，23 时随即安排冷藏车运往西安。早晨 6 时左右到达后，再将产品分销至全市各个农贸市场、大小超市等处。由此，一条简单的产品流通之路就清晰地展现出来。此种产品流通渠道在收获期内将村庄与市场置于高频接触与互动中，并没有固定的时间限制，有的只是根据产品销售目的地的远近尽可能降低时间成本之差别化策略。

实际上，所有高原夏菜产品并非如笔者假设能够在短时间内流入真正意义上的市场，而是到冷库方就戛然而止。经访谈了解，冷库方对于高原夏菜运输安排是依据相关订单而定。若是当日送来的产品满足订单需求，特别是新鲜度需求，就会在短时间内安排运输事宜。若是订单中没有相关需求且时间充裕，就会将高原夏菜产品先放入冷库中贮藏，待时机成熟时再将其运送至相关地方，才完成了高原夏菜真正地进入市场。若是冷库从自身利益出发，利用当今人们对于反季节蔬菜需求的增长，也可在满足正常订单之外，将一定数量的高原夏菜作为反季节蔬菜备用未尝不可。可以看出，冷库既是层级销售链中的关键一环，又是关系到高原夏菜能否真正进入、何时进入大市场的支配者，一定程度上也可代表市场。相比对冷库性质的探讨，产品流通便捷态势的稳定与维系，才是特色产业发展经济效应实现的关键。毕竟村民所关切的，不是采摘收获的产品最终流向哪里，而是是否能够最快进入流通环节。毕竟进入此环节，就意味着一笔经济收入的落实。

图4-1　D村冷库（李智勇　摄）

图4-2　冷库内部贮藏的产品（李智勇　摄）

总之，高原夏菜产品流通的便捷反映出是村庄与市场间距离的缩短和接触的高频。尽管市场可能不是真正意义上的市场，但便捷的流通渠道确是D村于高原夏菜产业发展前不具备或是程度较低的。这一过程中，高原夏菜从产品到商品的流通是中介，沿着从乡土流入市场的方向，让其真正流通起来的则是层级销售链的协同运转。高原夏菜生产在D村衍生为特色产业，是村民自我选择与市场需求推动的双重结果。高原夏菜的流通需求，则呼唤着在村庄与市场间的联动是一种双向的、互构的。因此，借助物的交流即高原夏菜产品流通，村庄同市场间的关联不断扩展。以此观之，村庄与市场间互动不在于具体的事物本身，而是此种事物能否通过自身运转，起到两者间交流渠道的便捷畅通之效。

二、市场观念增生

特色产业所具备的"中间人"特征，在物的交流上促使村庄与市场联动更加频繁和紧密，是产品从乡土流入市场的过程。那么就市场到乡土的方向而言，便是信息上的传递，包括市场的观念、标准、规范与价格等。与产品流通便捷背后的承载者相同，层级销售链于此肩负着将信息有序传递的职责。由此，村庄与市场间的相互联动借助特色产业发展被赋予新的形式与内容。

此类信息传递的关键就是如何让处在基层的生产者能够获悉市场需求，并按照市场化导向提供符合市场标准的相应产品。从深层次上看，要让市场观念能够逐渐嵌入并内化到乡村社会文化中，成为村民们在生产过程中自觉遵循的基本规范，具有典型的"化外为内"特征。

就高原夏菜产业发展而言，层级销售链担负着令信息传递维持在有序轨道上。一方面就是要将不变的市场观念与准则诸如绿色、效率、质量等以通俗易懂的形式与话语传递给种植户，为更多人所熟知和接受。另一方面则及时将变化着的信息内容如价格起伏、要素变动等告知种植户，使其做好充分应对准备，类似于服务者角色，维系与完善种植户同市场间的互动及稳定的交换。虽然是一种间接关系，却无碍双方各自目标的达成。总的来讲，促使村庄与市场能够真正做到彼此接入、嵌入与融入，就需要"中间人"发挥信息传导与解释作用。

近年来，市场对高原夏菜产品绿色、安全问题越发关切，冷库方因而特意要求加工点增加农残检测任务，未经检测合格的产品一律不得送至冷库。即便是加工点检测合格，冷库方也要重新检测，在确认无误后方可正式接收。对此，加工点反复嘱咐小贩要告诫种植户重视农药使用问题，当做一种严格要求贯穿在高原夏菜生产全过程之中。

加工点负责人YSY说：

> 每批菜都要农药检测，我们这里检测一遍，送到冷库再检测一遍。合格了以后它们才会收，出问题的连同送过去的这一批全不要，只能自己想办法。要么就自己拉到县城里卖掉，要么就放着当饲料了卖掉，价钱就非常低。要求严格以后，每次拉菜去给他们（小贩）讲，跟村民们把这个说明白。一旦出事了，对谁都不好，要让他们（村民）自己种的时候就重视起来，要养成一种习惯。（YSY，男，汉族，村民，加工点负责人）

经过长时间反复强调，农药使用问题引起了D村村民的足够重视。多数村民随身配备了农药残留检测装置，能够及时得知是否超标。绿色生产要求已经成为D村村民的共识，内化为“地方性知识”，是一次较为成功的信息传递与市场观念增生。对此，村民DHY说：

> 现在我们这里把农药残留的影响看得特别重。就算菜平时价格低些，只要这方面不出岔子，肯定是能卖出去的。万一出个岔子，影响的是一批货，不光是你自己的。要是别人知道了自己的菜是因为你的问题没有卖出去，能不说你？刚让我们引起重视的时候，有些人觉得吓唬人呢，就再没管。到了真出事了，很多人的菜卖不出去，上面冷库不收，后悔都晚了。这两三年再没出过这种事，大家全重视了，把这个当成要求了。（DHY，男，土族，村民）

自上而下所传递的规范要求反映的本就是在市场经济中必备的基本素质，但也存在着传递内容与接收内容之程度并不完全对等。信息传递的有序不等同于全面，会造成村民因接收内容的偏差产生片面的认知观念。由于层级销售链的长期存在，在种植户与市场间既设立了缓冲地带，也在一定程度上阻碍了两者间的直接接触。种植户大多是将经由层级销售链逐级传递的市场信息奉为圭臬，以至于到亲自接触之际，往往出现对既有认知的怀疑甚至否定。2018年D村村委会引入的冷库正式投产，为村民提供在“家门口”直接接触“市场”的机遇。

在村民看来，既有层级销售链中小贩或是加工点赚取差价的行为既是合乎情理也是不合时宜的，而同“市场”物理距离的大幅缩短在“理性考虑”后被视作“新的希望”。村民MDM就是其中一员，于D村冷库投产之际便身先士卒将新采摘的高原夏菜产品运送过去，对此满怀期待。但冷库却以质量参差不齐和未经农药残留检测为由，大幅压低收购价，令MDM始料未及。随后他不得不重新将产品送到小贩处，小贩依旧“照单全收”且于傍晚将款项结清，并“义正词言”地告诫MDM要遵循既有模式。提及此事，MDM气愤地同笔者讲道：

你说这个冷库，叫老百姓是高兴还是不高兴。我们以前卖豆子，比方说给小贩卖豆子啥，不管啥豆子，我豆子摘上来质量不好，他说你把不好的豆子折一折，老的折掉，不好的折掉，剩下的价格就正常呗。村里建了冷库，比岔口驿那边的新得多呗，而且就在家门口了着。我想着去看看啥情况，有一天摘完装好就把豆子送到村里的冷库去，他们一看你是自己来的，就各种挑挑拣拣。要是一看豆子是好的，就给你一斤6块钱，要是不好的能到一斤2块钱。2块钱的是刚开始种那会的价格了吧，现在居然还有呢，把我当傻子了哄着。人家理直气壮得很，你要愿意卖就留下，不愿意了直接拉回去。这冷库一修，倒弄得价格上下（波动）还大得很。那个（冷库）里面去还得排队等时间，等有那个时间我就摘这么一桶桶的豆子了是不是。现在对我们来说，时间就是金钱呀。等上一个小时，我就能摘上这么一桶桶，6斤的话按着昨天的价钱都36块钱了，我们就是挣钱的人呗，他还态度不好呗。我气不过原给拉回去了，下午就给到他（小贩C）的房子那了。搞笑得很，比如说当时你刚拉过来，村上冷库里一斤6块钱，小贩给着一斤5块钱，要是在这块没有卖给，一般人都会以为可能要去找个价钱更高的吧。等到村上冷库里他们那些人翻了一遍就告诉你，送过来的菜根本不符合要求，多的是农药检测不行。他给你一斤4块钱，不如再拉回去给小贩卖一斤还5块钱呢。小贩估计听说了，拉回来送过去着给你压价，说你不是往村上的冷库卖给嘛，那库里都不要的豆子再找我卖是不是隔夜的还是有啥问题了，非要卖的话就一斤4块8毛钱。最后没办法，不能看着豆子砸手里吧，就按他说的价格卖了。你们说折腾了一圈叫干啥嘛，气不气人。（MDM，男，回族，村民）

而在笔者随后走访D村冷库向负责人HY询问此事时，得到的回复与村民MDM所述大相径庭。

我们给的高价那肯定是要质量好的菜啊。比如市场价是3块钱，我们这里给你4块钱，这1块钱不是我们做慈善给的，而是看着你这个菜质量好，没有农残超标，是不是新鲜的，都是按照标准来的。总不能你们拉来啥菜我这里都要必须给那么高的价格吧，没有这样干的，大家都是按照市场规则办事。你们之前是个啥标准我不管，既然要送到我这里来，就要按照我这里的标准要求吧。再一个，他们送过来的菜质量参差不齐，有些一看就是隔夜菜，我们的人直接看出来说给了，要是还用一样的价钱买来，我这里生意索性别做了。再说了，好的东西肯定值钱呗，放在菜上一样的，已经是共识了。好的自然价格高，差的价格就低呗，这么简单一个道理，他们难道不明白？（HY，男，汉族，D村冷库负责人）

MDM的案例中，双方交易的标准显然不同，均秉承各自立场。D村冷库方坚持按照菜品质量的参差列出差异化的收购价格，村民则将小贩能接受的收购标准主观等同于“市场”标准，正因如此D村冷库的行为着实让其“难以捉摸”。故而，村民与D村冷库关于高原夏菜“市场”价格的纠纷于冷库投产之初期不在少数，本质在于双方对菜品质量的要求标准与认知观念上存有明显偏差。

在严格意义上，按照市场的标准要求，D村冷库因高原夏菜产品质量差异规范出相应的梯度收购价格理所当然，但对于村民观念中高原夏菜质量标准意识的相对滞后却是始料未及。此种状况的出现，首先在于种植户个体不足以具备同适应市场规范与应对市场竞争相匹配的知识水平及人力资本，因而把握不住市场“脉搏”，致使其处在相对弱势状态；其次是归因于种植户实质上仍为个体小农性质，其组织化程度弱，并带有明显的分散经营特征，与市场间留白着足以发挥有效传导作用的中介舞台，对市场的认知大多停留在表面或是浅显层面；最后是层级销售链承担了充当缓冲作用部分职责，将市场标准进行多次分解后再呈现给种植户，导致传递信息与接收信息在程度上存有差异。长此以往，种植户将从层级销售链处所接收到的信息视为全部与绝对正确。

可见，特色产业发展促使村庄与市场间信息传递处在有序状态，同产品流通相似，需要依靠层级销售链作为载体一步步下沉。有序的信息传递一方面促使一些市场规范、标准、观念逐渐内化为村民共同秉持的价值认知，将其应用到高原夏菜生产中；另一方面揭示出有序不等同于全面或是绝对正确，在传递过程中部分内容被分解简化，村民最终接收的信息是不完整的，易产生片面认知。总之，特色产业发展在村庄与市场间构建并完善着产品流通和信息传递的双向渠道，将两者间的联动扩展到频繁且深层维度。随着特色产业发展朝着产业兴旺的目标逐步接近，面对机遇与困境并存的情境，村庄与市场联结扩展强化趋势不可避免，意味着仍具有一定空间。这一进程中，双方各自角色位置是较为稳定的。

三、依托“中间人”的联动稳固

诚然，特色产业在产品流通与信息传递方面扩展了村庄与市场的联动。就目前情况而言，促使这种联动处在稳固状态并得以长期维系，是两者关系持续扩展的前提与基础。进一步讲，就是保证双方全力以赴，互相合作，并坚守诚信。

特色产业之所以具备“中间人”特征，其要求之一便是能保证参与双方的稳定关系，如果这种稳定关系的未来价值高于现在欺骗一方带来的好处，那么就可以避免道德风险存在。倘若缺乏这样的关系，一方理论上就可以欺骗另一方。现实中，参与双方经济活动的背后往往就是一次次的博弈。但如果他们跟长期从事某一领域的“中间人”合作，参与双方和“中间人”形成了稳定的合作关系，那么经济活动整体都会变得更加有成果和有效率。[①]但是，也有研究者指出，中国农业产业化的首要困境是，村民几乎没有对于自己生产的农产品的销

① ［美］玛丽娜·克拉科夫斯基：《中间人经济：经纪人、中介、交易商如何创造价值并赚取利润？》，唐榕彬、许可译，北京，中信出版集团股份有限公司，2018。

售流通手段，村民个体高度依存中间人。①

以特色产业为“中间人”，村庄与市场关系的扩展具有明显建构性。这就需要双方在共同追求长期联动的过程中，需要从各自立场出发，将建构性关系中隐藏的不稳定性逐步去除，直至稳定的联动关系确立并得以长期运行。这里不得不提到层级销售链，在短期内无法找出合适替代者的前提下，仍然是事关村庄与市场联动稳定的承载对象。其中，“种植户—小贩—加工点”三者间关系的经营，固然需要稳健的经济收益满足各方基本需求，也要借助村庄社会关系网的凝聚力作用，达到经济与社会的双重保障。基于此，凸显在乡村社会“小传统”的塑造下，越发理性地选择运营策略，让彼此间的社会关系纽带强化比单纯依赖经济收益更加牢固。而在冷库与下层参与者经济合作中，就需要更多地从市场规范准则出发，以符合相关标准的产品质量作为建构性经济合作关系得以确立延续的基本原则。其中，加工点具有层级销售链中转站之效，是衔接市场与村庄的关键一环，就需要在市场规范准则和乡村社会运行逻辑中把握平衡点，促进内外双赢。由此，联动稳定的维系对参与者提出较高要求。在保证稳定合作关系与坚守诚信的背后，需要其深谙买卖双方所处社会文化系统的运行逻辑与规范准则，并在具备“经济中间人”的同时充当“文化中间人”② 角色。

无论是哪一种“中间人”，可以减少波动和其他形式的不确定性，能通过外部风险识别内部风险，在承接风险的同时避免风险。③ 与其他合作伙伴相比，“中间人”风险承担能力更强。优秀的风险承担者同样是优秀的合作者体现，同合作者是利益共同体，更是命运共同体。“中间人”特征的具备，有助于参与双方相对固定关系的确立与维持，表明了相互间信任的传递与延续。如此，参与双方均可降低时间成本与信任危机，以至于更好地满足各自利益，意味着大概率相继达成目标任务。此种“中间人”角色发挥，旨在整体上为参与双方尽可能减少因不信任造成的损失，同时也是避免因不符合某些要求规范造成损

① 武广汉：《“中间商＋农民”模式与农民的半无产化》，载《开放时代》，2012(03)。

② 布迪厄认为，“文化中间人”存在的条件以及所从事该职业的合法性，体现其作为沟通“生产”与“消费”之间关系时的角色使然，强调其对彼此间互动过程的参与掌控，同“服务阶层”或是“知识阶层”的表述有一定相似性。参见［法］皮埃尔·布迪厄：《区分：判断力的社会批判》(上册)，刘晖译，25—155页，北京，商务印书馆，2015。

③ ［美］玛丽娜·克拉科夫斯基：《中间人经济：经纪人、中介、交易商如何创造价值并赚取利润？》，唐榕彬、许可译，北京，中信出版集团股份有限公司，2018。

失继而引发相应偏见。

为确保种植户能每日获取产品出售款，在冷库的支付款尚未全部到齐时，小贩大多会选择自己先行垫付，以免种植户的担忧演化为集体性危机。而后此种潜在危机的消解，则由小贩和加工点共同承担。一般来说，加工点将合格成品运送至冷库时，冷库会将之前几批次在后续分销过程中无质量问题的支付款一并付给加工点负责人，再由其同小贩进行再次分配。这一周期稳定在3—5日内，那么日常每天的款项结算便要仰仗加工点与小贩的垫付，于无形中替种植户承担大部分风险，也保证了每日产品流通的正常开展。

诚然，风险承担表明了“中间人”的态度，意在指出其不仅具备将参与双方促成合作的风光一面，还须存在能够共化阻碍的另一面。处于贝克指出的风险社会，由人为不确定性因素导致的未知与恐惧深刻反作用于人类社会运行中，尽管不是发挥主导作用，其根本问题是知识性问题。[①] 为规避风险的制度化建设，国家层面通过建立各种制度提供政策、措施、保障；乡村社会作为有机体，同样衍生出一套基于社会文化系统的非正式应对策略，从而将风险管控纳入社会运行发展的基本层面。两者却同时面临着制度化失灵的困境，就需要不断完善制度化机制，通过合作化解风险。就作为村庄与市场联动的“中间人”而言，特色产业依托层级销售链肩负风险承担者职责，试图将外部风险最大限度地置于在能够合理掌控的范围内。在高原夏菜价格连续多年较为平稳的态势下，小贩与加工点方能通过经济合作来回应短期且数额不高的种植户诉求，D村较强的共同体特质与社会关系网为其提供了一定的信任前提。

特色产业发展如火如荼之际，尽管村庄与市场间在产品流通与信息传递处扩展了彼此间联动，却不是完全意义上的直接交流。正因如此，“中间人”并没有随着特色产业发展而消失。相反，关于“中间人”特征终结的命题也不会随着时代前行与科技发展而成立，无法牵扯到让参与双方均能从中受益同时推动自身获益的“中间人”。此种“中间人”以往多指中间人群体，本文所指特色产业同样具备“中间人”特征出现在村庄与市场的联动中。这种特征同现有的众多第三方平台性质相类似，如“淘宝”“美团”等，不只是将对象锁定在人的范

① ［德］乌尔里希·贝克：《风险社会：新的现代性之路》，张文杰、何博闻译，10—14页，南京，译林出版社，2018。

畴，却无法脱离人的行动。

综上所述，正是因为村庄与市场存在直接联动的诸多阻碍，才令特色产业以层级销售链为承接载体，进而发挥“中间人”特征为两者间联动稳定的维系提供支撑。村庄与市场间所横跨的不仅仅只是简单的物理空间距离，重点是社会与文化距离的实质性缩短。在满足各自利益的同时，推动发挥“中间人”特征的特色产业自身不断完善。若是背道而驰，村庄与市场间就难以将建立在以信任为基础的联动关系维系与扩展，既定发展目标的达成或许会经历诸多波折，难以较为顺畅开展，特色产业发展效应的呈现亦会受到牵连。从D村特色产业的“中间人”特征入手，原生性空间为这一特征发挥的承载者提供了人员构成来源，并借助现有社会关系网络开展行动，实质上仍是一种基于社会关系的调适。固有经济关系无法脱离既有社会关系，建构性经济关系同样须按照乡村社会运行逻辑同市场规范观念相结合而展开运行。

本章小结

毋庸置疑，在以“关系”为主的乡村社会，将看似“一盘散沙”的村民个体联结成共同体整体正是依靠被极力污名化的“关系”自身以及附着在其背后的种种资源。关系在中国人人际交往中具有特殊重要性，同样是一种常识。正如金耀基所指出的，关系是理解中国社会结构的关键性社会文化概念，是中国人用以处理其日常生活的基本储藏知识的一部分。[①] 尤其是关系早已全然嵌入乡土肌理深处，体现出同布迪厄（Bourdieu）提到的“惯习”（Habitus）概念与特质相契合，由此不易发掘出独特性之处。声势浩大的特色产业在乡村落地生根的过程，即意味着对原有社会关系的碰撞冲击与彼此间的互动调适。乡土社会尽管遭遇现代化冲击表现出一定程度上的破碎，其鲜明的内涵特征却留存下来并持续发挥作用，为成长生活在这一社会中的人们传授着特定的行动伦理与道德规范。传统性因素的影响力与接受度尤为深厚，简单地套用如韦伯所提出的理性化组织形态无法全然概括乡土

① 金耀基：《关系和网络的建构：一个社会学的诠释》，载《二十一世纪双月刊》，1992（12）。

社会特征。[①]在特色产业发展进程中，村民也绝非只是参与其中的抽象劳动力。实际上讲，村民根本无法脱离一定的包含民族关系在内社会关系，是在特色产业发展与各民族经济交往互助中更加具有特殊行为逻辑的“社会人”，同中国人特有的心智结构关系紧密，是特定行动伦理的产物。[②]

乡村社会为特色产业发展提供了至关重要的经济资源及社会基础，更为关键的是，经济资源需要一定社会基础方可被激活。在“经济嵌入社会文化系统”的过程中，后者同样受到了经济效应推动自身的完善调适，绝非简单的单项作用力，而是彼此间相互制约的过程与结果。无论乡村社会内部抑或是社会外部，正是基于人际联系和群体联系的社会关系促使社会之所以成为社会。[③]作为驱动的特色产业发展社会效应表明，经济与社会文化系统的互嵌两者缺一不可，方能实现特色产业与特定地区的契合，从多重维度呼应“立足当地特色”，持续激发内生发展动力，并推动着社会文化系统的自我完善与自我调适。既保有其自身原本内生性内涵价值，又激发其适应特色产业发展需求与市场环境的新内容，以此扩展并维系推动着村庄与市场双向联动，是迈向以产业兴旺为根基的乡村全面振兴的自我呈现。总之，特色产业发展与乡土社会存在着较高程度的联动与融合，共同描绘出“你中有我，我中有你”的状态，推动着乡村社会内外关系不断焕发出新活力。

① ［德］马克斯·韦伯：《经济与历史》，康乐译，161页，桂林，广西师范大学出版社，2010。

② 周飞舟：《行动伦理与“关系社会”——社会学中国化的路径》，载《社会学研究》，2018（01）。

③ 周飞舟：《一本与一体：中国社会理论的基础》，载《社会》，2021（04）。

第五章　作为愿景的文化效应：“乐业”内核的价值重塑

“让农业成为有奔头的产业，让农民成为有吸引力的职业，让农村成为安居乐业的美丽家园”①，就清晰明确地描绘出乡村振兴的终极目标，同时也是一改近代以来在社会达尔文主义影响下的“贱农主义”，② 在主观层面彻底扭转对“三农”的本质性认知与评判，同样是一次长期的价值重塑过程。在这之中，产业兴旺是此般价值重塑的内在推动力，农民在其中已经并将持续增加信念，强化基础。在迈向产业兴旺的漫漫征途中，特色产业发展不仅带动着农业农村农民在物质与精神上的满足、获得、幸福，而且于价值评判层面逐渐改变与剔除“谈农色变”的刻板印象，赋予其深刻的“乐业”内核的时代性内涵意义与价值重塑之过程。如此，在物质层面达成目标任务实现全面推进乡村振兴之际，“三农”将会以一种更加富有意义价值的面向存世，而不再以成为问题的问题 ③ 置身于人们视野与谈资中。

第一节　困境：“乐业”的冲击阻滞

通过源源不断地释放红利，特色产业发展引发村民心中对“乐业”的美好向往。若是要真正符合“乐业”的价值目标，就需要持续激发并巩固维系特色产业发展经济效应为前提保障，尽可能减少降低农业生产“内卷化”影响，就过程中展现出的困境针对性应对处理，

① 《中共中央　国务院关于实施乡村振兴战略的意见》，见中国政府网，http：//www.gov.cn/zhengce/2018-02/04/content_5263807.htm.2018-02-04/2020-11-29。

② 张玉林：《当代中国的贱农主义》，见张玉林：《流动与瓦解：中国农村的演变及其动力》，103—104 页，北京，中国社会科学出版社，2012。

③ 赵旭东：《乡村成为问题与成为问题的中国乡村研究——围绕“晏阳初模式”的知识社会学反思》，载《中国社会科学》，2008（03）。

促使其自身产业化、市场化与在地化能力水平和体系建设日趋完善。

D 村村民在经历连年高原夏菜产业获取增产更增收的喜悦之余，提及更加频繁的便是所面临的复杂困境，旧有的困境是否已经处理还是越发严峻，新生的困境该如何应对避免恶化等。依托发展特色产业，因一定的成就累积获得了官方的肯定与支持，证明此种路径模式能够有效地促进其迈向产业兴旺。“打铁还须自身硬”，特色产业发展进程中的困境仍是制约“乐业”达成的阻滞障碍。况且困境不只局限于单一范畴，而是集于一体的综合表现。

一、被动的面对：生产要素的浮动

随着市场经济的深入与细化，D 村借助高原夏菜产业发展同市场的联结愈发紧密，一方面在从市场中顺应规则、获取利益、满足需求，一方面受生产要素波动的制约日渐加深，尤其是生产成本增长幅度超出经济收入，导致陷入一种“没有发展的增长”。

表 5-1　2021 年 D 村高原夏菜亩均投入与要素占比 ①

生产要素	品质 / 类型	使用量	单位	单价（元）	总价（元）	占比（%）
种子	中等	5	袋	75	325	35.42
化肥	复合肥	1	袋	160	160	17.44
	尿素	0.5	袋	65	32.5	3.54
农药	除草 / 杀虫	0.5/0.5	瓶	30	30	3.27
地膜	—	1	卷	80	80	8.72
铁丝	33 号	3	卷（700 米）	80	240	26.16
总计	—	—	—		917.5	100

从表 5-1 列出的 2021 年高原夏菜生产消耗的一次性物资来看，如种子、化肥、地膜、农药、铁丝等需每年更换。表格中未指出的木棒花费在于其逐年折旧，一般而言以三至四年为期，故未列入表格。以此表格统计计算，2021 年一次性生产物资投入为 917.5 元 / 亩，按照 2015—2020 年亩均产值 7000 元计算，上述一次性生产物资成本支

① 数据来源于 2022 年访谈资料。

出已占产值的13.11%。实际上，若是按照单项成本支出计算，雇工支出和土地成本占据比重较大，这两项成本对于种植面积较多的种植户而言，属于必不可少的支出。随着近些年来D村青壮年劳动力的回流与从事农业生产人数增多，雇工支出的紧迫性稍有缓解，却仍是不可或缺。土地流转价格则是连年攀升，一方面是该村可用耕地全部投入高原夏菜生产，闲置土地比例较低，另一方面是剩余土地无法开垦或是正在修复当中。

首先，雇工支出方面。高原夏菜生产带有特色农业典型的劳动力配置色彩。一是季节性劳动力投入。在播种至收获前期，种植户自身便可完成，无须雇工解决。因豆类作物种植面积达90%以上，故将豆类作物的雇工支出作为计量数据。二是短期高劳动力投入。到了收获期，因新鲜度与价格呈直接挂钩，平均采摘期在60天上下，除去最初一周左右因产量有限无须雇工外，之后接近8周就不得不雇工缩短采摘周期。依据近几年的平均价格，雇工支出为单人每日130元，对雇工的采摘量并没有固定限额，如荷兰豆、荚豆等高产品种，一茬亩在300斤以上，单个雇工单日采摘量普遍在100—130斤，如此1亩豆类作物每天需要3名雇工方能采摘完毕，产生雇工成本390元。此般劳动力可作为明确标价的市场交换，而人们面对依靠个体无力短期内实现的目标，或是为追求更为愉悦的劳动付出，同时确保如期完成任务，雇用劳动力便是最优解。

豆类作物如果在两天内不及时采摘就会老化，影响价格甚至被拒收之外，还制约着后面几茬的生长，对整年农业生产收入起关键作用。短时间内面对大量劳动力的需求，从外部雇工是最为行之有效的应对方案，每天130元的报酬中不包含餐食费交通费，前一项由种植户承担，后一项则在月底多支付一天的报酬用于补偿。在雇工成本与日俱增的情况下，种植户大都基于理性经济人考量，尽可能减少其他额外支出，缓解雇工成本加重的负担。当然，村民自身的劳动时间不计算在高原夏菜生产成本之中，同理，其家庭成员的时间成本价值相应忽略不计。

其次，土地成本方面，D村土地流转价格从2014年的300元/亩已增长到2022年的700元/亩，增长了1倍多。虽然土地成本的水涨船高并非D村个别现象，但该村因气候、降水、光照等条件的受限，农作物仅能达到一年一熟且采摘收获期较短，区别于东部地区特别是长江中下游平原一带，农作物能实现一年两熟或是两年三熟冲抵土地成本上涨的负担。[①]况且2017年温棚试验的失败，造成D村300亩土地肥力永久受损，需较长时间恢复，加之近些年来闲置土地的比例减少，多方因素汇集致使土地流转成本持续走高。此外，2018年D村冷库与合作社建立后，为支持其推动高原夏菜产业发展，在村委会的协助下，长期承包下来近百亩先前未开垦土地用于良种培育与新技术试验。由此，可供流转的土地面积大幅减少，变相导致土地流转价格的连年攀升。村民MHD对笔者讲道：

今年（2022年）自己种了8亩，包上了2亩地，1亩涨到700块钱了呗。这个我看比菜价涨得快啊，要是明年再这么涨，我想谁愿意包我的地了，就包给1亩。前几年包地容易，有的家里对这个种菜没信心呗，愿意出去打工，家里地没人种就包给别人。我们这一年包10亩地的人有呢，那会不到350块钱着，10亩地下来最多3500块钱，卖上不到1亩的豆子钱出来了呗，剩下的全是他们自己的了。这两年种菜的多了呗，出去的人少了呗，没人种的地就是西下（社）那边的。之前盖了棚子说在冬天也要种菜，后面全冻死了着，就罢了，得要个几年了看能不能缓过来。（MHD，男，回族，村民）

在生产要素成本逐渐增高的现实困境中，D村村民大多只能被动承受，并寄希望于高原夏菜收获期时市场价格的增长能等同于甚至是高于成本增加。实际上，近些年来的高原夏菜价格增长幅度远不及成本增长，低于种植户自身预期。

表5-2　2022年村民LJ高原夏菜亩均投入与要素占比[②]

生产要素	品质/类型	使用量	单位	单价（元）	总价（元）	占比（%）
种子	中等	4	袋	78	312	18.81

① 刘余、卢华、周应恒：《中国农业生产土地成本的演变趋势及影响分析》，载《江西财经大学学报》，2019（02）。

② 数据来源于2022年访谈资料。

续表

生产要素	品质 / 类型	使用量	单位	单价（元）	总价（元）	占比（%）
化肥	复合肥	1	袋	165	165	9.95
	尿素	0.5	袋	68	34	2.05
农药	除草 / 杀虫	0.5/0.5	瓶	38	38	2.29
地膜	—	1	卷	100	100	6.03
铁丝	33 号	3	卷（700 米）	85	255	15.37
土地	承包	—	亩	700	700	42.19
总计	—	—	—		1659	100

上表以 D 村村民 LJ2022 年种植高原夏菜中的生产要素支出为例。LJ2022 年种植荷兰豆 16 亩，其中承包土地 7 亩，每亩承包价 700 元。与 2021 年各生产要素支出相比，均有不同程度的增长，剔除土地承包成本后，生产要素成本为 959 元，与 2021 年的 917.5 元相比增长 4.52%。同期荷兰豆亩均产值为 4800 元，较 2021 的 6000 元同比降低 25%，两者相加可得出 2022 年亩均收入较 2021 年减少 32.32%。若是将雇工成本和土地成本加入，则 2022 年每亩地生产要素成本为 2049 元，占到亩均产值的 42.69%。对于一般村民而言，无疑是较为高额的数字。村民 LJ 颇为无奈地向笔者倾诉道：

> 唉，今年（2022 年）着再说不成啊，赔的就多得很。你把啥种子、化肥、地膜、农药、铁丝了算下来 1 亩地就要接近 1000 块钱，比去年（2021 年）又高了。这都没算雇人的钱、包地的钱。就是光花进去的钱，每年必须要花的。而且今年这个菜价钱比去年差多了，全算下来剩不下个啥了，希望明年了能好些吧。要是往后几年还是这样没啥变的话，就要一直赔下去，辛苦一年下来农民没个啥。看政府能不能想想办法，把这个给控制一下，别让涨这么厉害了，实话这么下来过上几年就怕是开始没人种了。当初大家种这个不就是觉得能挣上钱，不用一个劲地往外面跑了，比打工了提心吊胆好得多呗，能把家里顾上。现在成本涨得太多了，价格又

塌下来，对我们这个肯定有影响，每年能别赔上就可以了。（LJ，男，汉族，村民）

通过访谈了解，2022年各项生产要素成本持续上涨，较2021年涨幅约5%，而同期高原夏菜市场价格较2021年环比下跌，未能超越生产要素成本增幅，实际利润的连年降低不可扭转，直接制约着“乐业”价值的巩固提升。

二、难控的风险：自然灾害与价格波动

倘若生产要素成本是可预见到的数字支出的话，那么在高原夏菜产业发展进程中面临的潜在自然灾害与价格波动的双重风险则是难以预料的。就村民而言，虽然在应对方面积累了一定经验，却因缺乏足够的能力与资本无法独自承担。相关预防措施与补救方案的不足与滞后，致使在“未雨绸缪”和“亡羊补牢”两处难有大的作为，一定程度上延缓此种僵局，对高原夏菜产业“乐业”价值面向的影响不言而喻。

（一）自然灾害

从气象灾害来讲，D村于春夏之际遭遇冰雹与强降水频率较高，属于典型的中温带大陆性季风气候。随着全球气候变暖大趋势导致极端天气产生频率倍增，我国西北地区年降水时长虽总体降低，相对的是，短期内降水呈现出多、急、短等阶段性特征，在未来此种现象将持续增多。农业生产区是最容易遭遇气象灾害冲击的区域，于总体灾害中的比重已超过70%。[①] 短期内极端气象灾害对农业生产与农民生活足以引发深刻的实际影响，冰雹来临，高原夏菜遭遇大面积受损；强降水突袭，高原夏菜势必大幅度减产。D村近几年来极端气象灾害年年未曾缺席，不同程度地造成高原夏菜产量的减少与收益的降低。据D村村委会与驻村工作队统计数据（见表5–3），2018年因强降水致使高原夏菜267.4亩减产、29.6亩绝收，总受灾面积297亩。2019年先是冰雹造成189.6亩高原夏菜减产，又因强降水造成303.9亩高原夏菜遭受同样境遇。2020年因冰雹和强降水致使高原夏菜受灾面积达到523.8亩，其中378.9亩高原夏菜绝收，剩余144.9亩减产。2021年

① 张晓煜、杨晓光、李茂松等：《农业干旱预警研究现状及发展趋势》，载《干旱区资源与环境》，2011（11）。

因强降水造成176.3亩高原夏菜绝收、288.6亩减产，年均受气象灾害高原夏菜种植面积占比迫近20%。

由地势地形入手，D村所处区域为河西走廊东段，海拔2600米，地势由东南向西北逐渐增高，到天祝县中部乌鞘岭达到海拔最高处，气流遇到迎风坡面顺势上流，水汽极易作用引发降水，直接引发相应的降水季节及降水频率。尽管冰雹等降水态势出现概率较低，但因其破坏程度强与降水时长急促，对农业生产可在短时间内造成大幅减产甚至绝收。如图5-1所示，D村所在的天祝县地势落差较大，且距乌鞘岭迎风坡处较近，易产生短时强降水等现象。

表5-3 2018—2021年D村受气象灾害情况统计[①]

年份	亩数	原因	程度	总计（亩）	占比（%）
2018	267.4/29.6	强降水	减产/绝收	297	10.24
2019	189.6/303.9	冰雹/强降水	减产	493.5	17.02
2020	144.9/378.9	冰雹/强降水	减产/绝收	523.8	18.06
2021	288.6/176.3	强降水	减产/绝收	464.9	16.03

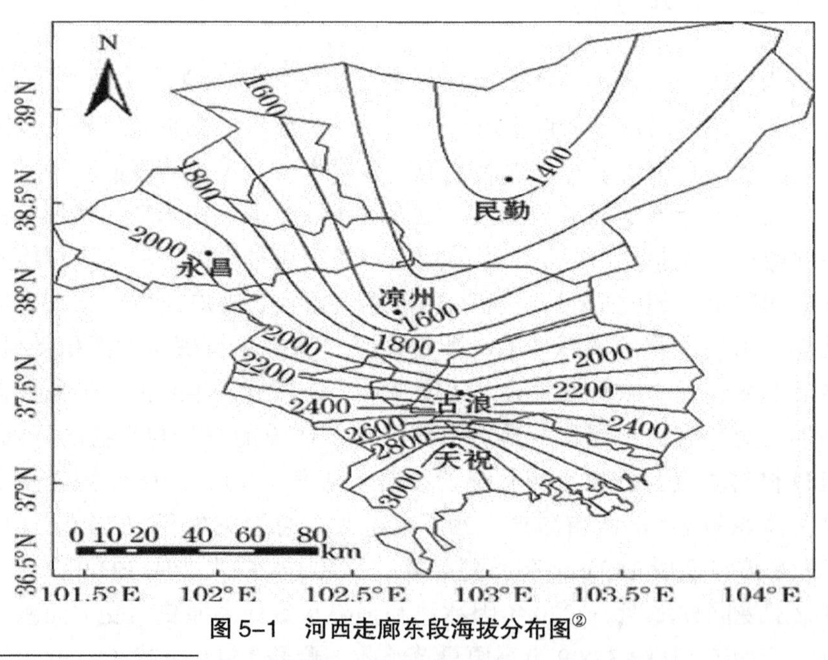

图5-1 河西走廊东段海拔分布图[②]

① 数据来源于D村村委会与驻村工作队统计，2022。

② 图片转引自杨晓玲、汪宗成、杨梅等：《河西走廊东部主要相态降水日的气候特征》，载《干旱区研究》，2018（02）。

一般情况下，指望D村进行准确预测与人工消除显然不切实际，这些信息的预测发布和技术工作的开展要更多地依赖天祝县政府相关部门，无论是协调技术运作还是成本支出方面。而在应对极端天气上，一是需要先前的预判通报，二是依靠村庄内如排水渠等基础设施的建设改善与日常维护，周期性清除渠内堵塞物保证排水通畅，三是通过投入保险为应对未知风险的损失提供保障。

就虫害方面而言，实际上，多年来害虫的防治主要依靠农药或是传统的经验人即“土专家”，大多为年龄较高的村民，其防治经验对于农作物结构调整前的小麦、青稞等效果明显，而在高原夏菜上则丧失了发挥空间。连年的农药使用导致害虫的抗药性产生异变，唯有不断加大用量与浓度比例，无更佳应对手段。结果是对于农药的使用有着较强依赖，使用杀虫剂遏制虫害基本上是唯一选择。虫害防治的知识结构与方法路径少有扩展，具备并运用更多的虫害治理手段及方法只是空谈。前文多次提到，高原夏菜产品流通过程中，需在加工点进行农药残留检测，不符合标准的成批产品无法进入市场。因此，对于农药的使用，种植户深知农药浓度过高对高原夏菜生产与销售均有不同程度的影响，但面对虫害威胁又不得不依赖其杀虫效果。一般来讲，种植户普遍抱有能少便少的想法，但是偶尔会由于浓度不足而未能及时遏制虫害蔓延势头，若是浓度较高，则面临无法通过农药残留检测的高度可能性。因此，这就考验着种植户的智慧与选择。

图5-2　常见害虫（蚜虫）（李智勇　摄）

合作社的驱虫设备相对而言效果较为明显，可作为农药替代品，具有环保、高效、杀伤力强等优势，但相对高昂的价格对普通种植户来说是难以承担的。况且此种设备仍处在试验阶段，未来是否能够大规模投入使用尚未得知。因此，今后的一段时间内，D村村民不得不继续依靠农药防治虫害。放眼D村乃至整个打柴沟镇范围内，缺乏相应的病虫害防治机构，仅有几家出售农资的店铺只能满足定点购买农资需求，罕有具备专业技术指导能力的人员，对虫害防治缺乏本质上的认识，大多依靠农药这一工具理性特征，效果也就多为治标不治本。种植户对此只能在可控范围内，通过农药自身的品质提升进行虫害治理操作，尽量确保不在高原夏菜生产与销售过程引起重大事故。

（二）价格波动

从对比2022年与2021年高原夏菜生产亩均成本的增加大于其市场价格增加幅度可计算出，高原夏菜价格波动没能赶超成本增加数值，直接造成了实际利润的大幅下降。在收获期内，高原夏菜价格波动无固定规律，且时效不长，难以预测。依据种植户对高原夏菜实际回报预期而言，能够达到亩产值10000元只是理想状态，基本上能够保持在6000元上下是其可以接受的范围。从高原夏菜收获时间来看，D村所属的打柴沟镇以及往南朝向县城方向的地区为较早种植区域，产品的经济价值较高，而后再向北、向东、向西扩展至乌鞘岭腹地时，因气候较为寒冷，高原夏菜播种与收获时间整体较D村推迟近一个月，特别是将原有收获期延长至10月底11月初。在D村等主产区已进入后续阶段时，高原夏菜的供给时间线尚未停止。就高原夏菜产量而言，D村所在的打柴沟镇2018年将包含D村在内的全镇17个行政村中的14个明确“高原绿色蔬菜产业”成主要产业建设方向，[①]并对其中一些发展条件不足或滞后的行政村予以重点关注。到2020年获授示范区称号后，更是坚定了打柴沟镇政府将高原夏菜打造成覆盖全镇主导产业的决心。除打柴沟镇外，天祝县仍有其他乡镇大面积种植高原夏菜，截止到2022年8月，全县高原夏菜种植面积达到近12.5万亩，且多为豆类作物。大规模种植同类型农作物致使产量激增，局部区域内的市场购买量难以承担与日俱增的产量供给，因此负责销售、存储、运

① 天祝藏族自治县打柴沟镇人民政府：《打柴沟镇人民政府关于进一步明确各村主要产业发展的通知》（打政发〔2018〕209号）。

输的蔬菜公司不得已提高向外运输频率，直接导致运输成本、人力成本的增加，在平衡收支的考量下，其只能通过不断压价进行操作，无疑加重种植户的额外担忧。

事实上，按照冷库的日常做法，本可以按照完全正常的市场价格收购，却在产量激增且库存有限的条件下只能一边提高运输频率，一边刻意压低价格弥补前者产生的额外成本。不仅是D村冷库，岔口驿冷库在同样遭遇下只能采取相同策略，最终一层层转嫁到由种植户自身承担。其背后的深层原因在于层级销售链的确立在便捷高原夏菜市场流通的同时，分解了种植户与大市场对接能力和条件的不足，但反之又加剧了这一难题，种植户与大市场之间的产品流通环节被打通的代价便是信息沟通的桥梁或平台被搁置起来。因此，存在将产品流通与信息沟通紧密结合的有效对接平台作用空间，显然层级销售链难以担负双重责任。

高原夏菜价格波动不定，加之种植户的采摘安排各不相同，同年同种产品在不同时间出售的经济收入是完全不同的。例如，2021年荷兰豆价格最高可达7.5元/斤，最低时则为3.6元/斤，最大差额为3.9元。同理，正因为存在此种价格波动，不同种植户之间经济收入在整体较为良好的情况下，亩均收入同样产生出一定数字差距。村民SYL对笔者说道：

> 我们都一个地方种一样的菜，里面用的种子了、化肥了、地膜了啥都一样的，到收的时候错个一两天情况根本不一样，人家的豆子1亩地能卖上6000多块钱，我的就这么不到5000块钱。这个下来了能怪谁啊，就自己安慰自己说没人家那么有财运呗，有些钱了总比上个一年到头下来啥也没有强吧。还有这个价格你去问他们收的了，他们也不知道呗，价格这个说能说上，能赶上今天价格好了就多卖些，要是价格不行你也没办法。我们是先把摘下的菜送着过去，他们记下账了等价格下来才说呗。每次送着过去就盼着价格能好些，盼上了自然好呗，要是不行了你也没办法。（SYL，男，汉族，村民）

综上，简单依靠短期经济收益无法使D村村民彻底树立“乐业”

价值，更多地需要促使此种经济效应迸发出持续动能，关键在于困境的应对是否得当。短暂的经济效应只是“乐业”的萌芽，要以“乐业”的成长直至旺盛为最终目标，须在此种经济效应的即时性与延迟性上着力，通过内外部整合协同应对风险与困境突围，强化产业兴旺的多重特质。

第二节　突围：“乐业”的延续增质

不难看出，高原夏菜产业发展看似如火如荼，实则仍处在一个农业市场化的初级阶段，具备一定的产业化特征，却距离真正的产业兴旺差距肉眼可见，高原夏菜之于村民“乐业”的美好愿景仍需在持续发展建设中逐步推进。这一过程中，较为分散的个体种植户无法形成有组织的合力，难以抵御价格波动与各类灾害的多重风险，仅仅依靠层级销售链间接参与终究不是长久之计。因此，在践行“乐业”的价值重塑征途中，一方面应强化村民自身的综合素质与能力，另一方面须借助外部力量与村庄内部资源相结合，带动风险共担、发展共谋、成果共享的多方合作架构。

一、新发展模式的萌芽及成长

按照固有产销模式的运行，种植户每年的产品可以为市场所完全消化，不用完全顾及滞销层面，却不得不面对更为棘手的问题。层级销售链在长期与市场的对接中实际上是流通环节的构成部分，只是负责产品流通与交换，无法在更大范围内发挥保障作用，话语权比重较低。因此，在确保流通顺畅与收益稳定的前提下，确立一种保障性更为明显的发展模式显然更加符合特色产业发展的前进方向与“乐业”的美好愿景。囿于村民个体力量的不足，借助政府与企业的力量，调动村庄内外部可用资源，探索“村两委＋企业＋合作社＋农民”的发展模式，将村民重新组织起来确有必要。对此，驻村工作队队长YMK指出：

最近几年我们工作队和村上统计的时候就发现，这个种菜相比原先确实没那么好，但是村民们都特别愿意继续种菜，想着能怎么解决一下让他们保持住信心和热情。我们跟

> 上面反映，和村委会还有一些村民都谈过，后来就引入了这个蔬菜公司，让他们就把冷库建到家门口，创造机会跟村民直接接触，也让他们能有机会见识一下更大的市场，而不是认为跟小贩们的接触就等同于跟市场一样，那肯定不行。我觉得更重要的就是不光要把蔬菜公司引进来，村上跟他们一起成立了合作社，还要能够从种到收全程提供帮助和保障。人家公司里有技术、有人员、有渠道，靠着这个合作社开展技术指导、农资供应等，这个我们才开始做。要是能真正做起来，不像是原来那些是空壳子，把这个关系建起来，而且越来越强，相信能给我们这个高原夏菜带来新的帮助，产业发展和村民的收入也会稳步提升。（YMK，男，汉族，驻村工作队队长）

正如驻村工作队队长 YMK 所讲，D 村于 2018 年在引入兰州蔬菜公司的同时依托其建立起合作社，逐步探索着高原夏菜产业发展新模式，借此进一步发掘经济效应并同市场更为有效对接。

第一，企业的服务角色明晰。在已有产销模式中，企业的责任大多体现在高原夏菜贮藏与流通处，即一方面承接高原夏菜的整体销售安排，另一方面按照市场价格支付报酬，其服务性角色的体现并不十分明显。即使是当 D 村冷库建成投产后，与种植户间的互动关联处在一定时间段内的萌芽阶段，其间并没有实质性进展。当两者试图开展直接接触时，发现为各自所秉承与坚守的相应规则理念在对方看来是不可接受的或是难以预料的。前文所述村民 MDM 的案例在 D 村中不在少数，表明了村民对这一新式的庞然大物和实际上出现时间较长的更高层市场主体绝不会是视而不见，冷库同样对于村民的诉求与猎奇在不同程度上给予满足。一旦双方间关系破冰而立，无疑对高原夏菜产销模式赋予新内涵，而这一发端便是“订单 + 保单”模式的推行。

订单农业，亦称合同农业或是契约农业，意为在农业生产者与有关企业或者中介组织签订一定数量的产销合同，大多是在农业生产开始之前，通过以具备法律效力的契约文本表明双方的职责及义务，是一种以农业生产者基于达成的契约文本相关内容约定开展有组织的生产，合同缔结的另一方同理依据约定进行农产品收购的农业经营形式。[①] 在此基础上，明确了种植户高原夏菜生产品种和数量的同时，保证单笔订单的最低数量限额及最低收购保护价，为其增添并强化了保障性因素，构成了“订单＋保单”。具体来讲，以“企业＋合作社＋农民”的外在模式将双方间的关系打通，促使种植户开展规模化种植，以双方达成的相关协议为正式契约，对数量品种、价格保护、技术支持、农资供给、质量标准等诸多方面内容予以明确规定，具有法律效力。

以最低收购保护价为例，D村冷库方平时以高出市场价0.3元/斤的方式统筹高原夏菜收购，一旦价格跌破3.5元/斤，后续便按照3.5元/斤价格执行，直至高于此价。虽表面上处在利益受损状态，事实上此种发展模式中依旧是D村村民同冷库方间由后者在利润方面做出一定让步而获取更多经济收益的合作交易过程。已有层级销售链中，岔口驿冷库按照1.2元/斤支付加工点相应费用。“羊毛出在羊身上”，最终这笔费用还是要从高原夏菜流通过程中析出，本就不是冷库方的善意行为。由此观之，假如按照“订单＋保单”模式运转，这样1.2元/斤的额外支出将不复存在，企业无形中获取更多利润，按照高于市场价0.3元/斤的价格进行收购，0.9元/斤的成本支出就此停止。此外，企业因此可创造出一定数量的就业岗位，吸引村民参与其中，扩展社会影响力。经由彼此协商沟通而产生出一种合法且有效的途径确保市场经济活动参与各方的既得利益得到保障之余，其社会利益同样在最大限度上获取相应效应。在不损害参与各方合法权益的前提下，营造并巩固一种积极向上且情感相伴的文化氛围，为冰冷的经济活动增添了诸多人文因素，无异于如虎添翼、锦上添花。

第二，依托独立性的中介组织——高原夏菜专业合作社。当然，在企业与村民间现有“订单＋保单”农业生产契约关系的前景预测与现实反馈呈现出良好情形下，其履行过程绝不会一帆风顺。村民与企业间的此种合作契约关系表现出的不稳定状态始终无法忽视且未能全然规避，造成此类状况的缘由不胜枚举。比如其中一方受机会主义唆使或诚信度不足，造成违约的成本忽略不计；又如由违约引发的现实经济回报远远超出守约行为的预期回报时，参与各方可能违约的概率

① 刘凤芹：《不完全合约与履约障碍——以订单农业为例》，载《经济研究》，2003（04）。

徒增，反之亦然。[①] 况且在合约双方认知程度存在明显差异、合约制定细则内容不明、相关语言表述未能达意、处理纠纷成本过于昂贵，或是因彼此间信息交换闭塞导致的不可缔约性等综合原因，均可加剧甚至恶化合约双方彼此间关系的不稳定状态，以至于影响到全局进程跟结果呈现。[②]

对于这种双方间社会距离的鸿沟，一边是加强宣传普及工作，促使村民对企业从简单的不信任与排斥到主动尝试接触的点滴转变，这之中便需要树立若干典型示范个体，发挥引领带动作用。另一边则是针对较为分散的村民个体及其存在的认知水平差异，在村民与企业间成立独立的中介组织，即高原夏菜专业合作社，肩负起新时代特色产业发展和农业生产“保护型经纪”与“赢利型经纪”合二为一的角色职责。对此，村主任 SYX 说：

> 签合同搞“订单 + 保单”农业好是好，但你说要在几年时间里让全部村民都加入进来，还要他们完全相信这个，不搞这个就不行，实话是开玩笑，只能就一步步来。从我们这里全种上这个菜花了二十几年的过程看，最少得有个六七年的时间才能转着过来。毕竟这个东西一开始不是个成熟的，这个过程自己也是在摸索中，本来自己实力不是特别好的，没有明显的成果。光是个号召了谁愿意来，有的话一个手就能数出来。只有是不断有人靠着这个“订单 + 保单”比现在挣得多了，还有一些问题解决了，就跟当年种菜一样，村民们有参考的了才会逐步跟上，现在这种参考的例子还是太少了。回去我们就要先动员党员家庭和享有优惠政策的家庭强制参与进来，不然一点办法没有。还有一个，就是看把这个合作社给它做实做大再到做强。现在合作社有是有，原先着为了完任务就挂在冷库那边，后面就看着要把这个重视起来了，我们开会跟看电视上说有地方党支部领着把合作社做起来后在企业和村民之间当成了个桥梁。县里之前开会就说把这个合作社做起来，让真正发挥出作用，把村民能组织起

① 熊万胜：《农民合作的新前景》，278 页，北京，中国政法大学出版社，2013。

② 刘凤芹：《不完全合约与履约障碍——以订单农业为例》，载《经济研究》，2003（04）。

来。接下来我们的工作的重心要放在这一块，为了我们这个种菜能越来越好，安于现状肯定不行呗。（SYX，男，汉族，村主任）

分析案例，村主任SYX的这番话直接点出了要害。有鉴于此，高原夏菜专业合作社首先应该是独立的实体机构，必须由村两委引导村民自发成立，由村庄道义权威特别是村两委成员牵头，经济能人做出表率，以盘活调动绝大多数村民的参与积极性，重要的是能够达成自我管理与有效运转的有序开展。随着党组织领办村集体合作社制度的全面推行，乡村合作社在整合村庄农业资源、开拓稳定消费市场、促进乡村社会共同发展的作用进一步凸显。[①] 根据长期以来D村道义权威的影响力与组织力，此种操作在具体实施中不失为最适宜、最有效之方案。更为关键的是，要对专业合作社的组织架构、权责职能等进行明确界定，在其内部构筑起实在的运转条件与存在基础。再者，推进合作社的规范化建设，形成“生产、供销、信用”三位一体的综合合作社，作为发展集体性经济的主要途径与载体，承接集体资产的经营。建立合作社多方参与、共担风险与成本、共享收益与价值的机制，保持与维护合作社的准公共品属性，发挥社区服务的功能，也让合作社成为社会农业、多功能农业、一、二、三产业融合发展的主要载体与基本组织方式。[②]

从目前高原夏菜产业发展实情入手，以“订单＋保单”模式为发展趋势，专业合作社在投入运转后，须重视由村民观念与能力参差引发的信息不对称障碍之参与应对，主动承担包含但不限于关系构建、履约监督与信任保障等诸多内容，重在缓解合同双方社会距离差距鸿沟的弥合，搭建起双方信任联结的桥梁，力促双方朝着互惠共赢的共同目标而努力。理想状态下，相较于小农特征浓厚的个体种植户，形成合力的合作社适应能力更为突出，便于趋向市场主体间力量的稳定，以及合作双方关联的稳固而非削弱。[③] 因此，高原夏菜专业合作社在

① 陈义媛：《农村集体经济发展与村社再组织化——以烟台市“党支部领办合作社”为例》，载《求实》，2020（06）。

② 温铁军、杨洲、张俊娜：《乡村振兴战略中产业兴旺的实现方式》，载《行政管理改革》，2018（08）。

③ 熊万胜：《农民合作的新前景》，280页，北京，中国政法大学出版社，2013。

此是一种辅助、催化与保障的复合型角色。

以制度安排的差异为标准，企业同农民的联结模式可以归纳为以下四种。首先为非契约化市场交易模式，因双方之间尚需形成相依的难题共担和利益共享纽带，而被当作成类似于一般的、松散的市场关系，按照标准无法同“企业＋农民”的模式对等。其次为“租地—雇工经营”模式，也可称其为“土地反租倒包”模式，在根本上可以看做是公司运行形式，同样无法等同于是“企业＋农民”模式。再次为互惠契约模式，为广受认可的最符合标准的“企业＋农民”模式，从字面上就可看出彼此之间共同参与、共谋发展与共享收益。最后为出资参股模式，即在发展实践过程中由农民作为出资方参与构成，同样是“企业＋农民”关系的一种。①

就当前D村高原夏菜产业发展现状与村民的认知水平而言，出资参股的可能性微乎其微，“订单＋保单”模式直接反映出发展互惠契约型“企业＋农民”的合作模式。最优模式中，企业可同村民完全恪守并遵循协议开展高原夏菜的产销一体化。一方面足以推动村民正向收益，发挥自身专长在农业生产技术服务、农资供给性价比提升等处促使高原夏菜产业开展持续的优化调整，推动农业生产供给侧结构性改革。另一方面可保障企业收购高原夏菜产品的数量与质量，实现互惠共赢，在一定程度上缓解价格波动与生产成本浮动引发的危机表征，解构此前双方业已存在的利益互斥问题。若是能够将合作社的角色作用充分调动参与其中，奠定“村两委＋企业＋合作社＋农民”模式，形成完善的“统一资料供应、统一技术指导、统一灾害防范、统一事后相应、统一产品监测、统一收购销售”的合作生产经营路径，明显有助于带动村民持续增收致富，巩固提升特色产业之于村民的“乐业”价值。因此，今后时期既要健全此种模式的形式内容与机制结构，更好地发挥服务保障作用，也要不断动员村民更多地加入其中，增强再组织化程度。

二、保障措施的辅助

詹姆斯·斯科特（James·C. Scott）概括性总结出东南亚小农生存境遇，即“一个人长久地站在齐脖深的河水中，只要涌来一阵细

① 张晓山：《联结农户与市场》，157页，北京，中国社会科学出版社，2002。

浪，就会陷入灭顶之灾”[①]。在他看来，把生存作为目的的农民，在规避经济风险而不愿冒险追逐平均收入最大化方面很有代表性。基于一种“安全第一”的生存伦理，农民所追求的绝不是收入的最大化，而是较低的风险分配与较高的生存保障。[②]而在理性小农视角下，农民的理性经济人行为构成了另一种行动逻辑，即从未放弃过追求经济利益最大化，对市场价格的变动尤为敏感。[③]在此两种观念逻辑的加持下，如同太极图般“你中有我”“我中有你”塑造着农民行为选择。新发展模式主要针对高原夏菜市场价格波动及农资质量标准参差不齐等具体情况，严格说来可归纳在较为可控范畴内，且易于在全体种植户中推广，其自身前景较为明朗。然而，风险的存在不只是可控性的单一面向，未知风险或是已知不可控风险的影响难以短时间内彻底攻克。就高原夏菜产业发展而言，气象灾害长期以来始终是较为棘手却又苦于应对的问题，纵然灾害预警可提前告知种植户加以准备防范。但是，高原夏菜露天种植的特殊性，种植户们能做的大都是清理排水渠、加固田间设施等基本工作，希望能以最小的代价渡过难关。若是因此造成高原夏菜大面积损坏甚至是绝收，只能发出“时运不济”之类的感叹。村民JSJJ说：

每年的这个冰雹了、强降水了是最头疼的，老天爷想要干啥我们管不了呗。这就是告诉我们了，地里不管种啥，不会顺顺利利的，总是要渡过些难关呗。最近两年这个气象的预警提前几天就发到我们手机上了，村上也会马上通知说过几天要来冰雹、降水了，让我们提前做好准备。之后谁家的地里受了多少灾就及时地要统计，报到村委会上。我们提前准备能准备啥，还像电视里的那种找几个阴阳（风水先生）作法让别来了，根本不是那么一回事。最多的一块把水渠里的垃圾、污泥给清理一下，让它能排水通畅一些，少让这些

① ［美］詹姆斯·C.斯科特：《农民的道义经济学：东南亚的反叛与生存》，程立显等译，1页，南京，译林出版社，2001。

② 郭于华：《“道义经济”还是“理性小农”重读农民学经典论题》，载《读书》，2002（05）。

③ Popkin S. *The Rational Peasant*：*The Political Economy of Rural Society in Vietnam*. Berkeley：University of California Press，1979：17.

菜在水里泡着，再一个把架子给固定一下，检查检查哪个地方松了，发现了就给紧一下。完了就只能自求多福了呗，想着快来快走，把自己家的东西别打太多，损失些就损失些，只能是这种呗，别的办法没有了着。这些年一直在说买保险买保险，那个谁也不知道咋样，真正出事了能不能给赔上不好说吧。（JSJJ，男，藏族，村民）

分析案例，可以相信JSJJ代表了大部分种植户的心声。一方面种植户在面对此种常见风险时手足无措，尚无有针对性的解决策略，单纯地依靠自求多福则是标本无治，只能眼睁睁地注视着灾害任意肆虐。另一方面，自然灾害在所有人面前引发的风险分配“人人平等”，保险却不失为一个拥有较高风险防范且保障最低收益行之有效的手段。在“经济人”与“社会人”双重特征下，D村村民大多数划分在无力冒险的范畴内，尤其是当提及保险所不约而同的反映着意料之中的谨小慎微与一定程度上刻意地排斥疏远。他们首要关切的便是保险的投入与收益是否划算，投保是否能够及时产生理赔，或是即便发生理赔现象，数额太少不足以完全弥补损失，后续投保动力显然不足。若是投保后没有出现相应损失产生理赔，毫无疑问就是花了冤枉钱，白白地给保险公司增添了业绩。这样一来，面对保险时村民的想法、做法陷入两难境地。村民XYS的观点可视为普遍想法，他说：

那个保险啊，真的是说不成，把我们当傻子哄着。给你说的时候啥都能管，只要地里的豆子遇到冰雹了就能管，1亩地花上100块钱，真出事了就给你赔上最少2500块钱，给他们打一个电话就行。我（20）15年给家里的3亩地买了保险，到农历五月中吧，来了一场冰雹，把其中的1亩地给全打完了，我就赶紧联系他们，还把照片给拍下了。他们的人过来了看了看，把具体情况登记了，就让我等消息，大概半个月了才跟我说那1亩豆子里只有一半的能给赔，剩下的不符合标准。我说这还搞笑了，那1亩的全倒下了，豆荚了、秆子了地上全是。我就过去找了，反反复复几次，他们一直不改口，就赔那些。我心想算了，有一些算一些，以后他们再怎么说坚决不干了。（XYS，男，蒙古族，村民）

有研究者指出，政策性农业保险是农业现代化进程中必备的策略之一，被认为是政府管理应对农业风险最为有效的方法。诸如此类保险的参与角色多样，保险人、投保人与政府均有所涉及，政府主要承担宣传、引导与评估任务。[①] 调研得知，D村高原夏菜产业中农业保险早已具备，是一种具有强制性的政策性保险性质，一般由村委负责执行并统筹掌控，具体内容如下表5–4所示。

吊诡的是，此种政策性农业保险在D村村民处未全面普及，对此知之甚少或是完全不了解其存在的村民比比皆是。提及此事，村民多是满脸诧异，认为其并不存在。即便存在，也与先前所知晓的商业保险并无二致，由此普遍得出不靠谱的高度共识。虽然是政府出面推行，但自然灾害存在与否本是天意，人力干涉也是徒劳无功。村民LDC对笔者说：

> 这个（农业）保险听说过，只是先给那些精准扶贫的人家，他们自己不用花钱就有了，其他人没说有这个的。有这个保险的人说着，只有地里的菜被冰雹打掉了才给赔，其余情况全不给赔，管得不多。冰雹没有的话，它就不赔，下大雨了、发虫子了这些不管。（LDC，男，回族，村民）

表5–4 D村农业保险投保与赔偿标准[②]

高原夏菜品种	投保标准（元/亩）	赔偿标准（元/亩）
荷兰豆	200	3400
荚豆	200	5000
甜豆	200	3600
蒜苗	200	6000

除去现有农业保险的适用范围仅限于精准扶贫户来讲，若是此种农业保险能够实现全覆盖，可在一定程度上挽回村民因自然灾害引发的风险损失，也就保障了数量居多的无力冒险人们的后顾之忧。按照D村村委会的说法，将力争在3—5年内实现此种保险全覆盖。就不

① 冯文丽、苏晓鹏:《农业保险助推乡村振兴战略实施的制度约束与改革》，载《农业经济问题》，2020（04）。

② 数据来源于D村村委会和驻村工作队统计，2019。

具备冒险条件的人们来讲，保险同长期契约一并构成了人们应对不确定性因素的重要保障，源于其财富的累积偏少不足以支撑承担冒险成本。[①] 农业保险特别是政策性保险的保障性服务作用与新发展模式可同构为增强“乐业”面的有效途径，共建一种复合型的困境风险应对策略与机制。谓之政策性农业保险，即政府通过进行补贴用于制度性建设，从而降低风险的损失，推动经济回报的环比增长。若是缺少政府补贴作为制度性的关键环节，则会滑落为一般性商业保险，极易产生“保费过多农民不愿买，过少公司又不愿赔”[②] 的尴尬局面，村民的不信任便会转移到政策性农业保险上，造成可靠性与信任度的大打折扣。

既然政策性农业保险已在 D 村部分家庭中推行，按照现有投保与赔偿标准，仍存在可操作调整的空间。申言之，在投保模式及赔偿标准的制定层面，市场涌现的新机制促使人们在遭遇更深层次的不确定性之际，不由自主地选择倾向于寻求短期效益得以如期兑现的“计算理性”[③]。结合调研反馈，就现有政策性农业保险，可划分为两种调整模式，见表 5–5 所示。

表 5–5　政策性农业保险调整模式 [④]

投保模式	保费（元 / 亩）	赔偿标准
模式一	200	4 年亩均产值 × 亩数
模式二	100	800 元 / 亩

与表 5–4 所示相比，模式一与模式二在保费上对所有高原夏莱品种均“一视同仁”。在赔偿标准上，模式二不再针对不同品种存有数字差别，无论近些年亩均产值如何，一律按照统一价格进行赔付。而模式一实质上仍是秉承差异化原则，只不过将数字细化为亩均产值，依据亩产值高低进行精准赔付，可在一定程度上降低因统一标准赔付引发的不和谐因素，比表 5–4 所列标准在实际操作层面更具针对性。

① Frank Cancian. *The Innovator's Situation*：*Upper Middle-Class Conservatism in Agricultural Communities*. Stanford University Press，1979：57-66.

② 庹国柱：《对农业保险性质的再认识》，载《中国保险报》，2019-08-05（002）。

③ ［英］韩可思、［英］凯斯 · 哈特、［德］斯蒂芬 · 迈尔：《人类学的缺位——关于市场、社会、历史人类学定位的思考》，吴秀杰等译，149 页，北京，中央民族大学出版社，2015。

④ 数据来源于 D 村村委会和访谈资料，2021。

理想状态下，将模式一同模式二相比较，以荷兰豆为例，若是以模式一按照亩均产值为赔偿标准，每亩可获得赔偿金 7000 元左右，对应的保费为 200 元，比值为 1∶35；以模式二进行赔偿，则每亩地获得赔偿金仅为 800 元，比值为 1∶8。经此，模式一显然较模式二优势凸显。根据笔者对 70 位村民的访谈统计，主动考虑选择模式一的仅为 5 位，其余村民毫无疑问地选择模式二。在亩保费相差 100 元的情况下，绝大部分村民却将模式二作为首选，只是因为能够降低 100 元 / 亩的保险费用支出，而对赔偿标准鲜有深入关注与了解（见图 5–3 所示）。

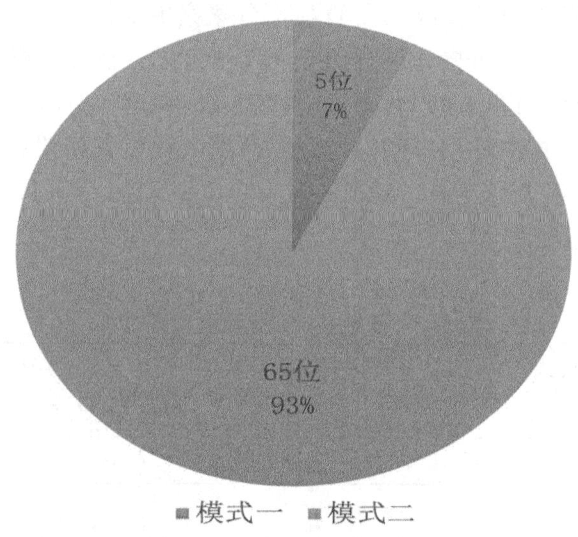

图 5–3　两种模式农业保险选择统计（李智勇　绘）

由此可见，在政策性农业保险投保形式与赔偿标准的考量层面，村民大多秉承稳定为主之态势，着眼于短期内的收益与较低的投保费用支出。在非强制性要求或是无政府补贴的前提下，任一模式都无法引起村民广泛关注及认可。受限于生产成本的攀升与经济收益间的不稳定态势，在想方设法节约成本与不确定的风险投入间多选择前者。从表面上看，村民是以生产成本的降低换取较高的经济利润来更加接近“乐业”的价值目标，追逐一种较为安全且稳妥的应对策略。从深层处讲，折射出村民在某些方面上弄巧成拙，忽视自身的专业化与职业化能力、素养、观念的培育发展，影响着“乐业”达成。

第三节　与“乐业”相伴：“安居”与“职业”的共建

毫无疑问，高原夏菜产业发展为村庄成功找寻到一条适合自身资源禀赋的发展路径，并为其中的受益主体——村民带来了切实的美好收获，重新点燃着其对“乐业”的向往。另一层面，随“乐业”因素增长呈正相关的“安居”则是突出了村庄之于村民的价值吸引。“产业兴旺只有建立在乡村整体价值基础上并与乡村价值体系相结合才具有可能性。”[①] 因特色产业发展引发的“乐业”价值为选择继续在村庄内生产生活的人们强化着“安居”价值观念，为农业生产与村庄建设进而不断留住了人、留下了人，壮大了根、扎实了根，村庄生活面向得以凸显强化。在经济生产价值之外，村庄社会价值与文化价值相应迎来新的重塑契机。在“乐业”与“安居”的加持下，村民满足美好生活向往的达成也就无须“离土离乡”，加之在“新型职业农民”的方向引领下着力奋斗，彼时完成乡村全面振兴和“三农”价值重塑的愿景目标也就水到渠成、顺理成章。

一、村庄生活面向的渐次凸显

村庄生活的面向，意指村民构建起的自我生活意义与生存价值时的面向，进一步讲则是村民在村庄生产生活过程中可能获得的价值感受。对于村民来说，村庄不仅是成长、生活于其中的物质世界，更是一个充满意义的精神文化世界。置身于这样一个在自身生命历程里无法先期挑选的复合世界，村民日常生产生活的行动目标就不只是在于谋求物质性利益的基本需求，还是要从中获取价值利益令其自身受益。从生活面向的角度剖析，村庄代表着一种生活方式和价值选择。具有价值生产能力的村庄，才能够具备村庄生活面向，反之则是对村外生活面向的执着，表现出将自身及其家庭的生活世界朝向外部世界，村庄的价值吸引让位于追求经济利益最大化过程的现实吸引。[②]

在经济价值生产能力较强的村庄，为村民提供了大显身手的机遇

① 朱启臻：《乡村振兴背景下的乡村产业——产业兴旺的一种社会学解释》，载《中国农业大学学报》，2018（03）。

② 贺雪峰：《新乡土中国》，18—24 页，北京，北京大学出版社，2013。

和追求经济利益最大化的空间，表现为村庄生活方式的城市化程度较高，城乡基本公共服务差距明显缩小，村民在“乐业”的同时也在体会“安居”带来的双重满足感、幸福感与获得感。基于此，村庄经济价值生产的可持续发展动力较为充足，村庄生活面向较为稳定，村民自然而然产生出一种历史感与归属感，进而对村庄认同越发增强，村庄共同体也因此持续不断强化，进而在社会及文化层面激发强化价值生产能力。简言之，稳定、旺盛且持续的经济价值生产能力为村民的村庄生活面向提供了内生性动力支撑，而且为其他层面价值生产引入活力与动力。

就D村而言，走以强有力的经济价值生产为内生性支撑，带动村庄整体价值生产能力的成长壮大，进而凸显村庄生活面向之路，显然更为符合实际。近些年来，D村青壮年劳动力外出务工人数明显减少，纷纷选择留在村庄投入高原夏菜产业，农忙时青壮年劳动力的身影明显增多。其中，纵然有良好的经济效应以及示范区称号的加持，却也是村庄生活面向强化的直接展现。村民SYQ对笔者说：

有个五六年没出去了，就在家里种菜，最开始肯定是不习惯，多少年没干过地里的活了。开始决定不出去的原因就是跟家里算了个账呗，出去一年挣的钱跟家里7亩地卖豆子的钱差不多，而且那会出去了工钱一个月有一个月没有的，跟这个卖豆子当天就能领钱不一样。而且是个啥，这个种菜一天卖了多少就是多少，送过去他们那边称完记下账，你回来还可以继续干你的活，啥时候领钱了就跟你说呗，一天下来卖的钱全是有数字的。外面再怎么好也不如自己的家好呗，但你说着家好是好，要是在家里这边挣不上钱，光念叨着以前是怎样怎样，靠着这些了不可能吃饱穿好呗。原先就过年不得不回来，那得要到家里过年才能说是过年呗，过完年没几天就要想着今年该怎么挣钱，是去外面还是在家里种地。前些年不用说都会去外面，要么是原来跟上干活的老板联系一下，看他们再要不要人，要么就是问一下别人在哪打工，情况怎么样，总之就是个一心想出去。最近几年的情况应该是正好相反了，多的都在这边过完年开始准备当年的种菜。家不光是过年时候的家了，在平常的日子不就是在家里

的地上干活，给家里挣些钱嘛，原来不觉得跟家的关系距离是这么近的。（SYQ，男，汉族，村民）

可以看出，村民本质上首选村庄生活面向。只是在现实生活的考量下，若是在村庄中连最基本的生存需求都无法完全保证，背井离乡寻求生存价值便是不得已而为之，诸如情怀、记忆等只能是空谈。经济价值生产能力的弱化与不足，加之村庄内生文化约束性式微，只会使得村民与村庄间关联的越发松弛。长此以往，村外生活面向就不仅是局限于经济价值层面。故而，村外生活面向的个体与群体，谁也不情愿就村庄价值做出评判，村庄命运前途如何也就与之毫无关联。既然村民经济收入的获得是在村外，其人生价值的实现也就多在村外。村庄或许在他们眼中只是记忆或是渲染乡愁的载体，或者是标榜炫耀成就与开展面子竞争的场所。一定程度上，两种生活面向代表着城市与乡村两种形态的发展现状。相比于城市，乡村经济价值生产能力的类型单一与弱化滞后始终制约着双方关系的走向。对大部分村民而言，村庄仍是满足“安居”向往的最初选择，是精神上、灵魂上的寄托，是价值意义生产的起点，普遍存在的“故土情结”便是最显著的代表。即便是身在他乡，对村庄事务关注度未减，愿意为村庄做出应有的贡献，或是在退休后重新回村居住安享晚年，或是为村庄建设发展寻求资金支持、项目支持与关系支持，等等。

特色产业发展带来了大量的就地就近就业机会，使得在看似制度化了的“半工半耕”①基础上得以促发一种“打工—回流”机制②，属于村庄面向、农业面向。这样一种“打工—回流”机制是劳动力生命周期的产物，即乡村劳动力处于不同的生命时期，具备特定的人生任务。以往大部分选择外出打工的村民若是在本地从事特色产业收入可观，就能够依据自身实际在外地打工与本地就业间做出灵活选择。更重要的是，特色产业发展可以吸引有经营能力的劳动力回流，其年轻化特征明显，对于综合素质要求更严格。具体而言，不同种类农业生产经营所吸引的劳动力类型是各异的。传统粮食作物生产如小麦、青

① 黄宗智：《制度化了的“半工半耕”过密型农业（上）》，载《读书》，2006（02）。

② 周飞舟：《打工家庭与城镇化——一项内蒙古赤峰市的实地研究》，载《学术研究》，2016（01）；贺雪峰：《半工半耕与中国渐进城镇化模式》，载《中国社会科学》，2017（12）。

稞等，虽然产量低、收入少，但劳动力的投入长久，多看重生产经验，年长的村民也可以独自经营。然而，特色产业具备较高素质要求，对一定经营能力与资本积累的青壮年劳动力需求旺盛。之所以能够吸纳的劳动力类型多样，除生产环节外，在销售、加工、运输等处同样留有相应空间。可以说，这样一种“打工—回流”机制较为妥善地应对了“半农半工”格局下特色产业劳动力需求难题。基于特色产业发展效应的拉力作用，存在了较长时段的“外出打工＋本地农业生产”的村民家庭生产经营模式逐步向“本地特色产业＋外出打工”转变。不仅没有动摇“半农半工”的固有格局，还对“半农半工”的内涵进一步丰富、扩展。今后一段时期内，伴随特色产业产业化程度加深，能够为劳动力回流增加更多吸引面，进而促使村庄生活面向的强化坚固，增添了乡村社会人气。而乡村人气兴旺，反过来又可以推动特色产业发展，以至于培育并延伸了一种围绕产业与人口的良性互促关系，有效缓解了“乡村不动”的“梁漱溟之惑”[①]，对全面推进乡村振兴的重要意义不言而喻。

更进一步，D村与同类型普通农业型村庄共同面对的，是在几十年的发展实践中，村庄价值生产能力弱化的事实不可避免。在市场经济与现代性因素向村庄渗透的同时也在解构村庄，村庄经济价值生产能力的匮乏引发村民大规模的外出务工流动，致使村庄价值生产能力在多个层面均遭损害。村庄之于村民“乐业”与“安居”的诉求满足不再是重要选择，村民之于村庄发展命运的主体性呈现也就不再是核心要义，由此村庄的衰败、凋敝直至终结或许只是时间问题。因此，没有发展态势较好的经济价值生产能力的村庄就留不住人。同样，不具备拥有创业意识并热爱村庄的参与者，乡村产业兴旺也只是空中楼阁。如此，以D村为代表的聚集提升类农业村庄，实现乡村振兴最重要的是除了产业兴旺外，也需要由人才振兴带动当地社会生活气息同活力的重新迸发与长久维系。按照“产业兴旺、生态宜居、乡风文明、治理有效、生活富裕”的乡村振兴总要求，真正把乡村看成是家园来对待。否则，就如同先前一般，将乡村理所当然地视作为城市经济社会发展提供资源要素供应的“仓库”。

可以说，村庄生活面向强化，首先应当是村庄经济价值生产能力

① 李永安:《美丽乡村建设须破解“梁漱溟之惑”》，载《宁夏社会科学》，2017(02)。

的强化。村庄本就具备的价值生产能力在内生经济动能激活下，正在经历着富有时代气息与原生内涵相结合的重塑过程，事关村庄前途命运，事关农业现代化进程，事关村民人生意义。乡村在漫长的历史进程中形成了同生产与生活相适应、相匹配的综合功能，如生产、生活、生态、文化、社会与教化等，它们相互渗透、密切联系、彼此制约，共同构成了乡村作为有机整体而存在，并维系着乡村生产生活的有序开展。之所以要乡村振兴，乃是这些构成要素发生了变化，抑或是维系这些要素间原有关系的力量失衡，使得乡村原有的有机系统结构遇到冲击，难以担负起乡村居民追求美好生活的终极目标。

概言之，乡村作为一个有机体本就具有其满足村民生产生活所需各类要素之角色功能，产业兴旺便是要重新发掘此类要素的生产生活价值，并借助现代科学技术途径放大增强此类价值，进而实现乡村价值面向的再造与强化。因此，这就需要把乡村整体视作为产业发展的要素并非人为把乡村社会同产业发展区隔开来。[①] 在这之中，D村及同类型村庄就要重视从农业生产中寻求希望，发展特色产业不失为一种最为行之有效的途径。而在发展二、三产业基础条件相对较好的村庄，实现产业兴旺的步伐便可以适当提速，进而更好、更快地带动村庄价值生产能力建设，推动村庄内生性资源的优势转化。“乐业”是实现“安居”的前提，“安居”是促进“乐业”的保障，两者同为村庄价值生产能力的内容构成，并共同贯穿于作为愿景的文化效应展现之历程中。

二、“职业农民”的艰难拓荒

“让农民成为有吸引力的职业”，着眼于“三农”现代化，在农业、农村现代化外，农民的现代化同样是关键所在，事关着农业与农村现代化及全面推进乡村振兴的质量和进程。[②] 同时，在多数人尚未彻底扭转对“三农”大部分仍停留在代表着与城市、进步、现代相对的“落后”“低级”“肮脏”等污名化观念形象为前提，“让农民成为有吸引力的职业”关系到农民自身从“身份”区隔的刻板印象转变为职业类别的组成部分，实质上也是一种摆脱自身“污名化”的价值重塑

① 朱启臻：《乡村振兴背景下的乡村产业——产业兴旺的一种社会学解释》，载《中国农业大学学报》，2018（03）。

② 叶兴庆：《新时代中国乡村振兴战略论纲》，载《改革》，2018（01）。

过程。产业兴旺的基本主体为农民，但不是传统农民，而是掌握基本科学技术、具有一定市场意识的新型职业农民，[①] 这就反映出“人”特别是“人才”的基础作用。“职业农民”是推进农业现代化、发掘农业生产能力与潜力的重大问题，也是全面推进乡村振兴的现实问题，更是重塑农民自身形象与外界认知形象，进而摆脱旧有刻板印象的文化问题。

从D村高原夏菜产业发展实情出发，“职业农民”与“乐业”、“安居”相较而言，是起步最慢、难度最大、耗时最长的一环，却又是事关前两者即时效应与延时效应的基础性单位。“观念不仅在接受的个人那里常常是滞后的，其社会结果是滞后的，对观念及其后果的认识也是滞后的，我们往往需要通过一个观念的后果才能比较清楚地认识这观念。”[②] 因农业生产的特殊性，自上而下的资源输入与政策扶持，或是生产技术的革新与市场需求的调整，最终落脚点与责任者便是作为农业生产者的农民。其自身能力素质的高低与否，直接对应如制度安排、科技应用、产业布局及市场变革等多方面因素的实施成效。农业生产少有能如二、三产业般吸纳一定规模的专业人才，在较长一段时间内仍需依靠现有力量——农民作为主力军。

在社会分工中，农民实际上是一种职业而非身份概念，是指专门从事农业生产和经营的人。2012年中共中央、国务院印发《关于加快推进农业科技创新持续增强农产品供给保障能力的若干意见》中明确提出培育“新型职业农民”，以提高科技素质、职业技能、经营能力为核心。[③] 新型职业农民以农业为职业，具有相应的专业技能，收入主要来自农业生产经营。同年农业部确定100个县（市、区）开展新型职业农民的培育试点工作；到2015年试点范围增加到了4个省、20个市和500多个示范县；《中共中央　国务院关于实施乡村振兴战略的意见》再次强调，到2020年底，全国新型职业农民突破2000万人。[④] 如此花

① 蒋辉、刘兆阳：《乡村产业振兴的理论逻辑与现实困境——以湖南千村调研为例》，载《求索》，2020（02）。

② 何怀宏：《观念的力量》，载《读书》，2008（01）。

③ 《中共中央　国务院印发〈关于加快推进农业科技创新持续增强农产品供给保障能力的若干意见〉》，见农业农村部网站，http：//www.moa.gov.cn/ztzl/yhwj/zywj/201202/t20120215_2481552.htm.2012-02-15/2021-03-11。

④ 《中共中央　国务院关于实施乡村振兴战略的意见》，见中国政府网，http：//www.gov.cn/zhengce/2018-02/04/content_5263807.htm.2018-02-04/2020-11-29。

大力气聚焦培育新型职业农民，乃是源于开展农业生产经营的群体能力高低与否，直接关乎农业现代化进程与产业化转型的实效如何。可见，新型职业农民可作为振兴乡村、强大农业的必备人力资源。

与传统农民相比，新型职业农民的“新”在以下几个方面。

一是掌握先进农业生产技术，善于从事农产品经营，是新时代发展乡村产业的引领者。D村特色产业发展表明，通过改造并激发农业生产能力与潜力，要瞄准变动着的城乡居民消费需求面向，善于发挥现代农业科技信息的优势长处，扩展农业产销的多维功能。在二、三产业发展基础条件滞后的村庄，以特色产业发展带动经济价值生产能力的发掘重构，仍不失为培育激发内生发展动力的适宜路径。新型职业农民要善于借助现代互联网来获悉农业生产新技术、新方法，以有效渠道得知农产品生产、营销等方面信息，尤其是在“互联网＋农业”的电商平台上开展学习、宣传与销售特色农产品。因此，新型职业农民的“新”便是在知识获取、技能掌握、意识强化、素养提质、综合能力等层面领先于传统农民，具备较高文化水平与过硬专业技能素质。他们是现代农业生产者和经营者，是乡村振兴的参与者和受益者。

二是具有一定的开放性和流动性，是传统农耕文化与现代农业文化的传承者。传统农民扎根于土地，同样脱离土地而自由流动不易，其封闭性程度较深。农业生产作为悠久的生计方式，在乡土中形成的一整套与之相辅相成的礼俗制度、道德规范、行为习惯等聚合成完整的文化体系。经此，乡村社会在从土地到乡土的认知与实践的过程中，加以不断丰富和调适，凝练出一套内生自给的以意义系统和价值体系为主导的乡土文化，并将其用于维系社会的稳固前行和人们行为的习得与规范当中。这样一种具有明显农业生产内涵特征的乡土文化是乡村振兴中不可多得的内生性资源。

当然，乡村社会在平稳前行的前提下同样蕴藏着技术与制度革新的因子，属于渐进式微变与突发式巨变相结合，前者多为内部孕育，后者多为外力推动，预示着乡村社会从未排斥演变或是发展。由科技创新塑造出带有时代感的外在形象，同传统“底蕴”相结合，共同构成农业生产的复合文化。通过持续学习充实科技知识与实际应用，农业生产者就需要持续充实习得新思维、新方法、新设备之能力，利用创新变革不断丰富农业生产内容，促使农业现代化搭上乡村振兴战略的便车，加快质量与速度的双赢。由此，在不断阐释以乡土文化为核心的乡村优质原生文化中潜在的文化价值，衔接全面推进乡村振兴的目标准则发展传承，来充分彰显农业、农村、农民价值层面的时代风采，从而承担起现代农业文明与优秀乡土文化传承耦合的重任，为推动特色产业发展有力有序有效开展、着力实现产业兴旺的作用不言而喻，具有联结传统、当下与未来的开放性。①

三是职业选择取决于自我选择与市场需求双重因素的左右。同传统农民的代际延续而异，新型职业农民善于精于农业生产经营并拥有强烈的敏感度，而且有能力契合市场需求调整的新要求，是经由自主决定同市场需求共同推动的产物。这就说明新型职业农民能够即时捕捉到新思想、新观念，并形成了市场导向型的行动理念，善于将市场规则、市场标准与市场需求引入并落实至农业生产当中。此举绝非是蛮干式匹配，而是以自身特质为前提基础，在追求经济利益最大化的过程中，始终秉承精准性观念，制定完善与自身所处环境及条件精准契合的发展路径，少有付诸于短期利益而做出影响全局前景的规划行动。就D村特色产业发展而言，从最初的少数村民个体的选择，再到扩展至全面生产的集体性行动，一方面是高原夏菜自身特性与区域优势较好的结合，另一方面便是市场需求由急剧扩张到稳中有升的总体脉络，始终保有可供流通的数量需求，由此方能将潜在的资源优势转换为良好的经济优势。

2017年习近平总书记在参加十二届全国人大五次会议四川代表团审议时指出，“要就地培养更多爱农业、懂农业、善经营的新型职业农民”②。从目前各地实践来看，新型职业农民主要有以下几种类型。一是生产经营型。如种植养殖大户、家庭农场主、农民专业合作社骨干等。二是专业技能型。他们既包括从传统农民逐步转变而来的专业人员，也包括外出务工或学习之后获得各种农业技能的返乡农民工、复转军人或回乡务农的大学生等。三是社会服务型。如农业信息员、动植物防疫员或检疫员、农产品经纪人、农机手等。无论哪一种类型，他们都以农业为职业，拥有一定的专业技能，是乡村中有文化、懂技

① 赵旭东、孙笑非：《中国乡村文化的再生产——基于一种文化转型观念的再思考》，载《南京农业大学学报》，2017（01）。

② 《习近平参加四川代表团审议》，见新华网，http：//www.xinhuanet.com/photo/2017-03/09/c_129504883.htm.2017-03-09/2020-09-02。

术、会经营、有组织的职业化群体。[①] 培养造就更多新型职业农民及以此为标准方向的高素质劳动力，持续为乡村振兴带来足够的人力资本，才能把“农民职业有前景、农业产业有奔头、农村生活更美好”的愿景变为现实。从D村实际出发，今后一段时间内，大力培育生产经营型“新型职业农民”是为首要任务，迈向“乐业”的价值目标。

实际上，在更为广泛的乡村振兴视域下，以新型职业农民为标准，关注高素质劳动力培育比单纯指向新型职业农民群体更为适宜。据此，以新型职业农民为标准的高素质劳动力培育要从现有群体中来，再往现有群体中去，应当从以下几个方面着手。

第一，重点培育“懂农”能力。新型职业农民的职业性体现在运用科技能力、交互合作能力、灵活变通能力与长期学习能力等方面，最终目的是深谙可持续发展与有效经营管理。现有培育对象基本上为村庄固有农业生产者，虽然在特色产业经济效应的吸引下，青壮年劳动力比重逐渐增多，但从整体上看，对接受培育意愿程度较低。试图借助长期积累形成的足够经验，部分村民认为自身所具备的这一“资本”能够全然应对各种经营环节内的问题困境，即使是无法快速集聚财富，也不愿参与相应活动；即使是能去参加，大多数村民的出发点在于获得政府的补助与相关优惠政策，而不是为了提高自身的职业技能。

正如孟德拉斯（Mendras）所言：“如果我是唯一熟识自己田地的人，那我也是唯一能种好它的人，所以，没有任何人能在这方面帮我的忙。”[②] 村民总是根据自身多年从事农业生产的经验为基础指导后续的任务开展，认为外界的帮助十分有限，大多只能在保障方面起到作用。到实际操作层面，真正起作用的只能是自己。源于对此种观念的固守，一些外部传入的生产经验、技术知识、管理模式等尚未彻底落实到特色产业发展实际当中。舒尔茨（Schultz）指出：“对传统农业的改造要引进新的现代农业生产要素，不仅要引进物的要素，如杂交种子和机械等，还要引进具有现代科学知识，能运用新生产要素的

① 文军：《大力培育新型职业农民》，载《人民日报》，2018-07-23（007）。

② ［法］H. 孟德拉斯：《农民的终结》，李培林译，41页，北京，社会科学文献出版社，2010。

人。"[①] 故而，"懂农"能力需要一定的生产经验作为基石，更为重要的是相应的职业技能，即科技接受与运用能力和组织协调能力。引导农民开拓农业多功能价值，以科技助力农业生产水平提升。

第二，关注"爱农"精神的职业价值观。既然农民本就是一种职业划分，那么职业价值观的具备则理所当然。所谓职业价值观，是指在从业人员的开展职业工作的过程中，与社会环境在互动中逐渐形成的对于这一职业的工作状态、职业价值和发展取向的认可与肯定。[②] 事实上，与新型职业农民相对应的职业价值观尚未形成，直接造成了以新型职业农民为标准的高素质劳动力培育中该部分的缺失。因此，培育一种以"爱农"精神为内核的职业价值观尤为重要，注重强调"以农为荣"。发展主义语境中，城市与农村、市民与农民、工业与农业之别隐含着现代与传统的对立，充斥着对"农"的抨击鄙视。农民自身在此种"污名"环境的渲染下，只能被动的蒙受此种外在力量的身份限定，久而久之，"进化"为污名认同者，接受强加的命运设定为他人所左右的同时，内在意识也为"主流"的期望所建构，更进一步表现为以所建构的形象示人。[③] 近年来，在城乡融合发展与户籍制度改革的实施，农民身份标识的意义发生重大转变，但旧有观念的改变非朝夕之功。"爱农"精神的树立，一方面要培育出"以农为荣"的职业价值观，让农民意识到农业在经济社会发展中的角色地位及与之匹配的责任使命；另一方面要强化农民"乐业"情怀，让其切身感受到、享受到参与农业生产带来的物质成果与精神财富。"爱农"精神既要从现实的物质回报中衍生，也要汲取乡土文化中的优秀资源。

第三，凸显"强农"素质的提升，以职业道德为约束。现有诸多农民在技能层面较为突出，但一定程度上缺乏职业道德素养，就应具备的职业道德内容并不明晰与在意，致使道德行为失范现象屡见不鲜。就D村实际情况而言，高原夏菜产业发展经济收益回报良好，但绿色安全问题越来越成为其能否顺利成为商品流通的关键所在，这也

① ［美］西奥多·舒尔茨：《改造传统农业》，梁小民译，8页，北京，商务印书馆，2006。

② 葛军燕：《职业价值观教育：目标、特质及其路径——基于职业院校学生职业生活体验的探讨》，载《中国高教研究》，2012（09）。

③ ［美］彼得·伯格：《与社会学同游——人文主义的视角》，何道宽译，111页，北京，北京大学出版社，2008。

就表明了绿色生态理念在今后特色产业发展中的关键要义，即农业产出高效、农业产品安全、农业资源集约。只重视高原夏菜产量，而不重视高原夏菜质量的态度不应是以新型职业农民为标准的高素质劳动力的职业道德。若是仍旧以此试图寻求参与市场，其结果注定会被市场所筛除。此种现象在当前D村特色产业发展进程中不在少数，一旦东窗事发，受影响牵连的不只是本人，而是同一批甚至是后续几批产品的流通将受到不同程度的牵连。D村加工点负责人YSY曾告知笔者，2021年收获期伊始，因部分高原夏菜产品检测始终达到最低农残标准，致使后续一周的产品未能及时进入市场流通，最终只能以饲料价格出售，比正常市场价格低近60%。因此，以新型职业农民为标准的高素质劳动力培育，特别呼唤一种类似于“工匠精神”的职业道德，令农产品质量始终秉承“精益求精、至臻完善”的基本准则，让农业生产者强化完善“耐心专注、严谨求实”的专业精神。①

综上所述，在特色产业发展进程中，对以新型职业农民为标准的高素质劳动力的呼应与需求事关“乐业”各方面的质量与进程。目前标准下高素质劳动力的数量较少、质量参差，从现有群体中培育所面临的难题是“应该”或者“到底”选择哪些对象：要么为村内从事生产活动的群体，要么为外出回流的青壮年劳动力。就当下特色产业发展实际情况入手，恐怕在此问题上仍需深思熟虑。以新型职业农民为标准的高素质劳动力培育内容绝非只涵盖有文化、懂技术、会经营、有组织，还要在“爱农”职业价值观和“强农”职业素质着墨。在“乐业”的引导下，同“安居”一道，共筑乡村振兴的文化价值重塑之路，彻底转变对“三农”的污名化刻板印象。一旦全面实现乡村振兴，彼时农民的“身份”属性会被“职业”所取代，农业也就成了“职业”农民的农业。本章在说明新型职业农民既包含了群体属性，也意味着一种为现有村民“赋能”之方向。毕竟到2050年实现乡村全面振兴之际，绝大部分当前语境下的农民或将不再从事农业或农业兼业，而是由留守乡村的高素质“职业”农民来完成。②

① 张燕、卢东宁：《乡村振兴视域下新型职业农民培育方向与路径研究》，载《农业现代化研究》，2018（04）。

② 贺雪峰、王文杰：《乡村振兴的战略本质与实践误区》，载《东南学术》，2022（03）。

本章小结

社会心理学提到观念和行动之间存在着十分紧密且复杂的联系，人们行动既受制于其所想所思以及精神信仰与切身感受，又能够反之部分地影响其行动模式和真实反应。[①] 回首高原夏菜产业发展进程，是一种自发推行为主、政府参与为辅的“集体行动”。因良好的经济收益回报为村民重新赋予“乐业”因子，并在一定程度上引导着村庄社会文化价值生产能力的激发，为选择居住在村庄从事农业生产的村民强化着“安居”的情感依托。此外，乡村产业振兴对农业生产经营主体自身能力素质带来不同于以往的高标准与新要求，亟待呼唤更多数量的具备新型职业农民特征的高素质农业生产者涌现，事关农业生产要素能否转换为高效的农业生产力，也事关“乐业”的长期维系。三者间的关系如图 5-4 所示，共同围绕着同一个核心，即乡村振兴。

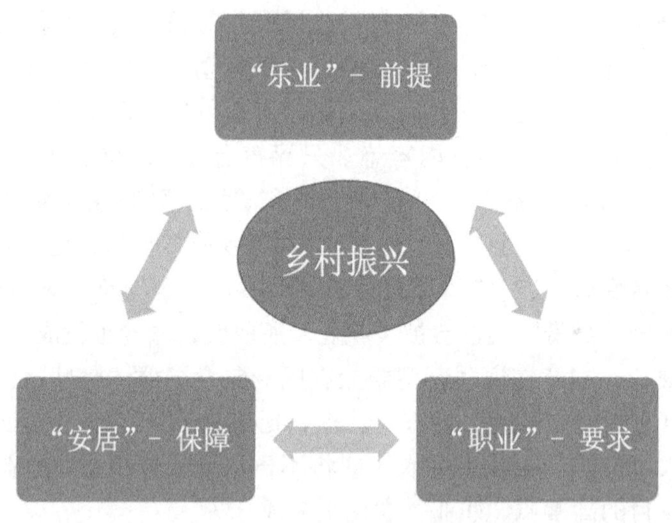

图 5-4 “三农”目标间相互关系（李智勇　绘）

① ［美］A. 班杜拉：《思想和行动的社会基础：社会认知论》，林颖译，上海，华东师范大学出版社，2001。

乡村振兴战略为“三农”勾勒出远景目标，也是摆脱其旧有与城市、现代化间二元对立刻板印象的价值重塑之路。从严格意义上讲，理想状态中的农业、农村、农民从来不应该屈居于附属的、弱势的、受压制的一极，同样不会成为凌驾的、强势的、压迫的一方。我们需要抛弃西方二元论塑造的极端“发展主义”的概念主张，审视相关的“大传统”“小传统”“双元社会”等对立分割的内容论述，并更多地回归中国文化中的既有辩证观中寻求答案，更要避免“食洋不化”与“食古不化”。

遵循上述脉络，不难得出，农业、农村、农民在众多力量的驱使下面临着发展态势与诉求处在动态变化中。一方面，在遭遇某些异质性因素冲击呈现出的支离破碎致使对其命运的担忧始终存在；另一方面，其具备的有机体特性保证能够抓住机遇，可以从中不断汲取外来因素中的营养成分为己所用，进而能够发现和重振乡村的特质及其在现代社会的价值。[①] 在特色产业发展效应推动下，“让农业成为有奔头的产业，让农民成为有吸引力的职业，让农村成为安居乐业的美丽家园”[②]，从蓝图到现实的跨越正在逐步兑现。

① 陆益龙:《村庄特质与乡村振兴道路的多样性》，载《北京大学学报》，2019（05）。

② 《中共中央 国务院关于实施乡村振兴战略的意见》，见中国政府网，http：//www.gov.cn/zhengce/2018-02/04/content_5263807.htm.2018-02-04/2020-12-12。

第六章　基于发展效应的特色产业探讨与反思

发展人类学主张人类学的知识能够直接为发展实践所采纳，以田野工作为核心考察手段，判断、确认和分析不同场景中的文化与发展的关联程度，并在此基础上获取地方性知识和经验，从而提供可资决策者参考和借鉴的依据、信息和建议。作为民族学 / 人类学学科显著特征的整体论全景视角，要求研究者既有全局观，也不放弃对细枝末节的重视。也就是说，只有在组成物质和社会生活的不同要素之间寻找互为关联的节点，研究者才有可能对文化有详尽和全面的了解。整体论视角意味着研究者和决策者无法将发展单纯地理解为经济增长、技术进步、生活水平的提高和个人、社会财富的增加，而不考虑由于发展引起的文化变迁、社会转型以及生态环境所受到的一系列冲击与影响。[①]

发展人类学理论所秉承的整体论全景视角，正是值得本书借鉴之处。乡村产业的兴旺，不只应以利润最大化为追求指标，而应该是经济效益、社会效益乃至生态效益的最大化。[②]对于本书所要研究的特色产业发展效应，一方面要发掘出其在经济、空间、社会和文化等方面的内容呈现，另一方面在对发展效应的整体把握上，来窥探特色产业本身，在时间线与结构线外，进一步分析总结出特色产业发展的经验集合、影响进阶的问题所在、前进方向的对策建议，目的是促使特色产业在完善自身实力的同时，更加有效发挥优势效应，聚焦产业兴旺与乡村全面振兴。

---

① 潘天舒：《发展人类学十二讲》，9—10 页，上海，上海教育出版社，2020。

② 朱启臻：《乡村振兴背景下的乡村产业——产业兴旺的一种社会学解释》，载《中国农业大学学报》，2018（03）。

第一节 特色产业发展历程的经验凝结

从脱贫攻坚到乡村振兴，现行标准下乡村人口实现了战胜绝对性贫困的“中国奇迹”。乡村特色产业在其中扮演着关键角色，国家层面将其视作乡村经济社会发展的重要推手，支持脱贫地区特色产业发展壮大，重视其在调动乡村内外资源、激发内生动力、优化产业结构等方面的特殊价值。[①]其中，以发展特色产业来持续激发培育乡村发展的内生动力备受关注，是关乎产业兴旺和全面推进乡村振兴的重中之重。D村发展特色产业的案例就此提供了在中西部地区特别是民族地区普通农业型村庄的有效回应，这一回应既涵盖了客观的发展成就，也有一定的经验凝结。经过长期的探索经营，在特色产业发展效应的推动影响下，D村内生发展动力已经走上持续激发阶段，离不开参与主体的协同发力。

一、内发外推的互为

特色产业发展历程中，所面临的目标任务、环境条件、机遇挑战会因时因势呈现出一定的差异，但在参与力量之维，延续着内外力量的稳定架构。作为外生力量的政府、市场，源自乡土社会的内部力量，共同营造并制约着特色产业发展效应的展现，内生动力的持续激发也囊括其中。不同于产业扶贫具有浓厚的“自上而下”“由外到内”的政治色彩，D村特色产业发展带有较为明显的“以内为主、以外补内、化外助内”的特征，可将其归纳为“内发外推的互为”。

根据一些研究者的观点，此种“内发外推的互为”可视作为内生动力的发展模式的范畴内，是将外源动力与内生资源不在价值层面上排序，而是注重两者间的融合或是聚合性转换，称之为“新内生发

① 相关文件包括《中共中央 国务院关于实施乡村振兴战略的意见》《国务院关于促进乡村产业振兴的指导意见》《全国乡村产业发展规划（2020—2025年）》《中共中央 国务院关于实现巩固拓展脱贫攻坚成果同乡村振兴有效衔接的意见》《中华人民共和国乡村振兴促进法》等政策法律。

展”[①]或是“外发促内生”同“内联促外引”的综合作用。[②]概言之，从特色产业发展到村庄全面发展，需要始终关注村庄内部主体与外部主体间的关系调适、内部资源同外部资源的整合协同，着眼于不同发展阶段的劣势应对与问题解决。基于研究者相关成果的启发，结合对D村特色产业发展的整体把握，本书将“内发外推的互为”分为以下三个方面。

首先，外引促内发。在特色产业发展的起步阶段，村庄内部成员利用在村庄之外的社会关系网及时引入这一新事物。在没有明显外部力量的推动与信息传递不是十分便捷的条件下，依靠内部成员的社会关系网主动接触、谨慎探知，收效甚好，为后续迈向产业化之路开好头、起好步。村庄产业发展止步不前，甚是不进反退，一个关键的原因就是难以从村庄内部的资源要素中持续汲取足够的能量支撑，就需要通过从外部资源中找寻既可以同内部资源互补，又能重新激发内部资源活力的合适选择，为产业结构调整的运转创造出难得的机遇。D村特色产业发展的发轫就是最直接的印证。

可以看出，与外界有着更加广泛和及时的连接沟通，不再固执地恪守既有模式，就有勇气舍弃旧有的、不适宜的发展模式。借助村庄内部向外延伸的社会关系网引入先前不具备的资源与信息，借此创造新的发展机遇，有助于盘活村庄内部资源与带动产业新生，也是村民主体性、积极性与村庄适应性、吸纳性的有机体现。需要说明的是，依靠村庄内部成员社会关系网对外部资源绝不是一味地迎合，而是在基于信任的前提下进行筛选考量，选出同自身条件相匹配的最优解。D村村民最初之所以选择高原夏菜，主要关注的是能否与当地的自然环境相契合、能否同长久以来传承的农业生产经验相结合、能否达到增产增收且“利益最大化”的主观预期。

其次，内生促外助。从外部引入的资源被证实能够与村庄内部条件相契合，并能带来良好的经济效应后，得以在较短时间内扩散至多数村民层面，被他们所接受和采纳。较早开启高原夏菜产业发展进程

① Ray, C. “Culture, Intellectual Property and Territorial Rural Development”, *Sociologia Ruralis*, 1998, 38 (1): 3-20；岳晓文旭、王晓飞、韩旭东、周立：《赋权实践如何促进乡村新内源发展——基于赋权理论的多案例分析》，载《中国农村经济》，2022(05)。

② 何慧丽、邱建生、高俊、温铁军：《政府理性与村社理性：中国的两大“比较优势”》，载《国家行政学院学报》，2014(06)。

的少数村民发挥典型引领作用，为其他村民增添了信心与决心，消除了顾虑及隔阂，在有形的成果展示与无形的观念转变中不断夯实产业扎根村庄、嵌入乡土的经济基础和社会基础，从而实现村庄内部资源整合、组织协调能力的提高。故而，重构了一种带有集体性行动性质的村庄经济结构转型。这一过程与结果中，个体的身份被重新赋予为非正式制度下的经济能人，使其在村庄社会关系网中的地位和权威顺势而升，反过来吸引着更多村民投身至特色产业发展中。

随着特色产业发展从发轫期迈向全面扩张期，外部力量的角色施展也从先前的沉寂期进入活跃期，表现为在政府层面，通过政策供给、规划制定、技术推广、项目建设等途径全面介入，注重为推动特色产业营造良好且有保障性的发展环境。尤其是主动推进销售模式的开拓，引入相关企业统筹县域内高原夏菜销售工作，为产量日趋增长但在本地市场难以完全消化的现实排忧解难。在市场层面，企业在确保产品质量与流通效率的前提下，同村庄内部力量相结合，探索出能够满足双方需求的层级销售链，搭建了便捷的产品向上流通渠道和信息、资源的向下传递路径。

可以看出，"内生促外助"展现出村庄内部对于外部资源的吸收内化是较为明显的。经过引入的外部资源，除了契合当地的自然资源禀赋外，还应具备与乡土社会文化的整体性相关联，[①] 方能更好地扎根，也能促进特色产业自身结构的完善与实力的强化。这一过程中，仅仅依靠村庄内部力量是远远不够的，需要如同之前从外部寻求"活化"资源一般，调动外部力量发挥自身优势推动特色产业发展，实现"以外补内""化外助内"。一方面，坚持了特色产业发展的"内部"指向，明确以村庄内生动力的持续激发为主导，注重在地化培育与开展自主经营。另一方面，外部力量同样注重自身作用发挥在一定的区间内，重视同乡土社会文化间的互动，促使特色产业发展更好地扎根，为乡村社会强烈认同。

最后，内外相融合。这是特色产业发展到成熟阶段，也是接近实现乡村全面振兴的标志之一，更是今后一个时期内的方向目标。沿着注重经济效应的主线、社会文化效应的支线脉络，此阶段内更加重视后者的角色发挥，围绕前者并服务于前者，进而衍生出为内外力量所

① 熊春文、桑坤：《作物结构、生计体系与产业扶贫的有效性机制——基于华东一个县域的经验研究》，载《云南社会科学》，2020（03）。

共同接受、共同遵守、共同参与的制度性框架，实现制度逻辑、市场逻辑与乡土逻辑的高度整合，最终达到内外部力量的深度融合。

制度性框架不只是对内外部力量的规范和约束，还能够增进双方间协同合作的长久性，将彼此间利益需求统一到特色产业发展的整体目标上来，提升对特色产业发展效应的共同营造。基于此，能够产生出多方合作共赢共享的理想结果。在一些内生式发展的典型案例中，内外相融合已经从理想变成现实，如陕西省咸阳市袁家村、浙江省湖州市安吉村与义乌市何思路村，以第三产业特别是旅游业为路径，在较少的时间内创造了快速且稳定的经济增长成就，促使村庄内生发展动力从短期的培育激发跨越到长期的维系完善。[①] 这些案例中，内外部力量形成了较为稳固的动力架构和明确的角色分配，发展出相应的制度性框架，保障了参与各方的利益需求不被侵蚀，注重兼顾社会公平，实现了产业发展过程的共同参与、成果的共同享有、风险的共同承担，带动了村庄的整体发展。当前，D村特色产业发展离上述目标存在较大差距，仍需以经济效应为核心谋划内生动力的持续激发，更多地关注其他效应的价值所在，并注重差异化营造。

走上特色产业发展之路以来，D村从中发掘出一条将自身禀赋同外部资源叠加进行聚合性转换，培育生成发展新动能[②] 的最适选择。在发展动力结构的组成比例中，内生动力的实力占比经历了从少至多、由次到主的结构性转变，对应的是外源动力的“降格”。但这并不意味着即使是特色产业发展已接近产业兴旺的程度，就预示着外源动力退出历史舞台的时刻来临。因此，在特色产业发展抑或是乡村振兴的其他方面，不应将内外部力量的关系置于一种对立态势中去，即简单地断定内生动力对应着内部力量、外源动力对应着外部力量，更重要的是持续推动两者间的良性互动、对接、融合，针对不同阶段的发展需求，让彼此间的合力得到最大化呈现，这属于生产关系适应生产力的讨论范畴。

① 岳晓文旭、王晓飞、韩旭东、周立：《赋权实践如何促进乡村新内源发展——基于赋权理论的多案例分析》，载《中国农村经济》，2022（05）。

② 丁生忠：《内外资源聚合转换驱动乡村振兴战略的理论与实践》，载《理论学刊》，2019（05）。

二、多重角色的协作

在特色产业发展中，内部力量与外部力量在行动的开展、作用的发挥、利益的获得等方面，有赖于具体的行动载体。简单来说，内部力量行动载体的构成以村民为单元，包括村民自发形成的非正式社会组织，外部力量则为政府与社会组织（特指企业）。总体上，政府在资源分配与政策制定实施方面具备法理性与强制性，为政策统领者、规划制定者与实施引导者；[①] 社会组织特别是企业作为乡村经济的基本细胞，[②] 在推动科技进步创新、促进资源要素有机匹配等方面具有优势[③]；村民则是置身基层一线的参与者、实践者、受益者[④]。此三种行动主体的角色分配理论上是比较清晰的，实际操作层面也较好地体现出相互协作又角色分明。

（一）政府的“后发式”参与

在脱贫攻坚期，以“扶贫”为主要基调，政府为支持贫困地区摆脱绝对贫困，引导培育产业发展基础给予了大量的资源，包括政策资源、财政资源、技术资源、人力资源等，为不同类型的村庄精确把脉、精准施策。以自上而下式的全面介入在村庄产业发展中扮演先导者角色，其目的是借助自身强势的组织能力、协调能力、动员能力破除制约产业发展的各类障碍弊端，激发盘活产业发展的内在资源要素，在短期内能够建立同地方环境禀赋相适应的乡村产业，尤其是以特色产业为主。为此，从规划制定，到具体实施，到充分保障，再到效能评估等方面，政府不可谓不竭尽所能，致力于以乡村产业的发展壮大带动脱贫攻坚的顺利进行，为后续的产业发展乃至全面推进乡村振兴培育良好的基础条件。然而，政府全面、全力的“大包大揽”式行动显然映衬出村庄内部力量的极度失位，正是内生动力不足的直接缩影。在脱贫攻坚告一段落，迈向全面推进乡村振兴阶段，加快村庄产业发

① 于建嵘:《县级政府在乡村振兴中的作用》，载《华中师范大学学报》，2019（01）。

② 张红宇:《乡村振兴战略与企业家责任》，载《中国农业大学学报》，2018（01）。

③ 王薇、李祥:《农业产业集群助推产业振兴：一个“主体嵌入 - 治理赋权”的解释性框架》，载《南京农业大学学报》，2021（04）。

④ 石洪斌:《谁来振兴乡村？——乡村振兴人力资源支撑体系的构建》，载《治理研究》，2019（06）。

展壮大，持续大力培育激发内生动力始终处在优先地位。[①]

回顾D村特色产业发展历程，政府的角色作用同样至关重要，这一点无须赘述。但不同于脱贫攻坚期的“大包大揽”，政府参与具有明显的“后发式”特点，却无碍其作用的发挥、优势的展现。特色产业发展初期，D村引入、推广到销售高原夏菜完全是村民个体行为，政府层面既没有专门出台政策规划，也没有开展广泛宣传，更没有具体的实践指导。直到特色产业发展在D村已成规模之际，经济收益持续攀升，农产品种植结构转变等客观趋势不可逆转，政府的大规模参与“随即到来”。事实上，政府对高原夏菜产业的关注始终热度不减，特别是另辟蹊径引入蔬菜公司统筹全县高原夏菜销售，为其更加便捷地进入市场流通开辟了有效渠道。

时至今日，政府的角色集中在特色产业发展的宏观指导——制定实施总体性与阶段性目标任务，政策供给——定期颁布应对需求与难题的发展方案，监督保障——规范市场秩序与风险防控兜底，技术推广——新技术、新品种的试验与应用，教育培训——村民科学文化素质与职业技能提升等方面，严格按照乡村振兴战略和产业发展规划要求确保特色产业发展走深走实。很显然，政府让渡出该有的空间给其他参与主体，促使各主体间自身作用得到较好发挥，进而合力协同推动特色产业发展。

处于政府与村民间的村两委，是联结两者的关键所在。一方面，政府需要借助村两委将自身意志传递到每个村民处，再由村民在特色产业发展中逐项落实。这之中，村两委的传递过程显得十分重要，即如何将政府意志不照本宣科地分发，以通俗易懂又不失内涵地解读宣传，令广大村民能较为充分理解其中内容要义。另一方面，村民从政府获得相应支持也需要村两委从中协调，为政府开展相应工作传递基层声音。近年来，D村积极推进“村两委＋企业＋合作社＋农民”的特色产业发展新模式。村两委由此将承担更多职责，从幕后走到台前，充实特色产业发展的参与主体结构。现阶段，村两委的发挥空间较为有限，但已经承担同政府监督保障相接近的部分职责，表现出为加入合作社的村民缓解观念上与现实中的后顾之忧，督促企业与村民按照合同约定履行各自任务，促进双方合作关系的维持。

① 豆书龙、叶敬忠：《乡村振兴与脱贫攻坚的有机衔接及其机制构建》，载《改革》，2019（01）。

（二）销售到服务：企业的转型

企业是特色产业发展参与主体“三驾马车”中的关键一环。参与特色产业发展伊始，企业就将销售作为立足之本。围绕销售任务的展开，企业相继建设改善了基础设施的硬性条件与制度规范的刚性约束。以岔口驿冷库为例，基础设施方面，投入运营半年内建成可低温保存半个月的总容量为1000吨的贮藏空间，购置可低温运输的集装箱式卡车8辆，到2022年8月，低温贮藏空间容量增加至2000吨，集装箱式卡车扩展到15辆，日均产品处理能力可达25吨，基本满足周边产区10—15天产量需求。在制度规范方面，如前文所述，建立严格的高原夏菜产品收储制度，规范高原夏菜质量标准；同村庄内部力量协作构建层级销售链，下放部分职责至此，并通过信息的逐层传递，促使市场规范准则持续对接乡土社会、嵌入村民观念。作为交换，企业则致力于销售利益的最大化，让层级销售链的构成群体均能满足各自应得的利益，也包括企业自身利益的实现。此种固定模式下，企业不与种植户直接接触，专注于产品的销售，借助层级销售链进行间接沟通。一定程度下，层级销售链缓解了企业同种植户间的因观念行为差异可能导致的直接冲突，但在造成了两者间社会距离的更为疏远。在D村引入企业建立冷库后，种植户观念中的“市场准则”同企业秉持的市场准则的截然不同在多次直接交流中显现。一时间，双方均笃定对方有误而自我正确。

近几年来，面临错综复杂的市场环境与濒临“内卷”的产业境遇，村庄自我发展能力尚未成熟，企业依托自身在资源、技术、经营等多方面优势，逐渐由单一的销售角色向复合的服务角色转型。以D村冷库为例，同村委会共建高原夏菜产销合作社，吸引部分村民加入，借此开展“订单＋保单”模式，企业同村民得以实现直接接触，建立合同契约关系，由合作社从中监督双方的履约行为。此种模式中，企业同村民约定作物种植类型与面积、最低收购价与日常收购价、产品质量安全标准，并为村民提供低价高质的生产资料，允许村民用日后成熟的农产品折抵。此外，企业通过流转部分土地，一边承接政府安排的新技术、新品种试验，一边将自身渠道引入的资源付诸实践检验。不论是何方何种新式事物，须先由企业开展试验后再决定是否满足特色产业发展需求，是否值得大范围推广应用，是否能够为村民普遍接受。总的来说，企业向服务角色的转型表明其参与特色产业发展范围扩展、程度加深，涵盖从生产至销售的全过程，是适宜特色产业发展阶段性形势的自我调适使然。

（三）以村民为单元的行动主体

以村民为单元的行动主体，在特色产业发展的不同阶段呈现出不同的组织形式和参与策略。最初，以村民个体形式借助自身社会关系网的信息传递，引入高原夏菜这一外部资源丰富内部农作物种植结构，带来新的发展机遇。之后通过亲自实践，实证出高原夏菜不仅同本地自然条件及生产惯习相契合，还能得到较传统农作物数倍的产量与经济收益作为回报。再往后，此种回报持续走高，印证了高原夏菜良好的市场预期，更加坚定了调整种植结构的决心与信心，产生了少数率先致富的村民个体。到了急剧扩张时期，演变为以致富的村民个体带动一定范围内村民参与。较之于普通村民，已致富村民在经验、信息、资金及一些技术方面占据优势，但并非遥不可及。后致的村民一边是“习得”相应的技术、经验、信息，一边是从彼时相对高位的产业红利中完成差距的追赶。进入平缓稳定期，复归至村民个体形式，而不是借此机会重构集体经济，充其量概括为具有集体性行动性质的共同经济生活，反映出在农业生产方面的组织性欠缺。村民基本上是“各自为政”，相互间的生产协作在自我利益优先的考量下黯然失色。由是观之，以村民为单元的行动主体基本上体现为个体行动，面临着再组织化困境，难以自发形成统一的农业产业整体。

至于销售层面，到目前为止，村民仍将层级销售链视作值得信赖、最为稳妥的选择。经过长期的实践检验，层级销售链具备了制度化色彩的非正式组织形式，将村民个体于无形中凝结成一根根链条，演变为以产品参与市场的主要途径。这一非正式组织形式中，经济利益需求是根本，社会关系网络是前提，彼此相互信任是保障。从“根本”上讲，不同村民在层级销售链的角色不尽相同，看似各自利益需求相异，实则将经济效应视作核心。作为种植户的村民个体，以符合“一般标准”的农产品换取接近期待值的经济收益回报；作为小贩的村民个体，做好农产品与信息、货款的中转，按照被普遍认可的固定比例抽取“好处”；作为加工点负责人的村民个体，需要在更加严格的市场标准下承担更加繁重的程序任务，待产品符合检验要求和质量安全后，方能获取相应报酬。以“前提”而言，先赋型的熟人社会关系网络促使村民个体“推己及人”成为可能。在急剧扩张时期，村民难以兼顾生产者与销售者两种角色，在经济利益和市场机遇的催生下，村庄内部自发产生专职的销售者——小贩。其日常任务的开展之初便充分利用社会关系网络与生产者进行双向选择，建立若干交易对象，由此步入运行轨道。此种运行轨道由混乱到正常后，小贩与交易对象的范围、数量、分工相对固定下来，离不开社会关系网络的“强制性”规范。就“保障”来看，彼此相互信任构筑起了层级销售链的隐性高墙，使其不会在短时间内土崩瓦解。彼此相互信任一是源于熟人社会关系网中本就具备的要素，是延续至今的乡土社会文化因子，具有先赋型特征；二是经由日常的、具体的社会行动影响和再生产，带有鲜明的后致型特征。相比之下，后者的作用力更加突出，因某些小事致使彻底走向对立面的案例比比皆是。若是各方互不信任，农产品的流通进程从开始就陷入囹圄，其经济利益的获取就不得不另辟蹊径，最终不得不由种植户吞下苦果。当然，此种信任并非从一而终，有赖于各方在特色产业发展中共同尽心维护。

概言之，政府、企业与村民在特色产业发展中的角色属性是较为清晰的。政府重在扶持与保障，为特色产业发展构筑起坚实后盾；企业关注服务构建，为特色产业发展注入“强心针”；村民亲力亲为，为特色产业发展创造出累累硕果。在多重角色的协同参与下，形成并巩固了稳定的动力机制，特色产业发展因此成果斐然，从而推动实现制度、政策、主体、市场和要素的全面调动，[①] 为村庄内生发展动力的持续激发，为全面推进乡村振兴持续提供内生经济动能。

三、家庭经营的延续

特色产业发展引发了农业产业的变革转型，表面上看是从传统农作物到高产高效经济作物的种植结构转型，实质上则是包含种植结构在内的生产要素配置整体调适。在这一过程中，借助外部力量的大力推动，过去农业产业所面临的缺资本、缺技术、缺市场[②] 的瓶颈在很

① 刘合光：《激活参与主体积极性，大力实施乡村振兴战略》，载《农业经济问题》，2018（01）。

② 周飞舟：《从脱贫攻坚到乡村振兴：迈向“家国一体”的国家与农民关系》，载《社会学研究》，2021（06）。

大程度上得到妥善处理，大量人力、财力、物力被源源不断下沉至村庄，应用到同农业产业发展息息相关的诸多方面。对此，村庄内部产生出不同程度的回应。超出自身能力范围或是自身能力欠缺的内容，基本上是全盘接纳，如基础设施建设、公共服务开展等。符合自身能力条件的，大多是内部生成与外部对接相结合，如层级销售链产生与运转。那么，是否存在仍需长期坚守且不可轻易转型的方面呢？答案是肯定的，特色产业的组织形式便是其中之一，主要是家庭经营的延续。

"家庭经营"是改革开放后我国农业生产的主要组织形式，为家庭联产承包责任制的直接产物。具体而言，村民在自家所承包的土地上开展农业生产，可依据生产要素配置酌情考虑种植面积与作物种类。在人多地少的客观条件下，"家庭经营"又呈现出以小农户家庭经营为主要特征，于中西部地区特别是民族地区乡村普遍存在，无法短时间内具备发展大规模经营的条件基础。据第三次全国农业普查数据显示，全国小农户数量占到农业经营主体的98%以上，小农户从业人员占农业从业人员的90%，小农户经营耕地面积占总耕地面积的70%。[①]小农户家庭经营仍将在今后较长的时间内保有，为我国农业发展不容忽视的基本面，促进小农户与现代农业发展有机衔接受到国家层面的特别关注。[②]研究表明，在乡村青壮年劳动大量外出务工下，造成农业生产劳动力由"过密""过剩"到短缺、不足，演变为制约农业生产的新问题，小农户家庭经营仍会根据家庭自身条件主动调配劳动力安排，由此展现出较为灵活的面向。[③]因此，小农户家庭经营的基本组织形式始终未曾动摇，其自身的灵活调整贯穿在全过程中，是村庄内生发展"韧性"的自然展现。

在特色产业发展中，较高经济收益回报的过程同样是经历一定

① 《第三次全国农业普查主要数据公报（第二号）》，见国家统计局网站，http：//www.stats.gov.cn/tjsj/tjgb/nypcgb/qgnypcgb/201712/t20171215_1563539.html.2017-12-15/2021-04-03。

② 国家相继印发《关于促进小农户和现代农业发展有机衔接的意见》，《新型农业经营主体和服务主体高质量发展规划（2020—2022年）》；党的十九届五中全会公报和"十四五"规划中再次强调。

③ 黄宗智、彭玉生：《三大历史性变迁的交汇与中国小规模农业的前景》，载《中国社会科学》，2007（04）；周飞舟、何奇峰：《行动伦理：论农业生产组织的社会基础》，载《北京大学学报》，2021（06）。

规模的资本化过程。但是，资本化并不意味着等同于“资本下乡”式的企业化投入与管理。特色产业发展内农业资本和技术投入的源头由内部力量和外部力量共同构成，实施载体却以小农户家庭经营为主。实际上，小农户家庭经营与资本化不存在互斥关系，在资金、技术、设备、社会化服务等方面的自我投入占据一定比例，绝非单纯依赖外部力量。进一步讲，小农户家庭经营的资本投入严格遵循量力而行的基本原则。这与小农户家庭的承受能力水平紧密相关，也是受理性经济人特质驱使，少有盲目或莽撞的资本投入扩张。换言之，小农户家庭经营仍是农业经营的主体，资本投入、技术应用与“附加值”生成均需依附至此而在具体实践中得到展现，正是其“小而精”的优势[①]所在。

小农户家庭经营的另一显著优势便是灵活调整。这一特性的体现，一是对家庭劳动力分工安排。外出务工仍为多数村民难以撼动的首选，导致家庭劳动力分工将其视作基本考量。即使特色产业发展体现出一定的吸引力，也要屈居于外出务工。随着时间的推移和家庭劳动力结构的变化，此种分工顺势进行调整。对于特色产业而言，多数生产者为家庭分工安排中的“留守者”，再加上少部分“返乡者”，其生产规模和劳动投入可以保持在平稳区间内，但在技术应用及社会化服务选择上，往往会表现得较为保守。二是针对自身局限的探索转换。不可否认，小农户家庭经营的固定局限也十分突出，最主要的就是规模较小、实力欠缺而同外部力量直接接触时处于弱势地位，缺资本、缺技术、缺市场便是长期存在的短板桎梏。为应对此种局限，先后产生了不同的产销组织形式：其中之一就是层级销售链的建立，具有明显的内生性特点，可被视作间接的“企业＋农民”模式；另外一种便是近些年来推动的“村两委＋企业＋合作社＋农民”模式，企业同村民间可直接接触。无论何种组织形式，既确保了在特色产业发展中小农户家庭经营的基本面稳固，又通过政府、企业、村民的参与合作应对资本、技术及市场难以深入对接的阻碍，最大限度上将其转换为可资利用的资源。

在农业产业发展的过程中，尤其是经济作物的生产领域，家庭经营一直被认为是适合中国国情较为合理的组织形式。这并非只是出于

① 黄宗智:《“家庭农场”是中国农业的发展出路吗？》，载《开放时代》，2014（02）。

理性经济人特质或是市场选择的结果，而是同在历史长河中的持久历练和社会文化因素密切相关。中国传统乡村经济组成绝非等同于全然的农业经济，却为形成于家庭经营的积累上如费孝通先生所述的“农工混合的乡土经济”[①]。在不同的历史条件下，家庭经营均体现着极强的韧性，[②]在与现代农业发展有机衔接中依然存在。那么，家庭经营特别是小农户家庭经营的韧性就具备明显的历史传承。之所以能够产生并维系此种极强的韧性，乃是中国家庭自古以来就具备某类升华性的理想信念，即“努力劳动、脱贫致富的价值动力，相当于韦伯所说的新教伦理价值”[③]。正是由于此种韧性发端于乡土社会内部，历史上始终未脱离乡村社会尤其是家庭经营而独立运转，早已成为乡土社会文化系统中的组成部分，直接引发了“自下而上”的内生性动力。改革开放后一些地区乡镇企业的异军突起，就带有明显的“自下而上”特征，再到近些年来一些地区乡村二、三产业的兴盛同样以家庭经营为基本单元，并未放弃韧性的固有价值追求。[④]

因此，在特色产业发展的今后阶段，需要延续小农户家庭经营的基本组织形式，促进其与现代农业发展的有机衔接和包容性发展不断迈向深入。充分发挥小农户家庭经营的自身优势，推动特色产业在家庭劳动力分工安排考量的重要性占比提升，以更好地协调青壮年劳动力参与其中。针对小农户家庭经营的固有局限，需要强化应对模式、路径、机制建设，促使其最大限度地转换为持续激发内生动力的可用资源。特别强调的是，要重视小农户家庭经营中韧性特质的挖掘与解读，为特色产业发展增添更多文化性内生动力支撑。当然，小农户家庭经营不只是农业产业发展转型的唯一选择，国家提出适度规模化与之构成并行策略，两者间不存在非此即彼的相互对立关系。

① 费孝通：《乡土中国 生育制度 乡土重建》，414页，北京，商务印书馆，2011。

② 陈军亚：《韧性小农：历史延续与现代转换——中国小农户的生命力及自主责任机制》，载《中国社会科学》，2019（12）。

③ 王春光：《中国社会发展中的社会文化主体性——以40年农村发展和减贫为例》，载《中国社会科学》，2019（11）。

④ 付伟：《中国工业化进程中的家庭经营及其精神动力——以浙江省H市潮镇块状产业集群为例》，载《中国社会科学》，2021（04）。

第二节 困扰特色产业进阶的问题所在

注重以经济效应为核心的发展效应营造展现，凝结出可供自身今后前行的经验集成，特色产业一路走来积累了丰富的物质成就和精神财富，是着力乡村产业发展壮大，促进村民增收致富，推动为乡村振兴提供坚实内生经济动能的基本保障和关键路径。沿此方向不偏离，就需要确保特色产业发展效应优势面的呈现在今后时期内尽可能占据主流地位，不断强化如前文所提到的“乐业”“安居”价值诉求。然而，近些年来特色产业发展已经开始陷入难以进阶的泥潭之中，现有的发展模式在某些方面只可“保本”、增收乏力的弊端显现已是不争事实。尽管在市场化进程中，村民经济收入大幅增加，但同样受到各种条件限制，达到一定程度后难以延续先前态势。因此，对困扰特色产业发展进阶的问题所在进行梳理剖析，有助于深化对特色产业发展现状及前景的整体把握，进而提出具有针对性的应对策略，着力特色产业发展效应优势面的呈现。

一、“特色”的属性与红利失势

毫无疑问，“特色”是特色产业的立足优势，即充分利用区域内资源禀赋，同产品种类特性相适应，能够不断发掘出和生产出品质优、市场竞争力强、综合价值高、对绿色或是无公害要求较高的产品及其加工品。进一步讲，因地制宜、特色明显、效益较高构成了“特色”的基本属性，[①] 是区别于传统产业的主要特征。正因如此，发展特色产业具备先天性优势。当形成一定的规模化生产后，能够显著地释放以经济效应为核心的综合红利，在特色产业主产地村民家庭收入中占比大幅提升，D 村的案例便是直接印证。

诚然，D 村从特色产业发展中不断汲取能量，推动其自身内生动力的持续激发和村民日常生活品质提升，在其他效应层面亦有所展现。但此种趋势并非从一而终，“特色”属性在时间冲刷下的强弱对比突出。申言之，D 村率先享受到市场化进程中特色产业发展的“先发型

① 孔祥智、关付新：《特色农业：西部农业的优势选择和发展对策》，载《农业技术经济》，2003（03）。

优势”，也较早面临着“没有发展的增长”即“中低收入”瓶颈[①]，其背后隐藏着“特色”属性与红利表现出后劲不足的趋向。那么，从特色产业发展历程入手可窥探一二。从2000年小麦退出最低收购价保护算起，到2007年天祝县政府决定以D村所在的打柴沟镇为主导，建立8万亩高原夏菜生产基地这一阶段，D村作为较早具备规模的高原夏菜生产区，凭借有限的种植面积，逐渐成形的销售模式，备受市场青睐的农产品种类，加之稳中有升的市场价格，经济收益随之常年增幅明显，促使其由生产区转变为盛产区。之后的几年内，虽说打柴沟镇内一些村庄抑或是天祝县其他乡镇的若干村落目睹高原夏菜经济收益的态势居高不下相继投身其中，希冀能从中汲取“特色”红利，却对D村特色产业发展冲击程度有限，依旧可以保持在产量和收益方面的双增长。2017年，D村高原夏菜亩产值达到10000元，实现了历史峰值。倘若此势头能够延续多年，那么D村同高原夏菜间造就“一村一品”示范区的概率不小。然而事与愿违，从2018年至今，特色产业发展整体进入瓶颈期，生产要素成本的增幅大于市场价格增幅是关键原因，而“特色”属性的优势消减更为值得关注，主要表现为同质化严重，即“特色”不“特”。

之所以被冠以“特色”头衔，除产品自身类型同一般产品相比优势突出，如高原夏菜普遍具备的喜凉、耐旱、高产特性，还在于同生产区域资源禀赋较好契合，多重因素叠加呈现出“人无我有”“人少我多”“人多我优”[②]的阶段性特征。在前两个阶段，载体占有“特色”属性的时机先后与数量多寡同“特色”红利呈正相关，可在短期内经历“井喷”，并在之后一段时间内不断享受着此种“井喷”的延时效应。倘若令此种延时效应的时效期持续延长，就需要在“人多我优”处尽心尽力谋划，D村特色产业发展现阶段正处在这一节点。在周边村镇高原夏菜种植面积急剧扩张的形势下，D村特色产业发展的“先发型优势”红利表现出明显的后劲缺失，面临最为突出的问题就是同质化严重。就目前来看，D村与其他新增村镇的种植品种基本上以豆类作物为首选，其他十几种高原夏菜尽管市场预期更好，却只是零星

① 徐勇、石健:《市场化、社会化、国家化进程中的乡村振兴瓶颈及其突破——基于山东烟台“苹果村”的调查》，载《探索》，2022（02）。

② 谷树忠、杜杰:《我国西部地区发展特色农业的基础、问题与方向》，载《中国农村经济》，2000（10）。

种植。因此，大面积种植同种农作物致使收获期产量剧增，且在一定时间内高位维系。在局部区域内的市场购买量难以承担与日积压的销售任务，又面临着村民们的经济收益需求，致使负责销售、存贮、运输的蔬菜公司就不得不增加向外运输数量和频率。又因高原夏菜主要销售市场分布于国内一、二线城市与周边国家、地区，产品的新鲜度同实际价格直接挂钩，便要在运输环节最大可能减少损耗，运输成本的增加也就在情理之中。在平衡收支的考量下，企业不得已在市场价格低位的基础上，进一步压低市场收购价。

此外，因区域分布差异，同质化的另一表现是销售周期的延长。在D村及其以南产区收获期接近尾声时，以北海拔较高地区的高原夏菜才进入收获期。按照平均60天计算，这些地区高原夏菜收获期最晚可到10月底11月初，反倒是具备了一定的反季节蔬菜特性，更受市场欢迎，因而较主产期平均价格增幅不少。照此趋势，反季节性高原夏菜可能会逐步丰富“特色”属性。只不过是否能转换为“后发性优势”疑点重重，D村温棚实验的失败便是鲜活的警示案例。

需要明确的是，本书并非将现阶段特色产业发展所呈现出的“特色”属性与红利失势归咎于单纯的种植面积增加。当然，种植面积的增加是引发同质化现象问题的原因之一，但其初衷在于政府为推动村镇经济水平提升与农业产业发展，将已呈现出良好红利和发展潜力的高原夏菜产业作为主导产业方向培育壮大。让特色产业发展惠及到更大范围内的更多村镇，借此奠定由“一村一品”（“一镇一品”）—“一县多业”的梯度分布格局，能够实现兴业一地、富民一方，再不断叠加构筑起促进经济社会发展的复合产业体系。实际上，这些较晚参与特色产业的村庄，其所享受到的“特色”红利虽较传统产业大幅提升，但同较早参与村庄相比，已然处在“黄金期”尾部，却不得不携手进入“阵痛期”。所以，对“特色”属性与红利失势的关切更多应从特色产业发展总体进入“人多我优”的阶段性特征入手，关注怎样在“优”处做文章，避免重蹈“谷贱伤农”覆辙。例如，加快良种、新技术的研发、试验与更替，持续改善基本作物种类品质及提升科技助农惠农面；再如，扩大不同类型作物种植规模，探索真正意义上的“一村（镇）一品”“多村（镇）多品”或是单一村庄内部“多户一品”；又如，积极推进一、二、三产业融合，建立完善精深加工，延长产业链；另如，绷紧绿色安全的弦，严格按照市场要求，把控质量关，等等。简言之，一方面重视产业自身的发展壮大，另一方面瞄准多产业的交互融合。

综上，“特色”属性与红利失势是特色产业发展历程中必经之路，更是至关重要的节点。同质化问题是普遍的外在现象，深层原因则同“优”直接相关，体现着特色产业发展的完善方向。

二、应对难题短板之能力的不足

承接上文，“特色”的属性与红利失势可认为是特色产业发展进入瓶颈期内的问题表征，深层次的问题须从特色产业自身处找寻。在经济收益较为可观时期，为抓住难得的机遇追求利益回报最大化，较少或是忽视对一些问题苗头的关注，甚至可以牺牲小部分利益用以掩盖。在此类思想与行为滋生蔓延的笼罩下，特色产业各参与主体未能对已有及潜在问题困境引起足够重视，致使旧有方面恶化成顽疾、新生方面又迅速病变，并在很大程度上削弱了应对能力的建设完善。现代化内生发展动力的维系依赖两种关键能力：其一为“提升能力”，以重视推动现代化产业建设与发展；其二为“调适能力”，以主动应对各类已知或未知困境挑战。[①]毫不讳言，今后一段时间内，着力应对难题短板的能力培育成效如何，直接关乎特色产业发展是否同产业兴旺的终极目标更为实质性的接近。

现行模式下，特色产业在销售端借助企业搭建平台、创新形式、扩展渠道、策略调整等综合发力，罕见因规模化滞销引发产业动荡与村民担忧，主要是市场价格的低位。因而，制约特色产业发展进阶的难题短板大多集中到生产端上来。对于开启特色产业较晚的区域，经验的缺失与操作的生疏不足为惧，但凡能够经历一至两个完整生产周期足矣。此阶段内及之后，就同其他区域一同面临难题短板的共性问题。从现阶段情况来看，灾害侵袭、成本增长与价格不稳是制约特色产业稳产增收的主要因素，应对能力的不足导致不得不越发深度地受困于其中，同各参与主体间的角色失位、作用有限、协同欠缺不无关联，以下三个方面便是直观体现。

第一，灾害侵袭方面。特色产业苦于灾害侵袭已久，包括气象灾害、病虫灾害等方面。此类灾害具备可知性与未知性特征。谓之可知

① 吴忠民：《世俗化与中国现代化》，27—38页，北京，商务印书馆，2021。

性，就气象灾害、病虫灾害而言，其发生的时间点与形式较为稳定，如春夏之季多强降水、秋冬之季多冰雹、冬春之际多寒潮；虫害多为农历五月、六月间，以蚜虫为主。村民根据多年的生产经验和逐步提升的预测水平，相应的进行一些基础性准备工作，如加固设施、清障除杂、喷洒药物等，目的是将灾害引发的损失尽可能降到最低。毕竟灾害导致的损失先前不可预测，只能根据其强弱程度、时间长短、波及范围为依据事后计算。一般情况下，指望村民与村庄或是企业进行精准预测和技术运用显然不切实际，此处便需依赖政府相关部门开展。尤其是同特色产业生产安排紧密结合，根据不同阶段需求进行精准预测与人为干预。当然，现阶段因资金、技术、人力等方面限制，精准预测方面提升明显，已实现提前 3—5 天告知村民做好相应准备，而人为干预上只能开展人工增雨作业，于消雹、消雨处不具备条件，不应予以过分苛责。

同“未雨绸缪”处的步履蹒跚相比，于“亡羊补牢”处显然拥有更多可作为空间。遗憾的是，此方面关注度远远不够。在制度层面，即使政府一连多年颁布特色产业发展方案，却少有灾害保障以及应对的具体内容。已有的各类农业产业发展补贴中，同样未涉及灾害损失方面。特别要提到政策性农业保险，虽然基本实现主流作物种类和覆盖到部分种植户，但达到理赔条件的标准较为苛刻，真正能从中得到补偿的村民少之又少，实则流于形式。企业在此发挥作用的空间十分有限，能为之贡献的便是尽社会责任，努力在农产品销售期最大限度地让利于村民，以尽可能多的经济收益弥补损失。

第二，成本增长方面。生产资料价格上涨势头仍未见拐点，连续增长的势头或将持续一段时间，是村民现阶段最为关心也是最为棘手的问题。特色产业因产品特性差异，要求比一般农业生产标准更高与种类更丰富的农资需求和供给。可以说，特色产业发展良好的经济效应就必然需要相比一般农业生产而言更高的投入支撑，两者间应呈正相关。[①] 一旦此种正相关发生变化，投入产出比之间的平衡被打破，按照后续趋势就能判断出特色产业发展前景如何。一般情况下，特色产业高投入增幅远远低于与高回报，两者间差距明显，此番情形下红利自然显现。理想状态下，随着农业现代化水平持续提升，低价高质

① 姚荣锦:《西部地区发展特色优势产业的战略选择》，载《理论导刊》，2014（07）。

的农资供给局面形成，将生产成本支出控制在合理区间内，经济收益稳定在高位状态，那么特色产业就会实现真正意义上的高质量发展。

现实情况是另外一幅景象，非但没有进一步缩短同理想状态间的差距，反倒是离先前的平均水平渐行渐远，不进反退。因生产要素长期被外部市场定价，[①] 成本的增长包括农资产品、社会化服务，土地流转等，是每个家庭、每位生产者不得不接受的客观现实。为确保日常生产活动的正常开展，一部分具有实力及魄力的村民选择延续高标准要求坦然面对成本增加，期盼从未来的回报中印证自己当初决定的正确性；另一部分村民受困于自身条件，退而求其次，转向质低价廉的选择，同样希望能够在回报与投入的差额中寻求满足。对此，不能简单地断定前者在道义上高于后者，在最终结果上必然优于后者，或是后者的选择注定等同于为特色产业的可持续发展埋下隐患。两种选择均是在面对这一难题时的应对策略，均是出于自身条件与能力的合理选择，主观上很难断定孰是孰非。更何况，面对此种情形，村民个体的力量本就微不足道。政府的支农惠农政策力度很大，多次强调支持脱贫地区加快发展壮大乡村特色产业，给予村民相应的种植补贴，为其在一定程度上缓解了此种压力，必要时可借助行政干预手段规范不正当行为，遏制盲目上涨势头，促使价格控制在合理范围内。企业正经历向服务者转变的过程，在“订单 + 保单”模式下可扩大农资供给作为辅助，在保证质量的前提下，不必带有强制性，具备适度灵活性，如以收获期的一定数量的产品折算。

第三，价格不稳方面。同生产成本连续增加的趋势呈现鲜明对比的，便是市场价格的逐年下跌。据统计，2022 年的市场价格仅为 2017 年同类产品的约 60%，在增产向稳产转变，经济收益与实际利润的双重环比下降或将延续下去。长此以往，势必会冲击村民们对于特色产业发展前景的不确定性，动摇其深入扎根与嵌入乡村社会的经济社会基础。价格不稳的另一表现在于飘忽不定，无固定规律，且波动周期较短，难以控制在一定区间内。因高原夏菜每日价格不定，上下浮动区间很难琢磨，只能等到企业发布具体价格后方才知晓。现有层级销售链中，加工点和小贩的经济收入不受市场价格波动的影响，其固定的收入标准反倒与流通量密切相关，他们更为在乎的是产品每日实际

① 温铁军、杨洲、张俊娜：《乡村振兴战略中产业兴旺的实现方式》，载《行政管理改革》，2018（08）。

流通量的多寡。在日常交易行为中，他们会不经意间动员村民尽可能多采摘产品以扩大流通量的举动就不难理解。真正同市场价格“命运与共”的唯有村民，“特色”红利盛势之时，他们每日的期待值同实际的高回报基本持平，而在“特色”红利失势期，面临已成定额的成本支出压力在前，他们每日的期待值当然处在高位，却与实际回报值大相径庭，其中的落差与失望不言而喻。市场价格的飘忽不定致使部分村民尝试一种赌博式行为，即依据自身经验与近期价格波动趋势，延长产品采摘期，以待最佳时机博取最大利益。更多的村民仍是选择按部就班地进行产品采摘，至于市场价格波动如何影响自身收益，则要看是否能够得到“垂怜”，颇有“玄学”之感。

但是，对这一问题的应对绝不能依靠“玄学”。现有模式中的层级销售链促使产品流通便捷的作用不容置疑，但在面临价格波动上大多表现为“袖手旁观”，未能在此方面起到实质性作用。再加上流通环节的需要，从中产生出的附加成本在“特色”红利明显时期未引起过多关注，村民对此基本上持默认态度。自进入瓶颈期以来，此类附加成本因不与市场价格挂钩，反倒是同日产量相关，受到冲击微弱不计，村民对此产生了一定程度的不满情绪，削弱了对层级销售链的依赖程度。政府与企业共同推动建立新发展模式，对参与其中的村民给予最低市场保护价，源于近些年来平均市场价格与成本支出所定。一旦市场价格低于最低保护价，就以后者价格为准；若是高于市场保护价，则在每日价格基础上增加固定额度，由此则基本上保障了村民经济收益的环比上涨。作为交换，村民就需要按照同企业签订的合同要求，生产规定种类的产品，并确保质量安全。现阶段内，此种模式暂时被认为是最行之有效的解决路径，只不过受认可程度仍然不高，难以实现种植户全覆盖，从中需要政府、企业与村民三者不断协调沟通，使之早日广为认可并发挥应有作用。

诚然，上述三个方面只是特色产业发展进入瓶颈期众多难题短板中的“冰山一角”，有的方面存在长久，人为干预有限，可在保障内容处多多着力；有的方面事发突然，却也事出有因，需要在已有条件的基础上探索与之相契合的应对策略。这就需要继续坚持在特色产业发展中参与主体间协同参与的基本经验，分别注重自身实力强化与应尽作用的充分发挥，进而促使彼此间角色作用的有机匹配更为完善。在这之中，更应注重同乡村社会结构及文化系统的深层对接与嵌入，更加突出村民能力素质的培育提升。

三、内外有别的认知与实践偏差

有研究者就山东某地一个由“资本下乡”经营的大规模农场的案例研究中指出，当地农场内的村民同“资本”形成雇佣关系，对与自己存在“关系”的雇主，会为自身附加上若干伦理性的职责和要求，要是对于没有“关系”的情况，就会展现出全然不同的态度。此案例中，外来“资本”所选择的劳动力大多是值得信赖的，如何体现值得信赖，便是从自身社会关系网中寻找而非从经营农场所在地“另起炉灶”，这就有效缓解了雇佣劳动力的管理和监督困境。但与此相对的是同当地村民间的过度疏远，其自身利益不断遭受当地村民侵蚀，却被认为是正当行为，理所当然。此种行为或是观念被称作“内外有别”，[①] 即对于关系的亲疏远近遵循差异化行动考量的行动伦理，[②] 关键在于如何界定“内”与“外”，两者间是否存在相互转换可能，抑或是自始至终保持同一状态。这对论述特色产业发展进阶的困扰问题所在带来了启发，在关注生产要素配置与利用，产业自身属性发生变化之余，还可以从社会性层面进行分析，探讨此种行动伦理在不同主体间的认知与实践差异及其与特色产业发展的相互作用。

前文提到，面对日趋紧张的特色产业发展态势，政府与企业共同推进新发展模式的构建。从最具代表性的“订单 + 保单”模式出发，对于村民还是企业来说，均是比较有吸引力的，双赢局面的形成看上去板上钉钉。但在几年的运转后，加入的村民占比较少。为动员更多村民参与进来，村两委成员家庭率先加入，在合作社的担保与监督下，同企业签订合同，而后及时公布收入支出情况进行对比。一些村民在“眼见为实”后，抱着试探性心理选择同企业方接触，此时企业同村民间是“内外相隔”，需要引入中介力量促使双方关系破冰、融冰，村两委与合作社则是最佳选择。需要明确的是，村民与企业间签订产销合同，对双方职责与义务有明确规定，但双方关系终究不是雇佣关系。村民的按照合同约定开展生产活动，按期交付规定种植面积上的产品，

① 徐宗阳：《资本下乡的农业经营实践——一个公司型农场内部的关系与风气》，载《南京农业大学学报》，2019（06）。

② 周飞舟：《行动伦理与“关系社会”——社会学中国化的路径》，载《社会学研究》，2018（01）。

以协定价格获得报酬。企业方除技术指导等特殊要求外，全程介入较少，不存在管理和监督方面的职责。经过几个周期的合作，有了较为可观的经济收益回报作为支撑，加上村两委和合作社从中斡旋，双方“关系”无形中被拉进，由“内外相隔”迈向“化外为内”。有了这关键的一小步，双方间的关系联结就可能会从经济利益层面外延，推动“关系”更上一层楼，尤其是企业之于村民“自己人”的性质逐渐显现。

然而，现实的反馈则是村民与企业间物理距离的拉近同社会距离的缩短并非同步进行。关键在于企业和村民间的“内外有别”是相互独立的，在一定程度上导致了彼此对立的局面。企业遵循的行动伦理以市场准则为核心，甚至是唯一标准。现有的层级销售链内，一旦加工点送来的产品不符合质量标准，冷库方会铁面无私地勒令退回重新加工，即便是长期的合作伙伴也不例外。在市场经济与乡土社会中，为满足经济收益如期实现，村民必然要按照市场标准提供相应产品。而村民遵循的行动伦理奠定在“差序格局”的圈层结构向外延伸，在遇到一些突发状况时，便会谋求一种“过得去”的解决方式，会接受牺牲部分利益换取整体利益的实现，显然，在层级销售链内部更容易实现。更为重要的是，层级销售链建立之初就以村庄熟人社会关系网为前提，在村民看来是“内部人”“自己人”，其先天性优势不言而喻。由是观之，层级销售链在村庄内部的社会基础早于后续经济收益的积累成长，并随着经济活动的展开，各参与单元均能从中持续获益，反过来又不断强化着社会基础。因此，在特色产业发展进入瓶颈期后，层级销售链越发暴露出不足之处，却仍为大多数村民不二之选，就在于其已经拥有深厚的社会基础。相反，就新发展模式而言，纵然针对性较强且具有明确的保障措施，但在推广落实处效果不甚理想，就在于缺少对村庄内生社会文化因素的足够重视，未能在由“外”到“内”的转变上迈出关键步伐。换言之，村民对摆在家门口的企业绝不会视而不见，而是双方均尚未完全形成观念性转变作为前提，市场化的运行逻辑同社会关系很难在彼此间实质性建立起来。

整体上，村民与企业间的相互信任与合作开展处于“低谷”，既包含完全不建立信任与合作的显性低谷，也有合作面有限且难以长期维系的隐形低谷。就已有合作来看，带有明显理性特质，即依靠双方的互惠预期达成的信任，这种信任建立在双边关系中取得强迫对方承认的预期能力的基础上，最初相对脆弱，只有当行动双方成为更大网络的一部分，形成结构性嵌入，信任才会增加。[①] 值得注意的是，不能将双方遵循的“内外有别”的行动伦理简单地等同为与市场经济及农业现代化进程格格不入的对立面，顺带将农民与乡土社会的“污名”加深。此类内生性社会文化资源贯穿于特色产业发展的全过程，可在扮演积极角色，也可实现自身的再造与完善，就看能否引起各参与主体的足够重视。一方面，要致力于村民观念性转变，缩短同其他参与主体的社会距离，将其早日并完全纳入到“内部人”“自己人”范畴内，塑造利益共存、情感共通、命运相依的纽带联结。另一方面，其他参与主体同样要在观念性转变上着力，特别是企业要坚决摒弃发展主义所制造的“农业和乡村”，以平等和发展的视角待之，将市场逻辑同乡土逻辑的交互结合摆在突出位置。村两委与合作社要做好沟通、协调两者间的中介力量，将彼此间目标统一到特色产业发展，统一到乡村产业兴旺。

总而言之，特色产业发展进阶面临的难题短板是迈向产业兴旺的必经阶段，良好的经济效应虽光鲜亮丽，但也在一定程度上掩盖了应对能力不足的事实，各参与主体间多多少少均缺乏对这一问题的关注。一旦特色产业发展瓶颈期越发深入，经济效应的优势空间不断缩小，各类已有问题渐次恶化及“隐藏”问题陆续显现，短期内势必会引发巨大冲击波，考验着特色产业自身生命力的强弱，以及参与主体间各自角色和协同作用的发挥效果如何。实际上，在外部因素引起重大改变的条件下，依据经济理性，参与主体应当及时做出调整应对，但实则可供回旋的余地越发消弭，已不可能再经历一次彻底的产业结构转型。从另一角度看，此类问题的出现倒逼特色产业开展自我“革命”，从单纯围绕经济生产能力向既重视经济生产能力，又重视自身韧性特质构建完善的发展诉求。

第三节　促进特色产业发展的韧性指向

特色产业发展进入瓶颈期遇到的多重问题暴露出其应对能力的不足，推动其可持续性与发展进阶无疑更多关注于此，有必要引入新的视角进行剖析。近些年来，中央频繁采用“经济韧性”来说明我国经

① 转引自张文宏:《社会资本：理论争辩与经验研究》，载《社会学研究》，2003(04)。

济虽然面临巨大挑战的下行压力，却具有经得住内外部难题、挺得过多种困难、有较强发展能力的特征。社会韧性意为稳定社会结构与推动社会发展的特性，是经济韧性存在的社会基础。[①]“脆而不折”“弱而不怠”的韧性小农是中国小农户延续至今顽强生命力的直接展现，[②]具有鲜明的农本主义色彩，不可能脱离国家、社会与个体三者的共同构建与有机协同而独自生成。[③]有研究者的成果已经关注到了中西部地区特别是民族地区乡村产业韧性发展推动乡村内生动力发展壮大的案例。[④]上述研究成果表明，将韧性视角的引入特色产业发展研究中是具有解释力的、完全可行的。

结合已有研究和相关表述，本书试图将中西部地区特别是民族地区乡村特色产业韧性发展界定为乡村特色产业在遭遇内外情形更迭之际，依托于内部与外部力量带有的若干可利用因子与特质，确保特色产业得以延续可持续发展以及推动进阶提升的一种开展干预、积极应对和调适成长之能力及其构建。换言之，现阶段中西部地区特别是民族地区乡村特色产业发展于所处复杂情形更迭进程中或多或少已展现出达到相应韧性特质的能力与潜力之趋势，有赖于内外部某些特定的关键性要素共同作用的效果如何。进一步讲，促进特色产业韧性发展，不应单方面关注经济韧性，而是要注重社会韧性层面及两者间相互关联的逻辑机理，既是乡村社会内生发展动力激发提升的自然显现，又能得以直接或是间接推动特色产业韧性发展。

一、优化动力结构，强化服务保障

“乡村的兴衰成败总是由政府、市场与个人共同作用的结果。”[⑤]从脱贫攻坚到乡村振兴，意味着不只是脱贫地区的发展阶段的内在衔接，

① 王思斌：《社会韧性与经济韧性的关系及建构》，载《探索与争鸣》，2016（03）；王思斌：《乡村振兴韧性发展的经济——社会政策与共同富裕效应》，载《探索与争鸣》，2022（01）。

② 陈军亚：《韧性小农：历史延续与现代转换——中国小农户的生命力及自主责任机制》，载《中国社会科学》，2019（12）。

③ 李小云、林晓莉、徐进：《小农的韧性：个体、社会与国家交织的建构性特征——云南省勐腊县河边村疫情下的生计》，载《农业经济问题》，2022（01）。

④ 汤夺先、陈艳：《乡村产业的发展韧性与乡村振兴的内生动力——基于散杂居地区民族村落的实际调查》，载《西北民族研究》，2022（01）。

⑤ 毛丹、彭兵：《市场推动、政府干预与农民行动——加拿大乡村的兴衰及启示》，载《浙江大学学报》，2010（06）。

而是整体上乡村发展的时代进入历史新阶段。[①]就特色产业发展而言，依旧重视经济利益最大化呈现之余，就是要更加强调其风险防控和主动适应能力的培育壮大，以韧性指向的建设与完善推动自身高质量发展，从而不断拉近同达成产业兴旺间的距离，为乡村全面振兴持续充实优质内生经济动能。事实上，若要特色产业发展沿此方向前行，各参与主体要不断完善自身实力，充分发挥角色作用，强化服务保障。

（一）政府的引导扶持

新发展阶段，发展特色产业在乡村振兴特别是产业兴旺中占据重要地位，尤其是对摆脱绝对贫困不久的脱贫地区来说，正如习近平总书记强调的“对脱贫地区产业要长期培育和支持，促进内生可持续发展”[②]。从相对贫困治理与全面推进乡村振兴角度出发，节本增效、风险应对以及可持续性等事关特色产业韧性发展的主要方面，更是关系到从业人口日常生活及乡村社会平稳运转的重要内容。为此，政府在明确“引导”与“扶持”基调的前提下，充分发挥其在政策制定实施、资金投入、质量监管等处的作用。

首先，政策制定实施方面。继续加大对特色产业发展相应政策的灵活支持力度，注重集聚特色产业发展的合力，处理好几个方面间的关系。一是处理好问题导向同结果导向间的关系。促进特色产业韧性发展，既要将持续激发村庄内生动力作为基本点，更要着眼于村庄全面且长效发展机制的健全完善，部分内容可超前关注有助于乡村全面振兴其他领域的若干问题。二是处理好外来经营主体与小农户间的关系。促进特色产业发展更加深入扎根与嵌入乡土社会，以市场标准要求规范种植户的日常生产行为，并支持企业同种植户间建成利益共享与风险共担的命运共同体，推动两者间的信任与合作走深走实。三是处理好“三产融合”间的关系。促进特色产业韧性发展，既要重视自身结构性调整，围绕资源禀赋和经验优势引导探寻新业态与新路径，着眼于同质化突出问题，强化其自身竞争力与市场知名度，还要关注到从不同产业的融合发展中开辟新的经济增长点及吸纳人口就地就近

① 叶敬忠：《从脱贫攻坚到乡村振兴：脱贫地区内的衔接抑或发展时代间的转型？》，载《社会发展研究》，2021（03）。

② 习近平：《在全国脱贫攻坚总结表彰大会上的讲话》，载《人民日报》，2021-02-26（002）。

就业之潜能。四是处理好政府与社会组织、农民个体间的关系。始终明确及尊重农民在特色产业发展中的主体地位，发挥好政府在保障农民权益中的作用，切实协调好、落实好相关政策的动态调整与农民多样化扶持需求目标的有效回应，在保持现有帮扶力度与措施相对稳定的前提下，针对不同领域、不同地区的特色产业发展实际实行差异化对待，以求更为精准发力。同时，立足于各参与立体的自身特点与角色优势，在加强引导监管的基础上，给予其充分施展空间，发挥自身应尽职责，使政府扶持更有力度、社会助力更有温度、农民主体性体现更有强度。

其次，资金投入方面。不同领域、不同地区特色产业发展所面临的困境新旧交织，需要在差异化原则下着眼于将有限的资金投入释放出最大的红利回报。例如，同 D 村特色产业发展境遇相似的村庄，资金投入就要更为重视风险防控能力不足的制约，或是参与风险保障基金的构建，或是支持高素质劳动力的培育，或是正向激励村民积极应用新技术、新品种与新模式等。再如，对于正在起步期的特色产业，资金投入应将基础设施建设、经营主体培育、扩宽销售渠道等置于优先地位，兼顾变动形势下的复杂问题，逐步加大对此类村庄的倾斜力度，毕竟其所面临的困境更为复杂且更为紧迫。同时，通过建立健全具有积极奖励与退出约束并存的资金投入机制，依据特色产业发展程度高低、产品质量好坏、绿色生产强弱、参与主体作用发挥实效等指标开展灵活调整，避免“等、靠、要”思想恶化。此外，在确保必要的资金投入之外，通过“放管服”改革，创新资金投入来源的多元化，适度引入社会资本参与特色产业发展，为经营主体的融资需求提供更多选择。

再次，质量监管方面。无论是政策制定实施还是资金投入，政府的扶持不再是“大水漫灌”式一味输入，其目的是依托特色产业为村庄精准定位发展方向。那么特色产业发展质量如何就成为政府扶持力度与内容制定、实施及调整的重要依据，就要完善现有质量评估检测机制，强化信息反馈、实地调查、运行监测、结果公布等环节的操作，更为科学、准确地评估特色产业发展效应，以利于从整体上把握特色产业发展的阶段性特征与问题所在，以便定期完善扶持政策内容与力度修正。就资金投入而言，更要强化监管，提升资金投入的精准性与对接性，确保资金流向重点领域与突出问题层面，最大限度地释放红利用以改善发展不充分不平衡境遇；确保形成资金合力，能够惠及同特色产业发展相关的村庄建设诸多方面，改善村民的生产生活条件。监管的另一维度则是强化市场行为监管。一方面，会同立法部门、执法部门完善相关法律法规体系及内容的制定实施，在“有法可依”“有法必依”“执法必严”“违法必究”处持续着力，营造良好的市场环境，以此规范参与主体行为与市场秩序平稳运行。另一方面，持续推动“法治+德治+自治”三治合一格局的构建与完善，协同内外力量共建共遵一种“文化自觉”般的内在规范，确保能够各司其职，同做市场秩序的遵守者、维护者。

（二）社会组织的助推

既有参与主体结构中，社会组织之于特色产业发展发挥着助推器作用，是不可或缺的羽翼。社会组织在作用发挥过程中，会面临多重不确定性，如支持者的不稳定性、地方权力的复杂性和在地目标的模糊性等，[①]但被视作应对“政府失灵”和“市场失灵”的重要力量。[②]企业作为其中的代表，是特色产业发展销售端的关键一环，担负着产品由乡土社会到市场流通的中转衔接，以及信息资源等的反向流通。促进特色产业韧性发展，企业在做精做优销售端任务之余，更需在生产端扩展参与范围，借助自身优势发挥服务保障作用。

一是推动农业生产技术、农产品类型的更新换代。相较于村民专注于农业生产以及风险承担观念上的顾虑、能力上的不足，企业可通过同政府、村民合作，或是独自承担大部分生产新技术与新设备、产品新类型的前期试验工作，及时反馈试验成果如何，为进一步决策提供案例依据。政府部门在制定政策内容时，可按照企业承担此类试验数量多少、反馈效果如何、后续应用程度高低等指标予以相应支持，并对典型示范开展广泛宣传，鼓励更多企业参与其中，尽应尽社会职责。

二是促进农业生产物资的保供稳价。以D村特色产业发展为例，近些年来面临的难题之一便是农资价格的不断攀升，与之相对的是农资质量问题层出不穷，一定程度上引发村民怨声载道与无能为力。

① 郑观蕾、蓝煜昕：《渐进式嵌入：不确定性视角下社会组织介入乡村振兴的策略选择——以S基金会为例》，载《公共管理学报》，2021（01）。

② 彭小兵、谭志恒：《组织动员、资源内生和市场对接：贫困社区内源发展路径——基于云南省L中心的考察》，载《中国行政管理》，2018（06）。

在政府难以完全顾及的情况下，需要企业从中承担相关责任，依托自身社会关系网络，同各类供应方密切合作，在确保质量的前提下，为村民提供低于市场均价的选择，不必带有强制性。此举目的在于为村民提供可供选择的节本增产路径，加强同村民在特色产业生产端的联系。需要说明的是，企业之所以开展这类行为，并非越俎代庖起调控作用，而是基于现实形势与自身实力的主体性使然。

三是参与新发展模式的推广行动。随着“村两委＋企业＋合作社＋农民”模式的完善，企业同村民间的直接接触明显增加。尽管其中存在着因观念差异导致的互相排斥，但尚未完全扼杀双方展开合作的时机。在新发展模式的引领下，企业同村民间建立了以产销合同为形式的契约关系，明确了在同一框架内双方履约行为与违约成本，初步形成了利益共同体。企业根据双方契约保证了村民如期履约后的利益所得不会低于最低限度，以确保村民利润正增长为出发点，激发村民生产的积极性，降低了额外支出成本，其自身利润的增长同样不在话下。现阶段，此种模式从表面上看着实较为有吸引力，但在实际推广中表现出乏力，关键原因在于企业同村民间物理距离的缩短并非等同于社会距离的消弭，仅仅依靠行政动员或是少数群体带动不足以引发广泛的集体性行动。企业应在明确并履行自身责任之外，更多地在同乡土社会对接与嵌入、互动与联结层面开创新局。

除企业之外，其他村庄内外部社会组织的参与明显缺位或是失位。一些提供社会化服务的个体居多，这就使相应社会组织的出现成为可能。对于村庄内生社会组织来说，根植于乡土社会文化传统的先天优势令其在村庄内部享有较高的认同度，再根据组织内部社会关系网的外延，建立并维持同特色产业发展相关联的复合型关系网络，能够持续贡献出自身力量。与此同时，这类组织无一例外面临着难以克服之弊端，既需要从乡土社会文化传统中寻求帮助，也应注重从外部资源中汲取养分，为其前途命运共同谋划应对策略。

（三）着力为村民赋能

特色产业发展“三驾马车”中，村民因可行能力缺乏、主体性不明显，同政府、企业间未能达到主体性均衡，导致“强政府、弱农民”“强市场、弱农民”的现象突出。提升农民能力素质，强化农民主体地位，是乡村内生性发展理念成功实现的最基本条件，[①]也是实现农业农村可持续发展的主要遵循[②]与全面推进乡村振兴的一剂良方[③]。促进特色产业韧性发展，推动参与主体间主体性呈现迈向均衡，农民显然是最弱的一环。承袭以新型职业农民为标准着力为村民赋能，注重"爱农""懂农""强农"意识与能力质的提升，强化农民参与积极性和自我发展，激发乡村经济社会发展的内生动力，呈现自我价值。

第一，优化赋能架构。为推动农业现代化发展，除重视提升村民专业生产技能之外，也注重相应职业道德强化，包括诚信经营、绿色生产及"尚农爱农"等。但在实际进程中，一方面村民过度受短期利益诱导，引发在生产经营环节伴有道德意识淡薄与轻视诚信约束，导致农产品质量安全与生态受损现象时有发生，反之直接制约着利益变现；另一方面，即便是特色产业发展经济收益可观，但多数村民表示从事农业生产是无奈之举，更不希望自己的后代接续。事实上，"年轻人"自身从事农业生产意愿不足，因为农业生产又苦又累且收益不高。因此，在着力为村民赋能的过程中要做到社会需求与个人需求相结合。

① 社会需求。依据现代社会与农业发展需求设置，在提高村民科技文化素质基础性培训外，加强职业道德和职业价值观培育。一是在赋能内容设置上通俗生动地讲述农业的基本内涵与价值所在，令村民能够最大限度地正视从事农业生产经营的必要性与重要性，催生并强化"尚农爱农"的职业价值；同时持续推动法律法规相关知识的传播普及，力求村民做到知法、懂法，方可守法、用法。二是利用乡村社区沟通渠道，不定期开展道德规范、法律知识宣讲，增强村民的法律道德责任认知，并确立相关激励告诫内容，强化对舆论导向的积极引领，维系和谐友善的社会环境。

② 个人需求。现代农业具备极强的技术密集型特征，促使村民在职业技能与调适能力的提升强化上尤为重要。因此，在增强村民教育文化素质基础上，需提高技能性内容比重。突出聚焦于村民接触、习

① 方劲：《乡村发展干预中的内源性能力建设——一项西南贫困村庄的行动研究》，载《中国农村观察》，2013（04）。

② 许汉泽、李小云：《精准扶贫：理论基础、实践困境与路径选择——基于云南两大贫困县的调研》，载《探索与争鸣》，2018（02）。

③ 许伟：《新时代乡村振兴战略实施中"坚持农民主体地位"探研》，载《湖北大学学报》，2019（06）。

得与实践新技术的能力，并且在信息感知能力、综合管理能力与合作经营能力等方面同步开展。按照新型职业农民的划分类型，D村村民大多可归纳为生产经营型行列，应重点开展实用技术培训，利用“互联网+”获取信息能力，促进适应市场能力的有效提高。

第二，健全赋能机制。一是建立“有为政府、有效市场、有力组织”的动能集成机制。充分发挥政府在政策供给、财政投入、监督规范等方面作用，将终身教育理念贯穿始终，协助村民开展职业规划，重视职业理想“发轫期”的培养浇筑，拓宽其壮大渠道及勃兴之路，引领为村民赋能；有效显现市场调节角色，吸引多种赋能力量推动资金、信息、技术、人力等要素流向乡村，共进为村民赋能；充分发挥社会资源的关爱、补偿和服务等作用，助推为村民赋能。从实现乡村特色产业发展对人才的需求出发，倒逼赋能方式改革，推动“产业链—人才链—教育链”的有机融合。二是建立以“渠道、资源、氛围”为核心的赋能长期机制。共建赋能渠道，促使多元主体的各尽所能、协同发力；共享赋能资源，强化资源配置和运用的实效；共创赋能氛围，营造有利于为村民赋能的积极环境。于横向处，需打通“普教—职教—成教”的共存局面，建立起对经营管理、职业技能与社会服务分类提升的彼此交融。在纵向处，应生成并延伸由基础至强化的多元化发展路径，推动“初级—中级—高级”评价的有序开展。三是构建“分层分类、全过程全环节、实时动态”的质量监督机制，进一步增强赋能活力，规范赋能行为，促使为村民高质量赋能，为推进特色产业发展走深走实、全面推进乡村振兴与农业农村的现代化建设提供必要的人才来源和人力资本。

第三，完善赋能体系。随着科技发展，现代乡村产业也在不断产生新标准与新要求，需要村民不断学习掌握产业科学技术，不断学习现代产业发展理念和思维方式，这就说明为村民赋能是长期性的、终身性的。在夯实基础性教学的基础上，强化实践性教学的建设，完善赋能体系。基础性教育教学能够增强村民文化水平与道德素养，致力于村民从业能力与应对能力的持续增生，为村民赋能奠定坚实的根基。为此，制定实施基础性教育教学需发挥政府主导作用，结合各类院校和社会力量切实保障为村民赋能的持续重视。因此，要进一步增强学校教育与职业培育机构实力，发挥对村民赋能的应尽职责。此外，为村民赋能的开展不能仅靠纯粹的基础性教学来实现，正因其具备长期性与综合性，还需依托具体的现实案例教学加以辅助，譬如生态农业、科技运用、质量安全等。因此，借助各级政府设立乡村产业发展示范区，构建若干示范展示教学平台，将学校与教育机构的基础性教学内容同现实案例教学相结合，进而衍生出综合教学体系内容。故而，为村民赋能应当在基础性教学与现实案例教学的分类统筹相契合处多多着力，激发村民的主体积极性，让这一策略行动能够实现"赋真能""真赋能"，方可在促进村民与现代农业发展有机衔接上见真章、出实效。

当前及今后要推动的乡村特色产业必然是现代化的产业，并非严格意义上的传统型产业。以微观角度观之，同传统产业相匹配的为传统农民的构成，而与现代化的产业相匹配的则为现代农民的生成，以新型职业农民为标准着力为村民赋能，恰好对应着现代农民的发展方向。

二、持续扎根乡土，深掘内生动能

注重经济韧性培育成长的内容，即使参与主体间角色职责不一，但显现出直观的经济目标，也涉及相关的应对贫困、攻坚克难、扶持救助的社会内容。概言之，经济韧性培育的诸多举措既着力特色产业发展的增值增效，村民的增产增收，也要顾及村庄综合建设的改善，以及村民自我发展能力的提升，兼具经济同社会含义的双重性质。进一步讲，它们处理了一些本应由社会政策予以应对的内容，具备了一种"经济—社会"联动的效应。[①] 从本质上看，促进特色产业韧性发展，不只是经济嵌入社会系统，而是围绕"经济—社会"系统的相互嵌入展开。这之中，依托根植于乡土社会内部的社会韧性承担基石作用必不可少，需要持续扎根乡土，探寻其生成运行逻辑，深掘内生社会文化动能。

（一）社会关系网络——基础构成

特色产业发展任一阶段，无论外部力量如何，村庄既有的社会关系网络之作用不容小觑，非但没有就此消失，还可充分展现其隐藏的调适能力与自我再生产。沿袭小农户家庭经营模式，在参与市场的过

① 王思斌：《乡村振兴中韧性发展的经济——社会政策与共同富裕效应》，载《探索与争鸣》，2022（01）。

程中，原有社会关系网络或是主动加入，或是被迫带入到生产与销售、经营与分配等经济交往中，[①]从而面临着机遇与挑战并存之动态局面。一方面，通过社会关系网络中的先赋性特质，在村庄内部形成具有"差序格局"特征的彼此间稳固关系，再经由经济利益的不断塑造，增加相互间联结的维系力量。另一方面，长久以来累积而成的主动接触与适应特质，推动社会关系网络的外延不断扩展，与外界开展高频次、深层次交往交流，便于获得定量的、最新的各类信息资源。经过筛选可补充应用至特色产业发展当中，彰显"以外补内""化外助内"的基本经验，推动经济韧性的培育成长。

村庄通过社会关系网络的先赋性构建起适应特色产业发展的内部架构，并发挥后致性向外界寻求资源，进而充实了结构间隙，使其不断自我增生与完善。这一具有"社会资本"性质的内生性资源，在维持乡村社会秩序、整合乡村各类资源、实现有机体动态平衡处至关重要。村庄内特色产业发展主体——村民借助内外叠加的社会关系网络，在村庄内部与外部之间渐次发展出一种相互间联结紧密、交往频繁且信任内核的流通渠道，确保了从产品生产、销售等程序环环相扣，以及各类生产要素的有序流动与有效配置，换来连续不断的经济效应产出，惠及于村民、村庄及其他参与主体。就村外特色产业发展主体，特别是企业而言，其社会关系网络同村庄对接与互嵌正在经历着"点—线—面"的阶段性增长，其中的关键在于建立一种经济互惠基础上的文化互惠。[②]在遵循市场标准的前提下，尊重并接纳彼此间的文化差异性，更多地选择从乡土逻辑与市场逻辑相结合中寻觅解决问题之道与合作深化因子，并不是简单地将任一对象奉为圭臬。所以，参与主体间均面临着自身社会关系网络的内外相连，秉承着内容相差但性质一致的行动伦理，在促进特色产业韧性发展中不免会出现因碰撞冲击导致的伤痕累累，但应明确彼此间合作共赢的主流绝不能被取代。与此同时，能够借此共同承担并化解特色产业发展中的难题困境，也具有一定的积极效果。故而，促进特色产业韧性发展的基础构成主要是社会关系网络，它能够让特色产业发展在面对不同现实境遇时，时刻彰显韧性发展能力之所在。

① 渠敬东：《占有、经营与治理：乡镇企业的三重分析概念（上）重返经典社会科学研究的一项尝试》，载《社会》，2013（01）。

② 赵旭东：《互惠人类学再发现》，载《中国社会科学》，2018（07）。

（二）家庭经营——单元构成

小农户家庭经营是特色产业发展的基本单元，为资本投入、技术应用与价值生产的具体实践载体，有着极强的对外部环境的适应性、应对风险的灵活性，并在与外部环境或压力的互动中主动吸纳资源、寻求救助、积累经验。① 换言之，小农户家庭经营的“韧性”特质同特色产业发展方向高度重合，为后者的韧性发展奠定了社会基础。

但是，小农户家庭经营固有的局限在特色产业发展进入瓶颈期后暴露无遗，其“小而精”的特征既为优势，却又因原子化色彩明显，组织化缺乏难以形成强劲合力，从而在某种程度上削弱了韧性因子。理想状态下，可由小农户家庭经营为基础形成一种“扩大的家族”式即新型集体性经济经营模式，融合血缘、地缘、业缘等多重内在社会文化联结，具备灵活性和开放性，能够根据内外环境变动做出及时调整，逐步从特色产业这一新业缘中将共同体特质不断增生，也就在内在主体上着力保障特色产业具备坚韧的生命力。这种的共同体特质足以有效强化村庄社会联结，具备抵御应对风险挑战的集体性能力，为促进特色产业韧性发展提供保障。

如何在保有小农户家庭经营优势的基础上，将这样一种较为分散的、组织化程度不足的、抵御风险乏力的诸多原子② 聚合为拥有较强集体性的行动主体，是深掘村庄社会层面内生动能，增添特色产业韧性发展特质的重要内容。王思斌教授认为，所谓集体性，是在共同的经济和社会生活中产生和表现出来的相互合作、共同受益、依存发展的群体活动的关系特征。它是乡村全面振兴的深层动力，不等于传统的“再组织化”，也不完全等同于乡村社会公共性的增加。③ 集体性建设的途径包含经济、社会等方面。结合特色产业发展来看，在经济方面，明确专业合作社的定位与性质，它是集体性经济的一种实现形式，应当在政府和村两委的推动、监督和指导下，由村民自愿组织起来的村庄内生社会组织。随着参与村民的数量增长与持续受益，合作社自

---

① 陈军亚：《韧性小农：历史延续与现代转换——中国小农户的生命力及自主责任机制》，载《中国社会科学》，2019（12）。

② 吴重庆：《以农民组织化重建乡村主体性：新时代乡村振兴的基础》，载《中国农业大学学报》，2018（03）。

③ 王思斌：《乡村全面振兴与乡村集体性的发展》，载《北京大学学报》，2021（04）。

身经济实力的攀升，就会吸收更多村民主动加入，还能够反哺村庄建设及公共活动的开展，不断强化自身认同度与村庄凝聚力，重构社会发展活力。当然，在一般情况下，这类合作社需要具有一定经济资本和社会资本的乡村精英牵头组建，其目的是合作与互助，联结村民与市场，使参与者受益。实际上，这类合作社仍需要发挥村两委的动员作用，通过村两委牵头，一些典型引领村民的前期加入，再不断吸引更多村民参与进来，提升村民的认同度，使其能够实质性地扎根于村庄内部、深入人心。

在社会层面，主要是公共服务的开展。从目前状况入手可知，政府是公共服务直接的政策供给者、实施推动者，承担责任并动员社会力量参与，从乡村建设、服务村民而不是孤立地将其视作为简单的物质设施建设。诚然，通过持续的村庄基本公共服务的建设与完善不失为增加集体性的重要思路。村民通过“以工代赈”可以成为真正的参与村庄发展的建设者、劳动者，以共同的劳动和共同的活动来增强村民的集体性，而不是仅仅当做“以工代赈”。可以说，共同参与到建设自身家园的行动中，在共同经历和成果的催化下，能够产生出一种不言而明的集体性。虽说可能在相关政策中专门关乎集体性建设的内容欠缺，却可以在制定与推行中将其贯穿始终，直接或间接地引发催生、诱导、促进作用。

因此，在坚持小农户家庭经营作为特色产业发展生产组织形式不动摇的前提下，依托集体性建设推动“统分结合”经营形式完善，是促进特色产业韧性发展的关键环节。小农户家庭经营与资本主义农场截然不同，它能够在生产环节确保独立自主，而非全然沦为无产化的雇佣工人。[①]应当寓集体性建设于各项具体的经济社会活动中，反之以集体性促进特色产业韧性发展与乡村全面振兴，有赖于参与各方的共同努力与协同合作。

（三）“三治”合一——方式构成

党的二十届三中全会明确指出：“坚持和发展新时代‘枫桥经验’，健全党组织领导的自治、法治、德治相结合的城乡基层治理体系，完

① 黄宗智、高原、彭玉生：《没有无产化的资本化：中国的农业发展》，载《开放时代》，2012（03）。

善共建共治共享的社会管理制度。”[①]因此，充分发挥“三治”合一的治理资源与治理方式促进特色产业韧性发展确有必要。

首先，要强调法治为本，以法治明确特色产业发展的定位、规范刚性需求与市场行为。强调依法治理，表明了必须以法治构成稳固基石，必须健全完善并充分发挥促进特色产业发展的法治体系与制度内容。国家颁布《中华人民共和国乡村振兴促进法》为特色产业发展提供了法治保障，实现了“有法可依”。以此为前提，就要在“执法必严”和“违法必究”上展开长效体制机制建设，创新监管方式，深化行政执法改革，强化社会组织的依法依规开展相应活动的意识与行为规范，加强乡村普法宣传力度，增强村民的法治观念与规则意识。

实际上，无论是村民方还是企业方，参与特色产业的初衷大多是追求经济利益最大化。受此观念驱使，面临制度与资源的一些限制或是边界模糊，会试图采用“打擦边球”的心态与行为进行试探，往往是法律法规未明确指明或是难以界定是否违反之处，可以将其归纳为一种非正式的隐性行动策略。一般来说，此举是私人领域对“法无禁止即可为”的自主性回应，目的是令特色产业发掘出潜在的发展活力，绝非对现行法律制度的公然挑衅。面对此种现象，政府要在坚持法治为本的前提下，对类似行为进行精准甄别。有利于特色产业发展的，可以采用灵活、包容的方式方法作为回应，将其从“幕后”推到“台前”，在更大范围内激活应用，提供一定的弹性制度空间，反映出从乡土社会内部衍生出适应复杂且高速动态的发展环境之智慧。[②]若是发现动机不纯，便要及时制止，以防“韧性”变“任性”，反倒阻碍特色产业韧性发展持续迈向深入。

其次，要坚持德治为先，充分调动村庄内生性文化资源。乡村社会自古便形成了“礼俗互动”的优良传统，[③]具有深厚的社会基础，其教化功能在乡村治理中具有不可替代性，同国家法治共同作用。道德规范是乡土社会中以文化认同与濡化来维护社会良序，起到润物无声

① 《中共中央关于进一步全面深化改革 推进中国式现代化的决定》，见《中国共产党第二十届中央委员会第三次全体会议文件汇编》，66页，北京，人民出版社，2024。

② 曹锦清:《“事件团结”与村庄生活共同体再造——基于一起乡村事件的实证分析》，载《中国农业大学学报》，2016（06）。

③ 张兴宇、季中扬:《礼俗互动：农村网格化管理与新乡贤“德治”协同逻辑》，载《南京农业大学学报》，2020（01）。

般效果，可以有效调动并激发若干制度性与社会性内生资源，通过与生俱来的教化与规范特质能够规避可能引发的难题困境。特色产业发展与本地区自然资源、文化禀赋关系密切，在长期生产经营中，村民基本上能够遵循约定俗成且外显内隐的道德规范，维系并巩固着相互信任的生成条件，确保特色产业发展有序推进并扎根乡土、赢得认同。坚持德治为先，就需要运用制度化的道德观念完善道德体系建设，将乡土社会内生道德规范同社会主义核心价值观相结合，并以后者为引领，推动前者的自我革新与自我完善。例如前文提到的“打擦边球”现象，难以短期内界定是否存有违法性质，可以借助道德规范的力量对此劝诫提醒，使其意识到不妥之处，避免进一步恶化成风。可以说，道德规范这一非正式制度是乡村发展与治理的内生财富，能够维护乡土社会稳定运行，推动良性秩序的生产与再生产，并依此维系且强化着村庄共同体，也就自然而然成为促进特色产业韧性发展的内生资源。

最后，则是明确自治为基。实现自治有效，依赖于持续健全村民自我管理、自我教育、自我服务、自我监督的制度建设与行动开展，避免流于形式。鼓励、支持、引导村民参与特色产业发展的规划与实施，尊重村民的主体地位，提升自觉行动意识，让村民便捷、高效、灵活地切实参与成为常态。毫不讳言，在“三治”合一体系构建中，自治相比法治、德治是较为薄弱的一环。究其原因，在于自治实践的开展面临重重阻碍，最关键的是探索实现自治的有效途径不具备放之四海而皆准之模式。较为成熟的村民自治典型如浙江“枫桥经验”[①]不可全盘移植到自然环境、社会条件、文化背景差异较为明显的中西部地区特别是民族地区，但其所呈现的自治制度体系建设及与之有效衔接的配套机制可为其他地区不同类型村庄加强和改进村民自治提供借鉴。具体到促进特色产业韧性发展而言，就是要建立健全村民从制定、决策、实践、反馈、评估等一系列环节的参与机制，动员广大村民主动积极参与，促使村民能够在发展全过程中充分开展有效自我表达与自我呈现，进而增强村民对于特色产业发展的参与广度和深度，强化情感联结。

总而言之，促进特色产业发展的“韧性”指向，不是先天性产

① 即“矛盾不上交、平安不出事、服务不缺位”。参见金伯中、蒋国长：《坚持创新发展新时代“枫桥经验”加快推进基层社会治理现代化——纪念毛泽东同志批示学习推广“枫桥经验”55周年暨习近平总书记指示坚持发展“枫桥经验”15周年大会精神综述》，载《社会治理》，2018（12）。

物，也不是一蹴而就的。这种韧性，一方面需要从乡土社会内部发掘，通过持续扎根与嵌入乡土社会，调动盘活一切可供选择利用的社会文化资源，推动其自身的创新性发展与创造性转化，持续激发内生社会文化动能，直接或间接影响到经济韧性的外在显现；另一方面需要依托参与主体自身角色作用的有效发挥，强调彼此间协同合作，针对经济韧性与社会韧性间的异同，及时做出适应性调整，而非将两者混为一谈。韧性指向看似柔软，实则坚实，是在全面推进乡村振兴背景下，着力特色产业发展进阶面临瓶颈期的应对能力与适应能力提升强化，目的是确保特色产业不偏离可持续发展与创新发展的前进方向，从而逐步接近产业兴旺的终极目标。促进特色产业韧性发展，现阶段缺乏专门的政策供给与正确引导，很大程度上会导致在引发观念上、实践上的偏差误差，可能对特色产业后续发展造成不良影响。因此，制定一种强有力的、有效的“韧性发展的经济—社会政策”① 十分必要，表明了韧性发展应当引起足够重视。

本章小结

毫无疑问，D村通过特色产业发展探寻出一条同自身资源禀赋与市场需求相匹配的发展模式，实现了农业生产的改造升级，推动着村民不断浸润在增产更增收的满足感、幸福感、获得感之中，持续激发出村庄内生发展动力，为同类型村庄的发展路径探索提供了可借鉴的案例。本章主要探讨在对发展效应的整体把握下，反窥作为载体的特色产业本身。一是产生凝结出何种经验，能够在今后的发展中加以借鉴或是坚持。特色产业发展具有鲜明的内生性特征，在同外界的交往交流交融中秉承“以外补内”“化外助内”的基本取向；延续小农户家庭经营的生产组织形式；参与主体间角色作用的发挥是比较清晰的。二是探讨困扰进阶的问题所在，亟待在今后发展前行中加以重视与关切。绝大多部分问题早在先前发展阶段已有苗头，只不过在良好经济收益回报下被搁置，终在进入瓶颈期内叠加呈现，反映出的是在风险应对能力与主动适应能力的不足。三是促进韧性发展的前进方向，强调以主动适应与应对能力的提升来促进可持续发展或是创新发展，指

① 王思斌:《乡村振兴中韧性发展的经济——社会政策与共同富裕效应》，载《探索与争鸣》，2022（01）。

出经济韧性与社会韧性之间存在耦合逻辑。经济韧性的赋予有赖于各参与主体角色发挥及有效协同，而社会韧性根植于乡土社会，能够直接或间接作用于经济韧性，须深入发掘阐释其中之要义，持续对接并嵌入乡村社会结构。

不难看出，涉及何种维度，特色产业自身本属无意识产物，其效应展现、经验呈现、问题涌现、方向显现均离不开各参与主体的决策影响与行动塑造，即什么样的人或组织以什么样的方式和机制来从事特色产业发展。[①] 可见，实现特色产业发展从无到有，从小到大，从大到强，在“体系—能力”的分析框架下，就是要构建完善一种有实力、有韧性参与主体体系和明确着力这一体系下“统分结合”职能的充分有效发挥。从“结构—功能”视角入手，构建完善的有实力、有韧性的参与主体体系，需要提升政府的扶持性体系、发展壮大社会组织的协助性体系、强化重视以村民为单元的内生性体系。这三种体系绝不是彼此平行永不相交，而是延续以往的分工明确且协同合作。政府的扶持性体系是保障，社会组织的协助性体系是多种服务的提供者及连接者，以村民为单元的内生性体系是基础，三者构成了三位一体整合的参与主体体系，从而具备一种“使经济生活融合于整个社会生活之中，使我们能以生活程度的伸缩力求和资本主义的谋利主义相竞争”的“合作社”组织特性。[②] 着力此种体系下各参与主体“统分结合”职能的充分有效发挥，一方面是各参与主体能够始终强化自身实力建设，特别是提升应对能力和调适能力，另一方面则要将彼此间形成的合力转化为优势效能，找到“以农民为主体”与外部资源导入有机结合的点，[③] 促进特色产业韧性发展不断走深走实。

然而，特色产业韧性发展条件与能力的具备，并不意味着就足以独当一面，对今后未知的风险挑战百分百迎刃而解。只有保持在一般状态下久久为功、步步为营，保证参与主体体系和“统分结合”职能按照要求标准在常态化下做到建设与运转兼顾，才能在风险危机来临时，不至于手足无措、无能为力、一筹莫展，致使失位、错位、越位乱象丛生。概言之，就是保证“平时有用”，方能“战时管用”。

---

① 王春光：《迈向共同富裕——农业农村现代化实践行动和路径的社会学思考》，载《社会学研究》，2021（02）。

② 费孝通：《费孝通全集》（第一卷），120—121页，呼和浩特，内蒙古人民出版社，2009。

③ 贺雪峰：《如何再造村社集体》，载《南京农业大学学报》，2019（03）。

结 语

乡村是指市建成区以外具有自然、社会、经济特征和生产、生活、生态、文化等多重功能的地域综合体，包括乡镇和村庄等。[①]对于中国来讲，乡村是一种深刻在灵魂血液之中的人文底蕴。但是，它又绝不只被视作一种情怀使然，更不仅仅是人们有时厌倦了城市的繁华喧嚣后亲近自然、释怀烦躁的“桃花源”。毕竟，乡村自身富有强大韧性，在能够预见的较长历史阶段内，仍会有数亿人选择生活或部分地生活于其中，实实在在地度过余生。[②]从全面建成小康社会到全面建设社会主义现代化国家，最艰巨、最繁重的任务仍然在乡村。“实施乡村振兴战略，是解决人民日益增长的美好生活需要和不平衡不充分的发展之间矛盾的必然要求，是实现‘两个一百年’奋斗目标的必然要求，是实现全体人民共同富裕的必然要求。”[③]乡村若振兴，在物质上，产业兴旺，生态宜居，生活富裕，自是切中要义的标准要求，而治理有效、乡风文明等“软实力”，亦不可或缺。其本质在于改变城市与乡村之间的发展不均衡问题，促进乡村社会新的发展或乡村社会现代化，达到保护社会生态系统多样性和均衡的目标，实现被现代化所摧毁的社会统一性过程。[④]这之中，产业兴旺是乡村振兴的重要基础与首要任务。作为整体层面的目标愿景，产业兴旺因地区间多样性表现出差异化的实践模式与路径，而发展特色产业则为推动实现乡村产业兴旺的关键依托与举措。

回顾研究缘起部分引述习近平总书记的讲话，为今后乡村特色产

---

① 《中华人民共和国乡村振兴促进法》，见农业农村部网站，http：//www.moa.gov.cn/gk/zcfg/fl/202105/t20210507_6367254.htm.2021-05-07/2021-06-23。

② 陈军亚：《韧性小农：历史延续与现代转换——中国小农户的生命力及自主责任机制》，载《中国社会科学》，2019（12）。

③ 《中央农村工作会议在北京举行　习近平作重要讲话》，见中国政府网，http：//www.gov.cn/xinwen/2017-12/29/content_5251611.htm. 2017-12-29/2021-08-11。

④ 陆益龙：《村庄特质与乡村振兴道路的多样性》，载《北京大学学报》，2019（05）。

业发展指明了方向。具体而言，首先明确“加快发展乡村产业”，指出了乡村发展的目标任务不再是有没有产业的讨论，应当注重在如何又好又快发展上下工夫；“顺应产业发展规律”，意味着虽然提出加快产业发展，但必须以遵循产业发展规律为前提，切忌慌乱胡搞，遏制急于求成；“立足当地特色”便是产业发展的规律之一，要对接与嵌入乡村经济社会条件，要同当地资源禀赋及市场需求相契合，要能与乡土社会文化系统特别是作为主体的农民密切协作，要更为注重培育激发内生性动力；“优化产业结构”强调要建立完善适宜的乡村产业格局，及时调整同自身条件与市场需求不相称、经济收益回报低的产业形式，也要不断增强产业自身建设；“完善利益联结机制”则说明的是，乡村产业发展利益的首要联结对象是农民，不然就丧失了本质，其次需联结的是村庄共同体，倘若村庄共同体仅为产业发展的旁观者，那么产业发展就难言成功特别是长期奏效，同样也不容忽视企业等其他主体的利益所得；“让农民更多分享产业增值收益”便体现出，产业发展所得到的收益应尽可能惠及农民，至少其中绝大多数要让农民享有，若非如此，就无法等同于真正意义上的产业兴旺，更无法由着力产业兴旺为乡村全面振兴提供持续的内生动力支撑。

在理论构建、学术研究、政策供给日趋丰富完善的条件下，关注微观实践及其发展效应是判断特色产业发展成效如何最直接的参照。一方面，此种效应绝非简单地等同于经济层面，而是以经济效应为核心，囊括空间、社会、文化等方面的整体，于村民及村庄在不同程度上施加影响，在推动乡村全面发展，助力乡村全面振兴上承担重要使命。另一方面，通过“察彼以观己”，以发展效应的整体把握来反窥作为本体的特色产业自身，结合经验凝结、问题所在及进阶方向，着力高质量发展，从而推动特色产业发展效应更加高质高效地呈现与发挥。

一、特色产业发展效应的“多元”与“一体”

社会行动者不一定是遵循理性的，但总是“合情合理”的；经过漫长的多方制约过程，他们所面对的各种客观机遇已经都被内在化了，他们知道怎样去“识别出”适合他们的未来，这一未来为他们而设，他们也为这一未来而生。[①] 由牧业至农业，由种植粮食作物到高原夏

① ［法］皮埃尔·布迪厄、［美］华康德：《反思社会学导引》，李猛、李康译，161页，北京，商务印书馆，2015。

菜生产独占鳌头，D村村民在赖以生活的土地上未曾停止追逐适合自身发展模式的步伐。其间，他们既有浸润经济效应的欣喜，还有民族间经济交往与互助，推动由牧转农的相互协作，彰显共同团结奋斗、共同繁荣发展的鲜活样本，也有过经历焦头烂额、无能为力的辛酸，因突然“造访”的气象灾害，因飘忽不定的市场价格，因久而难进的农资质量惆怅不已。特色产业发展迈向真正产业化所面临的艰难险阻未曾消退，引起诸多不确定、不稳定因素。毫不讳言，D村特色产业发展历程折射出西北民族地区的同类型村庄在面临市场经济与产业发展表现的真实写照。经济跨越式发展是一个过程，是经济质量与水平的双重提升。[①] 进一步讲，D村存在着的经济社会发展滞后性，尤其是特色产业发展困境，正是农业农村现代化进程中的劣势和短板的集中体现，不仅易在西北民族地区中寻觅出相同类型，而且可作为中西部地区乡村的共有境遇。

促进农村发展，需要根据各地农村的自然条件、历史文化传统和社会经济基础，探索适合自身特点的发展模式，[②] 但因乡村类型异质性特点，需分类制定实施差异化的策略路径。[③] 中国乡村按发展能力可归为三类：已实现工业化的乡村、仍需依托传统农业生产的乡村、适合建立观光休闲产业及发展特色旅游的乡村。第一类多集中在东部沿海经济发达地区，中西部地区数量罕见；第二类广大的普通农业型村庄，从事传统农业生产，占比超过80%；第三类作为三大产业融合发展的典型示范，在全国农村中占比约5%。[④] 对中西部地区乡村尤其是地理位置欠佳的民族地区乡村而言，产业兴旺显然不可能依托开展规模化工业生产达成，观光休闲农业与民俗文化旅游等新业态的施展空间极其受限。因此，通过对传统农业的改造与升级、提高农业生产的综合实力特别是农产品的市场竞争力，重新发掘乡村经济价值生产面向，是此类乡村实现产业兴旺的必由之路。

在自然与人文区位因素的双重塑造下，历经长时段的经济结构转

① 高梅：《西部民族经济跨越式发展的途径》，载《满族研究》，2007（04）。

② 费孝通：《从实求知录》，200页，北京，北京大学出版社，1998。

③ 郑风田、杨慧莲：《村庄异质性与差异化乡村振兴需求》，载《新疆师范大学学报》，2019（01）。

④ 贺雪峰：《关于实施乡村振兴战略的几个问题》，载《南京农业大学学报》，2018（03）。

型，D村确立了以农业生产为主导的格局。这一过程中，高原夏莱因自身特性同D村资源禀赋相契合，加之市场需求向好，逐渐成为广受推崇的农产品。从最开始的零星试种，到急剧扩张，再到全面开花，高原夏莱生产逐渐演变为D村主导特色产业，释放出源源不断的经济效应，既“富”了村民，也“肥”了村庄。概言之，D村种植高原夏莱，发展特色产业，既顺应了中国隐性农业革命的发展趋势，也把握住了独特的村庄特质与市场化进程机遇，还满足了村民对经济收入增加与生活品质提升的美好向往，并促使村庄内生发展动力持续激发。

以经济效应为核心，特色产业在村庄和村民层面引发出多重发展效应。其一为“示范区”称号的获得，是对经济效应的阶段性肯定。立足特殊的自然与文化生态环境，将原生性和建构性因素相结合，加以参与主体的行动与协同，“示范区”为D村赋予全新且持续的能量与动力供给。其二是特色产业化身为村庄内外社会关系调适的“中间人”。在村庄内部，特色产业发展强化了村民间的社会关联，深化了不同民族间交往互助，促使村庄凝聚力进一步增强。在村庄与市场之间，特色产业发展搭建了产品流通便捷和信息传递有序的渠道，维系着稳定的联动状态。其三是特色产业发展在以“乐业”为内核价值重塑上的作用，扮演着负载、传承与赋予价值意义的附加角色，为“让农业成为有奔头的产业，让农民成为有吸引力的职业，让农村成为安居乐业的美丽家园”[①]而不懈努力。以此观之，特色产业发展总体上是富有意义的，多重效应十分明显，产业孕育初步成型，对接市场较为顺畅，嵌入乡土程度较深。

乡村产业作为强调整体性的综合系统，表明在多样化的产业要素间存在着高度关联、彼此协同与非线性关系。[②]产业兴旺的要素是与乡村产业形成、成长和演进相关的各种内外部因素，主要包含人才、资金、基础设施、信息、环境和科技等。[③]发展特色产业同基础设施建设、公共服务开展、就业培训推行截然不同，单凭政府财力与人力、

① 《中共中央 国务院关于实施乡村振兴战略的意见》，见中国政府网，http://www.gov.cn/zhengce/2018-02/04/content_5263807.htm.2018-02-04/2021-05-15。

② 朱启臻：《乡村振兴背景下的乡村产业——产业兴旺的一种社会学解释》，载《中国农业大学学报》，2018（03）。

③ 蒋辉、刘兆阳：《乡村产业振兴的理论逻辑与现实困境——以湖南千村调研为例》，载《求索》，2020（02）。

物力的投入难以一蹴而就，同时需要对资本、技术、信息、劳动力及市场等因素在遵循客观规律的前提下充分有效利用。特别注意的是，要考虑到同乡村原本经济社会基础的关联度如何，有些地方的特色产业发展之所以引发“一哄而起、一哄而散”的问题与面临关于“逼民致富”的质疑直观地说明未能协调好两者间的关系。乡村振兴战略中，国家化、市场化、社会化特点将农业生产经营活动与政府、市场、个体紧密相连，需要更加有效地协同参与到产业发展中，谋求多方共赢的过程与结果。[①]因此，特色产业若要真正发挥产业集聚效应，离不开“体系—能力”框架的建构与强化，需要充分发挥政府、市场和农民三类参与主体的角色作用。政府与市场力量在乡村特色产业的参与主体中作为不容忽视的两极，既是影响特色产业发展的动力来源，还是特色产业发展实践过程的参与者。此类看似源于不同领域的参与者，以各自的出发点和目的，对接并嵌入到乡村社会，就各自角色作用的正常发挥开展着符合自己需求的适宜选择。此举绝不是机械地返回过去，而是在“传统社会”并不遥远且潜移默化地作用于当下之时，带有强烈的现实关怀。[②]始终尊重、坚持农民的主体地位与持续培育、发挥农民主体性构成了长期以来“三农”战略的基本原则和工作主线。[③]农民作为特色产业发展的重要实践者与主要受益者，应充分调动参与的积极性，按照新型职业农民的标准着力为其赋能，让农民能够在充分保障主体地位和有效发挥主体性的过程中获得足够的物质回馈、精神满足与自我成长。

在实现产业兴旺目标要求下，乡村特色产业发展仍然存在着产品质量效益不高、产业融合程度不深、科技创新能力不强、高素质人才匮乏、综合支持能力偏弱、基础设施建设滞后等诸多障碍。构建现代产业体系及与之相适应的人力资本体系、创新体系和基础设施体系成为民族地区乡村经济发展路径转型的具体方向。[④]故此，要在教育、

① 徐勇、石健：《市场化、社会化、国家化进程中的乡村振兴瓶颈及其突破——基于山东烟台“苹果村”的调查》，载《探索》，2022（02）。

② ［美］贾雷德·戴蒙德：《昨日之前的世界：我们能从传统社会学学到什么》，廖月娟译，北京，中信出版社，2014。

③ 慕良泽、赵勇：《中国共产党“三农”战略：百年回溯与展望》，载《中国农村观察》，2021（03）。

④ 严红：《中国西部民族地区经济发展路径转型研究——基于改革开放以来的考察与分析》，载《云南社会科学》，2017（04）。

科技、信息、基建、金融等多个硬软领域协同发力，推动政府、市场、农民等多方力量在能力、组织、资本、技术、观念等多重维度的强化完善。以改革为引领，以创新为驱动，以市场为导向，以农民为主体，培育筑牢特色产业发展的综合化支持、服务与保障体系。①

二、基于发展效应的乡村图景呈现与特色产业前景展望

市场化导向的乡村改革之核心便是赋予农民以选择权，其自发行动突出主动与被动的双重特点，并非市场经济的强压下的一味被迫压制。D 村村民主动依据自身条件、市场需求及经济效应引入推广种植品种，而后在多方力量的协同推动下，以其作为特色产业发展延续至今。在脱贫攻坚及先前时期，特色产业发展立足于乡村经济社会基础与特色资源，旨在聚焦增产增收、摆脱绝对贫困、激发内生动力，属于侧重经济层面的贫困治理。从脱贫攻坚迈向乡村全面振兴背景下的乡村特色产业，要更加注重全面贯彻新发展理念，其重大使命便是转向“助力乡村全面振兴，提供优质内生动能”，更为全面地充分发挥优质效应，推进早日实现“兴业”“强村”“富民”的目标愿景。

（一）乡村图景呈现

1.“产业兴旺”尚需发力

D 村所属的普通农业型村庄于新型城镇化、城乡融合发展、现代化进程中，发挥着为村民提供保障、兜底及缓冲、退路作用，是必不可少的稳定器与蓄水池。有研究者将此类村庄归纳为“城乡互动型”②，因与城市存在一定的时空距离，依然具备较为独立且完整的乡村自然社会风貌与日常生产生活节奏，在区位、资源及发展路径上同城市联系紧密却没有全然融为一体。然而，因为有利于二、三产业发展的区位、资源等条件和基础较为匮乏缺失，普通农业型村庄迈向产业兴旺之路大多会围绕农业开展。通过发展特色产业，不断提升经济价值生产能力，持续激发村庄内生发展动力，并且在较长一段时期内以小农户家庭经营为组织形式的经营模式仍将持续。但要清晰地意识

① 韩启民:《城镇化背景下的家庭农业与乡土社会——对内蒙赤峰市农业经营形式的案例研究》，载《社会》，2015（05）。

② 朱战辉:《村庄分化视角下乡村振兴实施路径研究》，载《云南民族大学学报》，2022（02）。

到，现阶段特色产业发展总体上同产业兴旺的标准要求存在不小差距，促进小农户家庭经营与现代农业发展有机衔接程度有待深入。大多数村庄处于起步期，特色产业发展时间短、水平低、认可度弱、见效慢；一部分村庄步入瓶颈期，特色产业发展面临复杂的新旧梗阻，考验着自身生命力的强弱。因此，无论处于何种阶段，今后一段时期内仍要以一种“追赶者”角色定位，既要通过不断自我建设应对变化着的风险危机，也要通过不断自我完善补齐各类短板弊端，还要通过不断自我壮大提升韧性发展实力，以此强化发展效应全面、充分、有效、优质的发挥。

2. 市场参与的高度集中

一个不争的事实是，村民的收入主要源于市场，并受到市场制约，进而反映着其市场参与的高度集中，间接地折射出社会分工的高度化和生产生活的时代环境巨变。以往自给自足的日常生活，村民家庭既是生产者又是消费者的双重身份，或许只能以文字的形式存在于书本或是影像当中。实际上，村民的这一双重身份的形式从未改变，只是消费品的来源基本不再是由自己生产。村民的生产活动是为了追求经济利益的理性经济人导向驱动，最直接的方式则是以自身生产的产品参与到市场交换当中，来获取满足自身需求的消费品，滋生出并维系着对市场较高的敏感度。追求利益最大化是生产者的基本动机，此种追求建立在广阔市场机遇的基础上。换言之，若想利益最大化，便要确保行动者拥有可选择的余地，即使在具体的经济行为中受制于一系列主客观条件。

可见，产品价值的变现与实现，需要村民同市场保持紧密联系，况且村民自身生产生活各类需求的实现本就离不开市场。对市场参与的高度集中直接引发了农民价值观念和行为选择的适应性变迁，有利于乡村特色产业发展更好地融入市场需求当中，有利于市场经济规则更多地嵌入到乡村社会文化系统中，进而持续推动乡村经济结构的适应性调适，促进内生发展动力的持续激发与夯实维系。

3. 熟人社会的“周期性”主体性

随着现代化的冲击，乡村社会结构经历着一场解构与重构并行的历史进程。原本熟人社会的主体性体现具有“空心化”特征，正是源于村庄内部青壮年劳动力的外出务工，这些本应是活跃的主体却长期

"不在场"[①]。一言以蔽之，缺乏足够力量的行动主体关注村庄内部事务及巩固维系已有社会关系网络，造成彼此间互动减少。长此以往，村民相互间的熟悉便会越发减弱，直至成为彼此间互不相干的个体而非集体。[②]

实际上，此种说法有失偏颇。对于拥有一定数量人口且尚未终结的村庄而言，熟人社会性质有所消减却"脆而不折""弱而不怠"，依旧是村庄的最主要特征。况且外出务工的青壮年劳动力总会间歇性地回到村庄当中，特别是在重要节日或是生命历程关键节点之际。此时，熟人社会的主体性便会"周期性"体现。一旦此种"周期性"到来，村庄原有社会关系网络中的主体参与进来，熟人社会得以立足的逻辑也会"周期性"再现。简言之，村庄的熟人社会并非无主体性，而是基于生产生活的经济压力造成的"主体性"被迫演变。[③]得益于特色产业发展效应，"周期性"主体性的展现正在经历着缓慢消弭的态势，向"常态性"主体性转变，即因村庄自我发展能力的不断增强，村民的获得感、幸福感、满足感越发在村庄内部就可实现，无须被迫外出务工即可增加收入，也就为乡村发展与治理留住了主体、留下了主体、留得了主体。就地从事农业生产经营的青壮年劳动力比例逐步提升，渐次成为特色产业发展的中坚力量，逐步重构出"中坚农民 + 老年人"的社会结构类型。[④]通过"以产引人""以人带产"循环发展策略，推动特色产业与乡村人气、人力资本的发展提升。但就目前来看，"周期性"主体性仍将持续一段时间，缩短不在场周期性是为先行任务，有赖于特色产业发展更好发挥"拉力"作用。

（二）特色产业前景展望

马克思指出，物质生活的生产方式制约着整个社会生活、政治生活和精神生活的过程。[⑤]有鉴于此，通过立足自身特质，发展特色产

① 吴重庆：《从熟人社会到"无主体熟人社会"》，载《读书》，2011（01）。

② 苟天来、左停：《从熟人社会到弱熟人社会：来自皖西山区村落人际交往关系网络分析》，载《社会》，2009（01）。

③ 杨华：《陌生的熟人：理解 21 世纪乡土中国》，52 页，桂林，广西师范大学出版社，2021。

④ 贺雪峰：《"老人农业 + 中坚农民"的结构　中西部农村社会结构发生了哪些变化》，载《人民论坛》，2019（14）。

⑤ 中央编译局：《马克思恩格斯选集》（第 2 卷），2 页，北京，人民出版社，2012。

业，着力产业兴旺，让其成为乡村发展与振兴的内生动力支撑，再以此带动乡村基础设施建设、乡村社会事业发展前行与乡村文化的时代性调适等多重方面，反之对产业兴旺起到巩固促进作用。从脱贫攻坚到乡村全面振兴，发展特色产业不只是关注单向度的“扶贫”，而是注重全方位的“发展”，承担着“助力乡村全面振兴，提供优质内生动能”的重大使命。

第一，助力乡村产业振兴。发展特色产业是乡村产业振兴的必然要求和有效途径。一方面，发展特色产业要坚持农业须稳固基础性产业地位，立足特定资源，突出区域特色，发掘潜在动能，重构乡村价值，明确成为乡村居民就地就业与稳产增收的固定增长极，体现出在新发展阶段期“三农”实践中的带动联动作用。另一方面，发展特色产业有利于依托特定资源从而提升乡村产业生命力，构建多元化的产业结构，进而增强产品市场竞争力及产业现代化实力，推动产业集聚式成长转型；有利于依托特色化拓荒，扩大产业链、供应链与资金链，提高乡村产业产品附加值、资源附加值及资产附加值，强化产业发展效应展现；有利于接续从产业扶贫到产业振兴的递进，保障农民增收途径，巩固脱贫攻坚成果，持续培育激发乡村内生发展动力。

第二，助力乡村组织振兴。毋庸置疑，党的领导是实现乡村组织振兴的核心所在。一方面，发展特色产业亟待乡村基层党组织要不断强化自身能力建设，正视并着力应对“三化”（弱化、虚化、边缘化）挑战，充分发挥特色产业政策的落实者、执行者与宣传者职责，积极彰显在特色产业发展过程中的组织保障作用。另一方面，发展特色产业能够为乡村基层党组织更好地关注乡村全面发展带来一定的经济支撑，为乡村党员干部发挥示范引领作用带来行动场域。这样一来，为乡村基层党组织完善自身建设，更加密切同普通村民间的关联，促使组织领导力、群众动员力、改革发展力的持续增强创造出有利条件。除此之外，发展特色产业离不开制度逻辑、市场逻辑与乡土逻辑交互并举，因而需要注重发挥纽带作用的市场专业组织、承担补充角色的社会组织与肩负主体作用的村民自治组织的建设成长，共同致力于营造充满活力、和谐有序的发展环境与善治乡村。

第三，助力乡村文化振兴。乡风文明是乡村文化振兴的内在要义。一方面，特色产业根植于乡村文化土壤之中，发展特色产业呼唤对乡村优秀传统文化的阐释与汲取，推动在新发展阶段的创造性转化与创新性发展。大力弘扬乡风文明的价值所在，释放乡村文化内涵的吸引力、凝聚力与普及力，协助构建具备核心灵魂作用的产业文化来促进特色产业发展。另一方面，发展特色产业能够为讲好农业精神内涵、宣传优秀乡村文化、打造乡风文明氛围提供适宜渠道，让农民扩展并强化对文化经济的认知认可，将乡村文化资源优势转变为产业优势与经济效益，更为深入地激发乡村内生发展动力，提升发展能力，积聚发展共识，增强发展信心。

第四，助力乡村人才振兴。吸引人才更能留住人才是乡村人才振兴的关键。一方面，发展特色产业面临着大量人力资源缺口，亟待以引入与培育相结合的方式，满足对生产经营、技术支持、公共服务、教育培训、乡村治理等各类别专业人才的需求，来应对特色产业发展进程中暴露出的人才总量不足、质量参差、结构失衡等短板弊端，以急先锋、生力军与排头兵的角色担当，在特色产业发展中发挥应尽之责。另一方面，发展特色产业有助于吸引人才且留住人才，为其更好地专注于乡村发展、建设及全面振兴提供相应的资金、政策保障，着眼于夯实服务乡村人才队伍的数量与质量以稳固支撑加持；有助于重视本土人才的培育成长，以新型职业农民的标准着力为村民赋能，增加高素质村民数量与质量；有助于持续促进乡村基础设施同公共服务等软硬件配套提升，推动各类人才得以安心从业、静心工作、顺心生活。

第五，助力乡村生态振兴。生态宜居是乡村生态振兴的目标及遵循。一方面，发展特色产业需要明确以“两山”理论为标杆，依托自然资源和环境特性达成特色产业同生态资源融合发展，重点应对形势紧迫的环境污染、资源枯竭、生态破坏等局面，应具备推动集生产、生活、生态前行的创造者、协调者与沟通者于一体之角色，引发对生态与产业间联系的深度思索。另一方面，发展特色产业可以为乡村生态资源的保护与开发提供一定机遇，既可将生态资源转变为经济优势，保护自然生产力，明确生态优先的重要性，也可为改善乡村生态环境带来内生经济支撑，推动农民更加坚定地秉承和步入“生态产业化与产业生态化”相结合的理念和路径，使其在浸润生态宜居的物质与精神成就之际，从中获取相应衍生红利。

正是基于乡村特色产业在新发展阶段担负相应的重大使命，应将全面贯彻落实新发展理念体现在推动乡村特色产业高质量发展进程中，是顺应时代特征的应然之举。第一，以创新引领提质转型，通过坚持不断创新来破除复杂的制约梗阻，强化特色产业发展效应的高质高效发挥。第二，以协调统筹均衡格局，重视“三产”融合带动农业产业与非农产业共同进阶，在经营主体与参与主体间营造契合的共同体特质。第三，以绿色凸显可持续化，将产业生态化与生态产业化有机结合，正视自然环境与特色产业发展间的双向联结。第四，以开放厚植协同合作，拓展特色产业的开放范畴，丰富参与主体协同合作的多元化形式内容。第五，以共享稳固存在根基，确保稳产增收的基调不动摇，不断发掘更多增值收益，最大限度地惠及至乡村与村民。

总之，乡村振兴是实现中国式现代化的重要方面。通过因地制宜发展特色产业，将特定的资源禀赋转化为可资利用的经济优势，有放大乡村价值之作用，[①] 是推动实现乡村产业兴旺的必然要求和有效途径。这一过程中，要全面贯彻新发展理念，明确并完善“有为政府、有效市场与有志村民”[②] 的新时代推进全面乡村振兴的动力机制及其对“发展选项的决定权”“发展进程的控制权”“发展利益的享有权”的三权共有、共享、共进的职责分明。[③] 以切实的、持续的、优质的、丰硕的、共享的发展成果，让各参与主体特别是村民存有且持续强化获得感、参与感、幸福感，将各参与主体的作用合力之成效体现在特色产业发展效应的高质高效上，体现在特色产业自身实力不断发展壮大且韧性十足上，体现在助力乡村全面振兴与发展上。习近平总书记在党的二十大后首次考察时指出，“两个一百年”奋斗目标的第一个百年目标已经实现，绝对贫困问题解决了，村民们过上了好日子，但还要继续努力往前走，因地制宜地发展特色产业，让生活越来越美好。[④]

值得注意的是，“乡村振兴背后隐藏的逻辑很多时候是发展主义的或者现代化的，在民族地区推行乡村振兴时可能会遇到一些价值观上的冲突。谈到乡村振兴，比较容易出现的倾向之一是以一种国家规

① 朱启臻：《基于乡村价值的乡村振兴思考》，载《行政管理改革》，2019（12）。

② 高强、曾恒源、殷婧钰：《新时期全面推进乡村振兴的动力机制研究》，载《南京农业大学学报》，2021（06）。

③ 张文明、章志敏：《资源·参与·认同：乡村振兴的内生发展逻辑与路径选择》，载《社会科学》，2018（11）。

④ 《习近平在陕西延安和河南安阳考察时强调　全面推进乡村振兴　为实现农业农村现代化而不懈奋斗》，见新华网，http://www.news.cn/politics/2022-10/28/c_1129086274.htm.2022-10-28/2022-11-20。

划来规范乡村发展，人们对于乡村的想象也往往会有一致的图景”[①]。在全面实施乡村振兴战略过程中，由于社会文化内部的主体性与自发性，相关方针政策在民族地区落实阶段不免与发展对象所处的社会文化系统发生冲击和碰撞。判定输赢从本质上绝非其初衷，关键是能否在这种冲击碰撞下衍生出“双赢”甚至“多赢”方案与策略，这样既达到了方针政策规定的目标任务，也满足了发展对象切实的条件需求，更营造出了良好的参与主体间关系，可谓是一举多得。通过这种内外结合的方式与策略，将一定意义上区隔、断裂、碎片化的个人、社群、区域重新整合为乡村振兴的参与者、实践者、受益者，集中各方面智慧、力量与资源，为乡村振兴共谋、共商、共建、共进，不断铸牢中华民族共同体意识。

① 王建民:《民族地区的乡村振兴》，载《社会发展研究》，2018（01）。

附录一　主要访谈对象

序号	姓名	民族	职业	备注
1	KSNAJ	藏族	D 村农民	
2	JSJJ	藏族	D 村农民	
3	WGL	汉族	D 村农民	
4	DHY	土族	D 村农民	
5	GML	汉族	D 村农民	
6	HCY	汉族	D 村农民	
7	WLZ	汉族	D 村农民	
8	SYX	汉族	D 村主任	
9	SQL	汉族	D 村农民	
10	LWG	回族	D 村书记	
11	YYH	汉族	D 村农民	
12	YMK	汉族	驻村工作队队长	
13	XYS	蒙古族	D 村农民	
14	GXB	藏族	D 村农民	
15	SY	汉族	D 村农民	
16	GMJ	汉族	D 村农民	
17	TWY	汉族	D 村农民	
18	LXX	土族	县农业农村局工作人员	
19	BMG	汉族	D 村农民	
20	LDC	回族	D 村农民	
21	SYP	汉族	D 村农民	
22	SYL	汉族	D 村农民	
23	LZMR	土族	D 村农民	
24	WYQ	汉族	D 村文书	

续表

序号	姓名	民族	职业	备注
25	WJJ	汉族	D 村副主任	
26	WCL	汉族	D 村农民	
27	LTX	汉族	D 村农民	
28	LJ	汉族	D 村农民	
29	LCQ	汉族	D 村农民	
30	LXS	汉族	D 村农民	小贩 A
31	WGR	汉族	D 村农民	
32	SNDJ	藏族	D 村农民	小贩 B
33	BWM	汉族	D 村农民	
34	WMN	汉族	D 村农民	小贩 C
35	YSY	汉族	D 村农民	加工点负责人
36	MDM	回族	D 村农民	
37	WXC	汉族	岔口驿冷库负责人	
38	HY	汉族	D 村冷库负责人	
39	GYL	汉族	D 村农民	
40	BGL	汉族	D 村农民	
41	XHX	蒙古族	D 村农民	
42	MHD	回族	D 村农民	
43	SXL	汉族	D 村农民	
44	SRL	汉族	D 村农民	
45	GMF	汉族	D 村农民	
46	SCF	汉族	D 村农民	
47	SX	汉族	D 村农民	
48	BGH	汉族	D 村农民	
49	WD	汉族	D 村农民	
50	SYQ	汉族	D 村农民	
51	LBL	汉族	D 村农民	
52	YDM	藏族	打柴沟镇镇长	
53	DDL	藏族	打柴沟镇副镇长	

附录二　天祝县 2021 年高原夏菜产业发展实施方案①

为进一步提升高原夏菜产品质量、强化品牌培育、拓展销售渠道，结合全县产业发展布局，制订本实施方案。

一、发展目标

集成应用标准化种植、水肥一体化、有害生物无害化防控、有机肥替代化肥等技术，全力提升高原夏菜产品质量，全县高原夏菜种植面积稳定在 10.5 万亩左右。加强产品追溯体系建设，新建高原夏菜标准化生产基地 0.8 万亩。加大品牌建设力度，新续认证“三品一标”产品 5 个以上。

二、主要工作

（一）大力推广分区轮作。加大项目支持力度，积极鼓励各乡镇通过土地流转、土地托管、联耕联种、土地入股、反租倒包等方式，实现高原夏菜分区连片规模经营。依托高标准农田建设项目，大力推行旱地改水地、小田改大田、漫灌改滴灌的“三改”模式，推广应用水肥一体化设施，逐步实现“三年三区或四年四区轮作”，消除因重茬连作导致的病虫害加重、品质下降等问题。

（二）强化科技服务能力。根据区域特点和中高端市场需求，积极与科研院所合作，在松山、打柴沟、华藏寺、安远各建立 1 个标准化生产试验示范点，开展高原夏菜新品种区域适应性试验，育苗移栽、水肥一体化、有害生物综合防控等新技术试验，创建新品种、新技术

① 《关于印发〈天祝县 2021 年牛产业发展实施方案等十三个实施方案的通知〉》，见天祝县人民政府网站，http：//www.gstianzhu.gov.cn/zfxxgk/zfwj_2852/agwwzfl/tzbf/202102/t20210203_1290246.html.2021-02-03/2021-04-17。

示范展示区和试验教学基地，为高原夏菜高质量发展提供强有力的科技支撑。

（三）构建产业化经营体系。全力培育壮大一批发展前景好、竞争能力强的农业龙头企业、专业合作社、家庭农场等新型农业经营主体，鼓励开展高原夏菜精深加工，延伸产业链条，实现高原夏菜生产、加工、销售、服务一体化。全力推动高原夏菜品牌建设，支持新型经营主体依托“天祝原生”区域公共品牌申报认证“三品一标”农产品，提升全县蔬菜产品知名度。大力推广育苗移栽、水肥一体化和有害生物综合防控等标准化生产技术，提升农产品品质。

三、扶持政策

（一）科技示范园区创建补助。安排资金 200 万元，由县农业农村局负责，创建面积为 100 亩的新品种新技术综合性蔬菜科技示范园区 4 个，开展新品种新技术引进、示范。

（二）新品种培育奖励。对开展蔬菜新品种选育的本县单位，或在本县登记注册的企业、专业合作社，所选育的新品种通过省级种子管理部门审定或登记的，每个品种给予奖励资金 5 万元。

（三）育苗奖补。对在本县登记注册的企业、专业合作社和家庭农场，新建蔬菜育苗设施，育苗能力达到 100 万株以上、500 万株以上或 1000 万株以上的，经申请验收合格后，一次性分别给予 2 万元、20 万元、50 万元不等的奖补。

（四）绿色防控奖补。对在本县注册的企业、专业合作社、家庭农场和种植大户，统一应用频振式太阳能杀虫灯控制有害生物，集中连片防控面积 1000 亩以上，每盏灯给予 2000 元奖补（每盏灯控制面积不少于 60 亩）。

（五）分区轮作奖补。对乡镇或本县注册的企业、专业合作社、家庭农场和种植大户，组织开展高原夏菜分区轮作达到 1000 亩以上的，给予 5 万元奖励。

（六）高效节水补助。对在本县注册的企业、专业合作社、家庭农场和种植大户在本县范围内种植高原夏菜，安装滴管、喷管等节水设施，通过核查验收合格，每亩给予 200 元奖补。

四、工作要求

（一）加强田间管理。种植前合理轮作倒茬，增施有机肥，配施适量的化肥，种植出苗后加强田间管理，及时中耕除草，确保田间无杂草，达到规范化种植要求。

（二）加强病虫害防治。遵循“预防为主，综合防治”的原则，优先采用农业防治、生物防治，配合科学合理地使用化学防治。推广使用植保无人机等高效植保机械和绿色防控农药，提高农药利用率，降低化学农药使用量。

（三）加强环境保护。要坚持农业生态环境保护优先，在当季作物收获后必须及时清理田地中的废旧农膜、尾菜、生产资料包装物和作物秸秆，被相关单位通报 2 次以上的，取消其奖励补助政策。

以上三项工作要求同样适用于食用菌、藜麦、中药材等产业发展实施方案，其他实施方案中不再单独列出，但须遵照执行。

参考文献

一、地方史志类

［1］《天祝藏族自治县概况》编写组．天祝藏族自治县概况．北京：民族出版社，2009.

［2］天祝藏族自治县县志编纂委员会．天祝县志．兰州：甘肃民族出版社，1994.

［3］天祝藏族自治县县志续编编纂委员会．天祝县志（续编）（送审稿），未出版．

［4］武威通志编委会．武威通志．兰州：甘肃人民出版社，2007.

二、文集类

［1］马克思恩格斯全集（第 1 卷）．北京：人民出版社，1995.

［2］马克思恩格斯全集（第 46 卷）．北京：人民出版社，1995.

［3］马克思恩格斯选集（第 2 卷）．北京：人民出版社，2012.

［4］中国社会科学杂志社．人类学的趋势．北京：社会科学文献出版社，1999.

［5］费孝通全集（第 1 卷）．呼和浩特：内蒙古人民出版社，2009.

［6］费孝通全集（第 17 卷）．呼和浩特：内蒙古人民出版社，2009.

三、译著类

［1］［德］马克斯·韦伯．经济与社会．阎克文，译．上海：上海人民出版社，2010.

［2］［德］乌尔里希·贝克．风险社会：新的现代性之路．张文杰，何博闻，译．南京：译林出版社，2018.

［3］［法］爱弥尔·涂尔干．社会分工论．渠敬东，译．北京：生活·读书·新知三联书店，2017.

［4］［法］爱弥尔·涂尔干．宗教生活的基本形式．渠东，汲喆，

译．上海：上海人民出版社，2006.

［5］［法］H. 孟德拉斯．农民的终结．李培林，译．北京：社会科学文献出版社，2010.

［6］［法］鲍德里亚．消费社会．刘成富，全志钢，译．南京：南京大学出版社，2008.

［7］［法］哈布瓦赫．论集体记忆．毕然，郭金华，译．上海：上海人民出版社，2002.

［8］［法］皮埃尔·布迪厄，［美］华康德．反思社会学导引．李猛，李康，译．北京：商务印书馆，2015.

［9］［法］皮埃尔·布迪厄．实践感．蒋梓骅，译．南京：译林出版社，2003.

［10］［法］皮埃尔·布迪厄．区分：判断力的社会批判．刘晖，译．北京：商务印书馆，2019.

［11］［美］阿图罗·埃斯科瓦尔．遭遇发展——第三世界的形成与瓦解．汪淳玉，等译．北京：社会科学文献出版社，2011.

［12］［美］彼得·伯格．与社会学同游——人文主义的视角．何道宽，译．北京：北京大学出版社，2008

［13］［美］爱德华·希尔斯．论传统．傅铿，吕乐，译．上海：上海人民出版社，2014.

［14］［美］爱德华·希尔斯．中心与边缘：宏观社会学论．甘会斌，余昕，译．南京：译林出版社，2018.

［15］［美］杜赞奇．文化权力与国家：1900—1942 年的华北农村．王福明，译．南京：江苏人民出版社，2010.

［16］［美］贾雷德·戴蒙德．昨日之前的世界：我们能从传统社会学学到什么．廖月娟，译．北京：中信出版社，2014.

［17］［美］克里福德·格尔茨．文化的解释．韩莉，译．南京：译林出版社，2014.

［18］［美］罗伯特·雷德菲尔德．农民社会与文化——人类学对文明的一种诠释．王莹，译．北京：中国社会科学出版社，2013.

［19］［美］马歇尔·萨林斯．石器时代经济学．张经纬，等译．北京：生活·读书·新知 三联书店，2019.

［20］［美］马歇尔·萨林斯．文化与实践理性．赵丙祥，译．上海：上海人民出版社，2002.

[21][美]玛丽娜·克拉科夫斯基.中间人经济：经纪人、中介、交易商如何创造价值并赚取利润？.唐榕彬，许可，译.北京：中信出版集团股份有限公司，2018.

[22][美]欧文·戈夫曼.日常生活中的自我呈现.冯钢，译.北京：北京大学出版社，2008.

[23][美]塞缪尔·P.亨廷顿.变化社会中的政治秩序.王冠华，等译.上海：上海人民出版社，2015.

[24][美]塞缪尔·亨廷顿，[美]劳伦斯·哈里森.文化的重要作用——价值观如何影响人类进步.程克雄，译.北京：新华出版社，2018.

[25][美]西奥多·W.舒尔茨.改造传统农业.梁小民，译.北京：商务印书馆，2006.

[26][美]约翰·博德利.发展的受害者.何小荣，等译.北京：北京大学出版社，2011.

[27][美]约翰·博德利.人类学与当今人类问题.周云水，等译.北京：北京大学出版社，2010.

[28][美]詹姆斯·C.斯科特.农民的道义经济学：东南亚的反叛与生存.程立显，等译.南京：译林出版社，2013.

[29][美]詹姆斯·C.斯科特.国家的视角——那些试图改善人类状况的项目是如何失败的.王晓毅，译.北京：社会科学文献出版社，2019.

[30][美]詹姆斯·C.斯科特.弱者的武器.郑广怀，等译.南京：译林出版社，2011.

[31][挪威]托马斯·许兰德·埃里克森.小地方，大论题——社会文化人类学导论.董薇，译.周大鸣，校.北京：商务印书馆，2021.

[32][以]S.N.艾森斯塔特.反思现代性.旷新年，王爱松，译.北京：生活·读书·新知 三联书店，2006.

[33][英]E.E.埃文思-普理查德.努尔人——对一个尼罗特人群生活方式和政治制度的描述.褚建芳，译.北京：商务印书馆，2014.

[34][英]埃里克·霍布斯鲍姆，[英]特伦斯·兰杰.传统的发明.顾杭，庞冠群，译.南京：译林出版社，2020.

［35］［英］安东尼·吉登斯．社会的构成——结构化理论纲要．李猛，李康，译．北京：中国人民大学出版社，2016.

［36］［英］安杰伊·齐埃利涅茨．空间和社会理论．邢冬梅，译．苏州：苏州大学出版社，2018.

［37］［英］保罗·威利斯．学做工．秘舒，凌旻华，译．南京：译林出版社，2013.

［38］［英］彼得·华莱士·普雷斯顿．发展理论导论．李小云，等译．北京：社会科学文献出版社，2011.

［39］［英］韩可思，［英］凯斯·哈特，［德］斯蒂芬·迈尔．人类学的缺位——关于市场、社会、历史与人类学定位的思考．吴秀杰，等译．北京：中央民族大学出版社，2015.

［40］［英］卡尔·波兰尼．大转型：我们时代的政治、经济起源．黄树民，译．北京：社会科学文献出版社，2017.

［41］［英］凯蒂·加德纳，［英］大卫·刘易斯．人类学、发展与后现代挑战．张有春，译．北京：中国人民大学出版社，2008.

［42］［英］马林诺夫斯基．文化论．费孝通，等译．北京：华夏出版社，2002.

［43］［英］马林诺夫斯基．西太平洋上的航海者．弓秀英，译．北京：商务印书馆，2014.

［44］［英］奈杰尔·拉波特，［英］乔安娜·奥弗林．社会文化人类学的关键概念．鲍雯妍，张亚辉，译．北京：华夏出版社，2013.

［45］［英］齐格蒙特·鲍曼．共同体．欧阳景根，译．南京：江苏人民出版社，2003.

四、著作类

［1］曹锦清．如何研究中国．上海：上海人民出版社，2018.

［2］陈庆德．发展人类学引论．昆明：云南大学出版社，2001.

［3］陈庆德．经济人类学．北京：人民出版社，2001.

［4］费孝通．从实求知录．北京：北京大学出版社，1998.

［5］费孝通．乡土中国．北京：北京大学出版社，2012.

［6］费孝通．乡土中国　生育制度　乡土重建．北京：商务印书馆，2011.

［7］费孝通．中华民族多元一体格局：民族学文选．北京：生

活·读书·新知三联书店，2021.

［8］冯俊锋．乡村振兴与中国乡村治理．成都：西南财经大学出版社，2018.

［9］高宣扬．布迪厄的社会理论．上海：同济大学出版社，2004.

［10］韩明谟．农村社会学．北京：北京大学出版社，2001.

［11］贺雪峰．南北中国：中国农村区域差异研究．北京：社会科学文献出版社，2017.

［12］贺雪峰．乡村社会关键词：进入21世纪的中国乡村素描．济南：山东人民出版社，2010.

［13］贺雪峰．乡村治理的社会基础．北京：生活书店出版有限公司，2020.

［14］贺雪峰．新乡土中国．北京：北京大学出版社，2013.

［15］贺雪峰．治村．北京：北京大学出版社，2017.

［16］侯钧生．西方社会学理论教程．天津：南开大学出版社，2017.

［17］黄应贵．返景入深林——人类学的观照、理论与实践．北京：商务印书馆，2010.

［18］黄宗智．华北的小农经济与社会变迁．北京：中华书局，2000.

［19］黄宗智．长江三角洲小农家庭与乡村发展．北京：中华书局，2000.

［20］黄宗智．中国的隐性农业革命．北京：法律出版社，2010.

［21］金炳镐．民族理论通论．北京：中央民族大学出版社，2007.

［22］金耀基．传统与现代．北京：中国人民大学出版社，1999.

［23］景军．神堂记忆：一个中国乡村的历史、权力与道德．福州：海峡出版发行集团，2013.

［24］李培林．村落的终结：羊城村的故事．北京：生活书店出版有限公司，2019.

［25］李小云．普通发展学．北京：社会科学文献出版社，2012.

［26］梁漱溟．乡村建设理论．北京：中华书局，2018.

［27］刘豪兴．农村社会学．北京：中国人民大学出版社，2015.

［28］刘华芹．变与不变：一个中国村落的民族志研究．天津：南开大学出版社，2013.

［29］刘怀玉．现代性的平庸与神奇——列斐伏尔日常生活批判哲学的文本学解读．北京：北京师范大学出版社，2018.

［30］刘世定．经济社会学．北京：北京大学出版社，2011.

［31］陆德泉，朱健刚．反思参与式发展：发展人类学前沿．北京：社会科学文献出版社，2013.

［32］陆学艺．内发的村庄．北京：社会科学文献出版社，2001.

［33］陆益龙．后乡土中国．北京：商务印书馆，2017.

［34］陆益龙．制度、市场与中国农村发展．北京：中国人民大学出版社，2013.

［35］罗荣渠．现代化新论．北京：北京大学出版社，1993.

［36］吕德文．基层中国：国家治理的基石．北京：东方出版社，2021.

［37］马戎．民族社会学：社会学的族群关系研究．北京：北京大学出版社，2004.

［38］聂战声，王爱民．天祝藏族自治县耕地质量评价．兰州：甘肃科学技术出版社，2015.

［39］潘天舒．发展人类学十二讲．上海：上海教育出版社，2020.

［40］渠敬东．缺席与断裂：有关失范的社会学研究．北京：商务印书馆，2017.

［41］沈原．市场、阶级与社会：转型社会学的关键议题．北京：社会科学文献出版社，2007.

［42］汪发元，孙雪莹，黎璟萍，胡容，梅必主．乡村振兴战略背景下特色农业发展研究．北京：中国农业出版社，2018.

［43］王德福．乡土中国再认识．北京：北京大学出版社，2015.

［44］王铭铭．村落视野中的文化与权力．北京：商务印书馆，2021.

［45］王铭铭．社区的历程．天津：天津人民出版社，1997.

［46］王铭铭．西方人类学思潮十讲．桂林：广西师范大学出版社，2005.

［47］王铭铭．想象的异邦——社会与文化人类学散论．上海：上海人民出版社，1998.

［48］温铁军．“三农”问题与制度变迁．北京：中国经济出版社，2009.

［49］温铁军，张孝德．乡村振兴十人谈．南昌：江西教育出版社，2018.

［50］吴毅．村治变迁中的权威与秩序：20 世纪川东双村的表达．北京：中国社会科学出版社，2002.

［51］吴忠民．世俗化与中国现代化．北京：商务印书馆，2021.

［52］习近平．高举中国特色社会主义伟大旗帜　为全面建设社会主义现代化国家而团结奋斗——在中国共产党第二十次全国代表大会上的报告．北京：人民出版社，2022.

［53］夏建中．文化人类学理论学派——文化研究的历史．北京：中国人民大学出版社，1997.

［54］熊万胜．农民合作的新前景．北京：中国政法大学出版社，2013.

［55］徐勇．国家化、农民性与乡村整合．南京：江苏人民出版社，2019.

［56］徐泽民．发展社会学理论．北京：中国人民大学出版社，2014.

［57］许宝强，汪晖．发展的幻象．北京：中央编译出版社，2003.

［58］阎海军．崖边报告：乡土中国的裂变记录．北京：北京大学出版社，2015.

［59］阎云翔．礼物的流动：一个村庄中的互惠原则与社会网络．上海：上海人民出版社，2017.

［60］阎云翔．私人生活的变革：一个中国村庄里的爱情、家庭与亲密关系（1949—1999）．上海：上海人民出版社，2017.

［61］阎云翔．中国社会的个体化．上海：上海译文出版社，2016.

［62］杨国荣．人类行动与实践智慧．北京：生活·读书·新知三联书店，2013.

［63］杨华．陌生的熟人：理解 21 世纪乡土中国．桂林：广西师范大学出版社，2021.

［64］杨建新．中国西北少数民族史．北京：民族出版社，2009.

［65］杨善华，谢立中．西方社会学理论（下卷）．北京：北京大学出版社，2006.

［66］叶敬忠．发展的故事：幻象的形成与破灭．北京：社会科学文献出版社，2015.

［67］于建嵘．岳村政治．长沙：湖南文艺出版社，2013.

［68］张晓山．联结农户与市场．北京：中国社会科学出版社，2002.

［69］张有春．贫困、发展与文化：一个农村扶贫规划项目的人类学考察．北京：民族出版社，2014.

［70］张玉林．流动与瓦解：中国农村的演变及其动力．北京：中国社会科学出版社，2012.

［71］张琢，马福云．发展社会学．北京：中国社会科学出版社，2001.

［72］赵旭东．结构与再生产——吉登斯的社会理论．北京：中国人民大学出版社，2017.

［73］赵旭东．文化的表达：人类学的视野．北京：中国人民大学出版社，2009.

［74］折晓叶．社区的实践："超级村庄"的发展历程．杭州：浙江人民出版社，2000.

［75］周大鸣，刘志扬，秦红增．寻求内生发展．广州：中山大学出版社，2006.

［76］朱国华．权力的文化逻辑：布迪厄的社会学诗学．上海：上海人民出版社，2016.

［77］朱启臻．把根留住：基于乡村价值的乡村振兴．北京：中国农业大学出版社，2019.

［78］庄孔韶．人类学通论．北京：中国人民大学出版社，2020.

五、期刊论文类

［1］边燕杰，杨洋．作为中国主体话语的关系社会学．人文杂志，2019（09）.

［2］曹锦清．"事件团结"与村庄生活共同体再造——基于一起乡村事件的实证分析．中国农业大学学报，2016（06）.

［3］曹锦清．减负有效　增收乏力——论中国农民收入的生长空间．探索与争鸣，2010（02）.

［4］陈航英．小农户与现代农业发展有机衔接——基于组织化的小农户与具有社会基础的现代农业．南京农业大学学报，2019（02）.

［5］陈航英．扎根乡土：新型农业经营主体发展的社会基础．西北

农林科技大学学报，2018（05）.

［6］陈军亚.韧性小农：历史延续与现代转换——中国小农户的生命力及自主责任机制.中国社会科学，2019（12）.

［7］陈文胜.乡村振兴的资本、土地与制度逻辑.华中师范大学学报，2019（01）.

［8］陈锡文.把握农村经济结构、农业经营形式和农村社会形态变迁的脉搏.开放时代，2012（03）.

［9］陈锡文.从农村改革四十年看乡村振兴战略的提出.行政管理改革，2018（04）.

［10］陈义媛.农村集体经济发展与村社再组织化——以烟台市“党支部领办合作社”为例.求实，2020（06）.

［11］陈秧分，王国刚，孙炜琳.乡村振兴战略中的农业地位与农业发展.农业经济问题，2018（01）.

［12］崔红志.新型职业农民培育的现状与思考.农村经济，2017（09）.

［13］邓大才.超越村庄的四种范式：方法论视角——以施坚雅、弗里德曼、黄宗智、杜赞奇为例.社会科学研究，2010（02）.

［14］丁生忠.内外资源聚合转换驱动乡村振兴战略的理论与实践.理论学刊，2019（05）.

［15］豆书龙，叶敬忠.乡村振兴与脱贫攻坚的有机衔接及其机制构建.改革，2019（01）.

［16］杜春林，张新文.从制度安排到实际运行：项目制的生存逻辑与两难处境.南京农业大学学报，2015（01）.

［17］樊凡，刘娟.从围观走向行动：乡村振兴战略背景下农村社会研究范式的转型——兼谈学术何以能中国.中国农村观察，2019（01）.

［18］方劲.乡村发展干预中的内源性能力建设——一项西南贫困村庄的行动研究.中国农村观察，2013（04）.

［19］付伟.城乡融合发展进程中的乡村产业及其社会基础——以浙江省L市偏远乡村来料加工为例.中国社会科学，2018（06）.

［20］付伟.乡土社会与产业扎根——脱贫攻坚背景下特色农业发展的社会学研究.北京工业大学学报，2019（05）.

［21］付伟.中国工业化进程中的家庭经营及其精神动力——以浙

江省H市潮镇块状产业集群为例.中国社会科学，2021（04）.

［22］高帆.乡村振兴战略中的产业兴旺：提出逻辑与政策选择.南京社会科学，2019（02）.

［23］高梅.西部民族经济跨越式发展的途径.满族研究，2007（04）.

［24］高强.脱贫攻坚与乡村振兴的统筹衔接：形势任务与战略转型.中国人民大学学报，2020（06）.

［25］高强，曾恒源，殷婧钰.新时期全面推进乡村振兴的动力机制研究.南京农业大学学报，2021（06）.

［26］苟天来，左停.从熟人社会到弱熟人社会：来自皖西山区村落人际交往关系网络分析.社会，2009（01）.

［27］谷树忠，杜杰.我国西部地区发展特色产业的基础、问题与方向.中国农村经济，2000（10）.

［28］郭于华."道义经济"还是"理性小农"——重读农民学经典论题.读书，2002（05）.

［29］韩广富，叶光宇.从脱贫攻坚到乡村振兴：乡村特色优势产业的战略思考.西南民族大学学报，2021（10）.

［30］韩长赋.乡村产业发展势头良好——国务院关于乡村产业发展情况的报告.中国合作经济，2019（04）.

［31］韩启民.城镇化背景下的家庭农业与乡土社会——对内蒙赤峰市农业经营形式的案例研究.社会，2015（05）.

［32］何怀宏.观念的力量.读书，2008（01）.

［33］何慧丽，邱建生，高俊，温铁军.政府理性与村社理性：中国的两大"比较优势".国家行政学院学报，2014（06）.

［34］何龙斌.脱贫地区从产业扶贫到产业兴旺：现实难点与实现机制.青海社会科学，2020（04）.

［35］贺雪峰."老人农业＋中坚农民"的结构 中西部农村社会结构发生了哪些变化.人民论坛，2019（14）.

［36］贺雪峰.半工半耕与中国渐进城镇化模式.中国社会科学，2017（12）.

［37］贺雪峰.关于实施乡村振兴战略的几个问题.南京农业大学学报，2018（03）.

［38］贺雪峰.行动单位与农民行动逻辑的特征.中州学刊，2006

（05）.

［39］贺雪峰．如何再造村社集体．南京农业大学学报，2019（03）.

［40］贺雪峰．实施乡村振兴战略要防止的几种倾向．中国农业大学学报，2018（03）.

［41］贺雪峰．熟人社会的行动逻辑．华中师范大学学报，2004（01）.

［42］贺雪峰．谁的乡村建设——乡村振兴战略的实施前提．探索与争鸣，2017（12）.

［43］贺雪峰．未来十五年乡村振兴的时空维度、社会条件及预判．党政研究，2020（05）.

［44］贺雪峰，田舒彦．资源下乡背景下城乡基层治理的四个命题．社会科学研究，2020（06）.

［45］胡书玲，余斌，王明杰．乡村重构与转型：西方经验及启示．地理研究，2019（12）.

［46］胡淼，王伯达．新型职业农民培育困境及对策研究．理论月刊，2017（08）.

［47］黄鹏进．农民的行动逻辑：社会理性抑或经济理性——关于“小农理性”争议的回顾与评析．社会科学论坛，2008（08）.

［48］黄志辉．“嵌入”的多重面向——发展主义的危机与回应．思想战线，2016（01）.

［49］黄宗智．“家庭农场”是中国农业的发展出路吗？．开放时代，2014（02）.

［50］黄宗智．小农经济理论与“内卷化”及“去内卷化”．开放时代，2020（04）.

［51］黄宗智．再论内卷化，兼论去内卷化．开放时代，2021（01）.

［52］黄宗智．制度化了的“半工半耕”过密型农业（上）．读书，2006（02）.

［53］黄宗智．中国的隐性农业革命（1980—2010）——一个历史和比较的视野．开放时代，2016（02）.

［54］黄宗智，高原，彭玉生．没有无产化的资本化：中国的农业发展．开放时代，2012（03）.

[55] 黄宗智，龚为纲，高原．“项目制”的运作机制和效果是“合理化”吗?. 开放时代，2014（05）.

[56] 黄宗智，彭玉生．三大历史性变迁的交汇与中国小规模农业的前景．中国社会科学，2007（04）.

[57] 姜长云．推进产业兴旺是实施乡村振兴战略的首要任务．学术界，2018（07）.

[58] 蒋辉，刘兆阳．乡村产业振兴的理论逻辑与现实困境——以湖南千村调研为例．求索，2020（02）.

[59] 焦长权，周飞舟．“资本下乡”与村庄的再造．中国社会科学，2016（01）.

[60] 李国胜．论乡村振兴中产业兴旺的战略支撑．中州学刊，2020（03）.

[61] 李文钢，张引．当乡村振兴遭遇发展主义——后发展时代的人类学审思．西北民族大学学报，2018（06）

[62] 李小云．河边扶贫实验：发展主义的实践困惑．开放时代，2020（06）.

[63] 李小云，林晓莉，徐进．小农的韧性：个体、社会与国家交织的建构性特征——云南省勐腊县河边村疫情下的生计．农业经济问题，2022（01）.

[64] 李小云，吴一凡，董强，宋海燕．发展性贫困的生产：制度与文化的田野对话——一个Y族村庄生活的发展叙事．广西民族大学学报，2019（03）.

[65] 李永安．美丽乡村建设须破解“梁漱溟之惑”．宁夏社会科学，2017（02）.

[66] 林继富．文化生态保护区建设的动力机制——基于“空间生产”视角的讨论．中央民族大学学报，2021（04）.

[67] 刘凤芹．不完全合约与履约障碍——以订单农业为例．经济研究，2003（04）.

[68] 刘合光．激活参与主体积极性，大力实施乡村振兴战略．农业经济问题，2018（01）.

[69] 刘燕舞，姚巧华．乡村振兴背景下乡村产业发展的微观社会结构研究——基于四个村庄案例的分析．贵州社会科学，2021（12）.

[70] 刘余，卢华，周应恒．中国农业生产土地成本的演变趋势及

影响分析.江西财经大学学报，2019（02）.

［71］卢黎歌，梅煜."人民至上"价值理念的三重意蕴.西安交通大学学报，2021（04）.

［72］陆学艺.中国"三农"问题的由来和发展.当代中国史研究，2004（03）.

［73］陆益龙.百年中国农村发展的社会学回眸.中国社会科学，2021（07）.

［74］陆益龙.村庄特质与乡村振兴道路的多样性.北京大学学报，2019（05）.

［75］陆益龙.乡村文化的再发现.中国人民大学学报，2020（04）.

［76］麻国庆.乡村建设，实非建设乡村.旅游学刊，2019（06）.

［77］马东亮.后发展主义理论视角下的中国民族发展研究：意义与启示.中央民族大学学报，2017（02）.

［78］毛丹，彭兵.市场推动、政府干预与农民行动——加拿大乡村的兴衰及启示.浙江大学学报，2010（06）.

［79］梅立润.乡村振兴研究如何深化——基于十九大以来的文献观察.内蒙古社会科学，2018（04）.

［80］慕良泽，赵勇.中国共产党"三农"战略：百年回溯与展望.中国农村观察，2021（03）.

［81］宁夏.大农业：乡村振兴背景下的农业转型.中国农业大学学报，2019（06）.

［82］农业部课题组.中国特色乡村产业发展的重点任务及实现路径.求索，2018（02）.

［83］潘家恩，温铁军.三个"百年"：中国乡村建设的脉络与展开.开放时代，2016（04）.

［84］彭小兵，谭志恒.组织动员、资源内生和市场对接：贫困社区内源发展路径——基于云南省L中心的考察.中国行政管理，2018（06）.

［85］渠敬东.占有、经营与治理：乡镇企业的三重分析概念（上）重返经典社会科学研究的一项尝试.社会，2013（01）.

［86］任常青.产业兴旺的基础、制约与制度性供给研究.学术界，2018（07）.

[87] 沈原. 社会的生产. 社会，2007（02）.

[88] 石洪斌. 谁来振兴乡村？——乡村振兴人力资源支撑体系的构建. 治理研究，2019（06）.

[89] 孙飞宇，储卉娟，张闫龙. 生产“社会”，还是社会的自我生产？以一个NGO的扶贫困境为例. 社会，2016（01）.

[90] 孙庆忠. 并轨：扎根乡村的田野工作与促进变革的行动研究. 民俗研究，2021（06）.

[91] 索晓霞. 乡村振兴战略下的乡土文化价值再认识. 贵州社会科学，2018（01）.

[92] 汤夺先，陈艳. 乡村产业的发展韧性与乡村振兴的内生动力——基于散杂居地区民族村落的实际调查. 西北民族研究，2022（01）.

[93] 田毅鹏. 解构与超越发展主义——《发展的故事：幻象的形成破灭》. 中国农业大学学报，2016（03）.

[94] 田毅鹏，张红阳. 村落转型再生进程中“乡村性”的发现与重写——以浙西M村为中心. 学术界，2020（07）.

[95] 王春光. 迈向共同富裕——农业农村现代化实践行动和路径的社会学思考. 社会学研究，2021（02）.

[96] 王春光. 中国社会发展中的社会文化主体性——以40年农村发展和减贫为例. 中国社会科学，2019（11）.

[97] 王思斌. 社会韧性与经济韧性的关系及建构. 探索与争鸣，2016（03）.

[98] 王思斌. 乡村全面振兴与乡村集体性的发展. 北京大学学报，2021（04）.

[99] 王思斌. 乡村振兴中韧性发展的经济——社会政策与共同富裕效应. 探索与争鸣，2022（01）.

[100] 王薇，李祥. 农业产业集群助推产业振兴：一个“主体嵌入-治理赋权”的解释性框架. 南京农业大学学报，2021（04）.

[101] 王希隆，明占秀. 乡村经济振兴的地方实践与经验启示——以临夏县C村为例. 西北民族研究，2021（02）.

[102] 王晓毅. 反思的发展与少数民族地区反贫困——基于滇西北和贵州的案例研究. 中国农业大学学报，2015（04）.

[103] 王志刚. 论社会主义空间正义的基本架构：基于主体性视

角 . 江西社会科学，2012（05）.

［104］温铁军，董筱丹 . 村社理性：破解“三农”与“三治”困境的一个新视角 . 中共中央党校学报，2010（04）.

［105］温铁军，杨帅 . 中国农村社会结构变化背景下的乡村治理与农村发展 . 理论探讨，2012（06）.

［106］温铁军，杨洲，张俊娜 . 乡村振兴战略中产业兴旺的实现方式 . 行政管理改革，2018（08）.

［107］吴海峰，郑鑫 . 中国发展方式转型期的特色农业发展道路探索——全国特色农业发展研讨会综述 . 中国农村经济，2010（12）.

［108］吴一凡，李小云，宋海燕，董强 . 因势利导：贫困村的日常生活逻辑与现代性发展项目嵌入——以瑶村客房项目为个案的研究 . 广西民族大学学报，2020（04）.

［109］吴月 . 代理人再生产：基层社会治理的新实践及其逻辑 . 社会主义研究，2018（05）.

［110］吴忠军，罗洁 . 民族乡村经济振兴的“龙脊模式”研究 . 广西民族研究，2020（01）.

［111］吴重庆 .“界外”：中国乡村“空心化”的反向运动 . 开放时代，2014（01）.

［112］吴重庆 . 从熟人社会到“无主体熟人社会”. 读书，2011（01）.

［113］吴重庆 . 以农民组织化重建乡村主体性：新时代乡村振兴的基础 . 中国农业大学学报，2018（03）.

［114］武广汉 .“中间商 + 农民”模式与农民的半无产化 . 开放时代，2012（03）.

［115］夏柱智 . 半工半耕：一个农村社会学的中层概念——与兼业概念相比较 . 南京农业大学学报，2016（06）.

［116］辛翔飞，王济民 . 乡村振兴下农业振兴的机遇、挑战与对策 . 宏观经济管理，2020（01）.

［117］向琳，郑长德 . 乡村振兴与民族地区高质量发展 . 广西民族研究，2021（01）.

［118］熊春文，桑坤 . 作物结构、生计体系与产业扶贫的有效性机制——基于华东一个县域的经验研究 . 云南社会科学，2020（03）.

［119］徐江虹 . 民族地区经济社会协调发展路径研究 . 广西民族

研究，2019（03）.

［120］徐秀丽，李小云 . 发展知识：全球秩序形成与重塑中的隐形线索 . 文化纵横，2020（01）.

［121］徐勇 . 现代化视野中的“三农问题”. 理论月刊，2004（09）.

［122］徐勇，邓大才 . 社会化小农：解释当今农户的一种视角 . 学术月刊，2006（07）.

［123］徐勇，石健 . 市场化、社会化、国家化进程中的乡村振兴瓶颈及其突破——基于山东烟台“苹果村”的调查 . 探索，2022（02）.

［124］徐宗阳 . 资本下乡的农业经营实践——一个公司型农场内部的关系与风气 . 南京农业大学学报，2019（06）.

［125］徐宗阳 . 资本下乡的社会基础——基于华北地区一个公司型农场的经验研究 . 社会学研究，2016（05）.

［126］许汉泽，李小云 . 精准扶贫：理论基础、实践困境与路径选择——基于云南两大贫困县的调研 . 探索与争鸣，2018（02）.

［127］许伟 . 新时代乡村振兴战略实施中“坚持农民主体地位”探研 . 湖北大学学报，2019（06）.

［128］闫娟 . 社会主义市场经济中更好发挥政府作用的内在要求探析 . 毛泽东邓小平理论研究，2021（04）.

［129］闫丽娟，孔庆龙 . 政府扶持、社会助力与农民行动——人口较少民族乡村发展的内源动力新探 . 西南民族大学学报，2016（07）.

［130］严红 . 中国西部民族地区经济发展路径转型研究——基于改革开放以来的考察与分析 . 云南社会科学，2017（04）.

［131］杨华 . 中国农村的“半工半耕”结构 . 农业经济问题，2015（09）.

［132］杨华，陈奕山，张慧鹏等 . 多维视野中的乡村振兴（笔谈）. 西北民族研究，2020（02）.

［133］杨善华，孙飞宇 .“社会底蕴”：田野经验与思考 . 社会，2015（01）.

［134］姚荣锦 . 西部地区发展特色优势产业的战略选择 . 理论导刊，2014（07）.

［135］叶敬忠 .《江村经济》：中国的农政问题与农政转型 . 社会，2021（03）.

[136] 叶敬忠.从脱贫攻坚到乡村振兴：脱贫地区内的衔接抑或发展时代间的转型?.社会发展研究，2021（03）.

[137] 叶敬忠.发展主义研究评述.中国农业大学学报，2012（02）.

[138] 叶敬忠.乡村振兴战略：历史沿循、总体布局与路径省思.华南师范大学学报，2018（02）.

[139] 叶敬忠，吴存玉.马克思主义视角的农政问题与农政变迁.社会学研究，2019（02）.

[140] 殷洁，罗小龙.资本、权力与空间："空间的生产"解析.人文地理，2012（02）.

[141] 于建嵘.县级政府在乡村振兴中的作用.华中师范大学学报，2019（01）.

[142] 于水，王亚星，杜焱强.异质性资源禀赋、分类治理与乡村振兴.西北农林科技大学学报，2019（04）.

[143] 袁树卓，刘沐洋，彭徽.乡村产业振兴及其对产业扶贫的发展启示.当代经济管理，2019（01）.

[144] 岳晓文旭，王晓飞，韩旭东，周立.赋权实践如何促进乡村新内源发展——基于赋权理论的多案例分析.中国农村经济，2022（05）.

[145] 张红宇.乡村振兴战略与企业家责任.中国农业大学学报，2018（01）.

[146] 张劲松.乡愁生根：发展不平衡不充分背景下中西部乡村振兴的实现.江苏社会科学，2018（02）.

[147] 张军.乡村价值定位与乡村振兴.中国农村经济，2018（01）.

[148] 张文宏.社会资本：理论争辩与经验研究.社会学研究，2003（04）.

[149] 张文明，章志敏.资源·参与·认同：乡村振兴的内生发展逻辑与路径选择.社会科学，2018（11）.

[150] 张晓煜，杨晓光，李茂松等.农业干旱预警研究现状及发展趋势.干旱区资源与环境，2011（11）.

[151] 张兴宇，季中扬.礼俗互动：农村网格化管理与新乡贤"德治"协同逻辑.南京农业大学学报，2020（01）.

［152］张燕，卢东宁．乡村振兴视域下新型职业农民培育方向与路径研究．农业现代化研究，2018（04）．

［153］张有春．文化生存与乡村发展：一种生命观的解读．北方民族大学学报，2017（04）．

［154］赵方杜，石阳阳．社会韧性与风险治理．华东理工大学学报，2018（02）．

［155］赵旭东．互惠人类学再发现．中国社会科学，2018（07）．

［156］赵旭东．吉登斯社会理论与中国发展．西南民族大学学报，2016（12）．

［157］赵旭东．乡村成为问题与成为问题的中国乡村研究——围绕“晏阳初模式”的知识社会学反思．中国社会科学，2008（03）．

［158］赵旭东，孙笑非．中国乡村文化的再生产——基于一种文化转型观念的再思考．南京农业大学学报，2017（01）．

［159］赵旭东，朱天谱．反思发展主义：基于中国城乡结构转型的分析．北方民族大学学报，2015（01）．

［160］折晓叶，陈婴婴．项目制的分级运作机制和治理逻辑——对“项目进村”案例的社会学分析．中国社会科学，2011（04）．

［161］郑风田，杨慧莲．村庄异质性与差异化乡村振兴需求．新疆师范大学学报，2019（01）．

［162］郑震．空间：一个社会学的概念．社会学研究，2010（05）．

［163］钟海燕，郑长德．“十四五”时期民族地区经济社会发展思路研究．西南民族大学学报，2020（01）．

［164］钟钰．实现乡村振兴战略的科学内涵与实现路径．新疆师范大学学报，2018（05）．

［165］周大鸣．差序格局与中国人的关系研究．中央民族大学学报，2022（01）．

［166］周飞舟．财政资金的专项化及其问题——兼论“项目治国”．社会，2012（01）．

［167］周飞舟．从脱贫攻坚到乡村振兴：迈向“家国一体”的国家与农民关系．社会学研究，2021（06）．

［168］周飞舟．打工家庭与城镇化——一项内蒙古赤峰市的实地研究．学术研究，2016（01）．

［169］周飞舟．行动伦理与“关系社会”——社会学中国化的路

径．社会学研究，2018（01）．

［170］周飞舟．将心比心：论中国社会学的田野调查．中国社会科学，2021（12）．

［171］周飞舟．一本与一体：中国社会理论的基础．社会，2021（04）．

［172］周飞舟，何奇峰．行动伦理：论农业生产组织的社会基础．北京大学学报，2021（06）．

［173］周立．合纵连横：乡村产业振兴的价值增值路径——基于一二三产业融合的多案例分析．新疆师范大学学报，2020（01）．

［174］周立．乡村振兴战略与中国的百年乡村振兴实践．人民论坛·学术前沿，2018（03）．

［175］周立，李彦岩，王彩虹，方平．乡村振兴战略中的产业融合和六次产业发展．新疆师范大学学报，2018（03）．

［176］周雪光．项目制：一个“控制权”理论视角．开放时代，2015（02）．

［177］朱启臻．基于乡村价值的乡村振兴思考．行政管理改革，2019（12）．

［178］朱启臻．乡村振兴背景下的乡村产业——产业兴旺的一种社会学解释．中国农业大学学报，2018（03）．

［179］朱晓阳，谭颖．对中国“发展”和“发展干预”研究的反思．社会学研究，2010（04）．

［180］朱战辉．村庄分化视角下乡村振兴实施路径研究．云南民族大学学报，2022（02）．

［181］庄孔韶，赵旭东，贺雪峰等．中国乡村研究三十年．开放时代，2008（06）．

六、学位论文类

［1］陈晶．甘肃藏区民族乡村社会阶层分化研究——以天祝藏族自治县农牧区为例．北京：中央民族大学博士学位论文，2012.

［2］敏俊卿．中间人：流动与交换．北京：中央民族大学博士学位论文，2009.

［3］夏妍．村落中的民族关系研究——以天堂村为例．兰州：兰州大学博士学位论文，2014.

七、英文文献类

［1］Bourdieu P. *Cultural Reproduction and Social Reproduction*, in Knowledge, Education and Cultural Change. Edited by Richard Brown, London: Tavis tock, 1971.

［2］Bourdieu P. *The Field of Cultural Production* : *Essays on Art and Literature*. Cambridge: Polity Press, 1993.

［3］Chambers R. *Rural Development* : *Putting the Last First*. London, Lagos New York: Longman, 1983.

［4］Escobar A. "Discourse, Politics and the Development Process." *America Ethnologis.*, 1995.

［5］Ferguson J. *The Anti-politics Machine* : *Development, Depoliticization and Bureaucratic Power in Lesotho*. Cambridge : Cambridge University Press, 1990.

［6］Frank A G. *Capitalism and Underdevelopment in Latin America*. New York: Monthly Review, 1967.

［7］Fraser N. "Crisis of Care? On the Social-Reproductive Contradictions of Contemporary Capitalism." In Tithe Bhattacharya (ed.), *Social Reproduction Theory*. London: Pluto Press, 2017.

［8］Gabriel T. *The Human Factor in Rural Development*. London : Belhaven Press, 1991.

［9］Hobart M. *An Anthropology Critique of Development* : *The Growth of Ignorance*. London: Routledge, 1993.

［10］Jean-Pierre Olivier de Sardan. *Anthropology and Development*. London & New York: ZED Book, 2005.

［11］King Victor T. *Anthropology and Development in South-East Asia*: *Theory and Practice*. Oxford: Oxford University Press, 1999.

［12］Lefebvre H. *The Survival of Capitalism*. London : Allison & Busby, 1978.

［13］Long N. and Long A. *Battlefields of Knowledge* : *The Interlocking of Theory and Practice in Social Research and Development*. London: Routledge, 1992.

［14］Popkin S. *The Rational Peasant* : *The Political Economy of*

Rural Society in Vietnam. Berkeley：University of California Press，1979.

［15］Sachs W. *The Development Dictionary*：*A Guide to Knowledge as Power*. London & New York：Zed Book，1992.

［16］Turton D. Anthropology and Development，in Leeson and Minogue (ed.)，*Perspectives on Development*. Manchester：Manchester University Press，1988.

八、报纸类

［1］习近平 . 关于《中共中央关于制定国民经济和社会发展第十三个五年规划的建议》的说明 . 人民日报，2015-11-04.

［2］习近平 . 决胜全面建成小康社会　夺取新时代中国特色社会主义伟大胜利——在中国共产党第十九次全国代表大会上的报告 . 人民日报，2017-10-28.

［3］习近平 . 在全国民族团结进步表彰大会上的讲话 . 人民日报，2024-09-28.

［4］习近平 . 在全国脱贫攻坚总结表彰大会上的讲话 . 人民日报，2021-02-26.

［5］金炳镐 . 加强“三交”、促进“三和”，巩固和发展社会主义民族关系 . 中国民族报，2017-08-11.

［6］文军 . 大力培育新型职业农民 . 人民日报，2018-07-23.

九、网络资源类

［1］第三次全国农业普查主要数据公报（第二号）. 国家统计局网站，http：//www.stats.gov.cn/tjsj/tjgb/nypcgb/qgnypcgb/201712/t20171215_1563539.html.

［2］关于印发《天祝县 2021 年牛产业发展实施方案》等十三个实施方案的通知 . 天祝县人民政府网站，http：//www.gstianzhu.gov.cn/zfxxgk/zfwj_2852/agwwzfl/tzbf/202102/t20210203_1290246.html.

［3］国家民委关于命名第八批全国民族团结进步示范区示范单位的决定 . 国家民委网站，https：//www.neac.gov.cn/seac/xxgk/202101/1144099.shtml.

［4］国务院关于促进乡村产业振兴的指导意见 . 中国政府网，http：//www.gov.cn/zhengce/content/2019-06/28/content_5404170.htm.

［5］农业农村部办公厅关于开展第十批全国“一村一品”示范村镇认定工作的通知 . 农业农村部网站，http ：//www.moa.gov.cn/xw/bmdt/202009/t20200927_6353364.htm.

［6］天祝县打柴沟镇打造“中国高原夏菜”金字招牌 . 农业农村部网站，http：//www.moa.gov.cn/xw/Qg/202107/t20210714_6371867.htm.

［7］习近平参加四川代表团审议 . 新华网，http：//www.xinhuanet.com/photo/2017-03/09/c_129504883.htm.

［8］习近平出席中央农村工作会议并发表重要讲话 . 中国政府网，http：//www.gov.cn/xinwen/2020-12/29/content_5574955.htm.

［9］中共中央　国务院关于全面推进乡村振兴加快农业农村现代化的意见 . 农业农村部网站，http ：//www.moa.gov.cn/xw/zwdt/202102/t20210221_6361863.htm.

［10］中共中央　国务院关于实施乡村振兴战略的意见 . 中国政府网，http：//www.gov.cn/zhengce/2018-02/04/content_5263807.htm.

［11］中共中央　国务院印发《乡村振兴战略规划（2018—2022年）》. 中国政府网，http：//www.gov.cn/zhengce/2018-09/26/content_5325534.htm.

［12］中共中央　国务院印发《关于加快推进农业科技创新持续增强农产品供给保障能力的若干意见》. 农业农村部网站，http ：//www.moa.gov.cn/ztzl/yhwj/zywj/202102/t20210203_1290246.html.

［13］中华人民共和国乡村振兴促进法 . 农业农村部网站，http：//www.moa.gov.cn/gk/Zcfg/fl/202105/t20210507_6367254.htm.

［14］中央农村工作会议在北京举行　习近平作重要讲话 . 中国政府网，http：//www.gov.cn/xinwen/2017-12/29/content_5251611.htm.

后　记

本书是在我的博士学位论文基础上修改而成的。回首过往，2010年的农历虎年秋，我有幸进入兰州大学，追随心中若隐若现的理想。其间，有过同舍友、同学畅谈大学生活的欢声笑语，有过多次考试成绩不佳的沉默寡言，有过反复“励志”又烟消云散的豪言壮语，有过迷茫后终究认清自我的“苦难”历程。殊不知，这一求学之旅直到12年后的又一个农历虎年冬方才完结，纵有万千不舍，却也无法倒退。从一个稚气未脱的莘莘学子，到已步入而立之年，可以说，人生中最美好的青春年华是在大学校园中书写的，是在拼搏奋斗中呈现的，也是在磨砺充实中描绘的。

首先，最需要感谢的，就是如母亲般的导师闫丽娟教授，能够拜入导师门下是大学学习生活阶段的关键转折。从2013年9月到2022年年末，导师始终多以鼓励、信任与耐心待我，让我能够重拾学习科研的信心与勇气。导师多年来倾注大量心血，在学习、生活方面给予无微不至的照顾与培养，一方面悉心呵护着我一路走来，传授求学之道与人生经验，另一方面对我予以严厉鞭策，要尽心开展学术研究，遵守学术规范。特别是临近毕业末期，因毕业论文的诸多问题连续不断，导师为此花费大量精力指导、帮助我不断修改完善，并时常鼓励我要继续坚定信心，要始终保有沉着稳重与踏实负责的心态，决不可自暴自弃或是妄自菲薄。由于自身心智的不够成熟，一段时间曾陷入低谷，没能全然理解导师的良苦用心。直到论文答辩后回想此事，方才意识到当时自己的想法和做法是多么幼稚、多么伤人，实在是愧对导师多来年的辛勤付出。现如今，我已经开启新的教师生涯，更要始终铭记导师的谆谆教诲，始终以导师为榜样指引前行，不忘初心、奋勇争先，不辜负导师的栽培和期许。

其次，感谢父母的养育之恩情。请恕孩子无以为报，只会尽力追逐自己的梦想，却很少考虑到父母在背后是给予了最大限度的包容与支持。在身边很多同龄人已经能够达成经济独立之际，能够回报父母恩情之际，却要依靠父母来担负每月房贷及结婚的全部花销，不知不觉成为曾经自己口中所厌恶的“啃老”一族。有时父母会因我的小小成绩欢欣鼓舞，想方设法地鼓励支持我和妻子。更多的时候，父母则会因我的一点挫折难以入眠，以至于多日心事重重。在这里，寥寥几句的感谢不足以表达孩子的心声，唯有今后不断创造出优异成绩，来回馈父母恩情，尽应有孝道。

再次，感谢妻子祁桃梅的一路陪伴。博士生涯的时光，恰是我们相识、相恋、相爱直至相守之旅的起点。我们共同创造出各自人生中最为不平凡的硕果，共同品尝着生活中的酸甜苦辣，共同描绘了属于我们的幸福图景，共同携手迈向更为多彩的美好未来。感谢爱人一路上的默默付出与温情关怀，始终无法忘却其独自一人承担起维护家庭开销责任时的担当，始终无法忘却自身冲动且暴躁脾气发作时仍坚定支持，始终无法忘却相伴同行以来的点滴付出。愿今后的日子里，我们能越发相爱相守，越发坚定地视彼此为不可取代的唯一。

最后，衷心感谢兰州大学西北少数民族研究中心的热情引荐并资助拙作出版，衷心感谢民族出版社李志荣编审和各位审稿专家以及各位编辑的辛勤付出和关心帮助。借此，愿今后能激励我在教学科研征程上不断披荆斩棘，开启人生新篇章。

李智勇

2024年中秋于兰州

图书在版编目（CIP）数据

西北多民族村庄高原夏菜特色产业发展效应研究：基于D村的田野调查 / 李智勇著 . -- 北京：民族出版社，2025. 1. -- ISBN 978-7-105-17468-3

Ⅰ . F326.13

中国国家版本馆 CIP 数据核字第 2025TK9920 号

西北多民族村庄高原夏菜特色产业发展效应研究：
基于D村的田野调查

策划编辑：李志荣
责任编辑：李志荣
封面设计：金　晔
出版发行：民族出版社
地　　址：北京市和平里北街 14 号
邮　　编：100013
电　　话：010–64271909（汉文编辑一室）
　　　　　010–64224782（发行部）
网　　址：http://www.mzpub.com
印　　刷：北京中石油彩色印刷有限责任公司
经　　销：各地新华书店
版　　次：2025 年 3 月第 1 版　2025 年 3 月北京第 1 次印刷
开　　本：787 毫米 ×1092 毫米　1/16
字　　数：340 千字
印　　张：18.5
定　　价：56.00 元
书　　号：ISBN 978-7-105-17468-3/F・506（汉 398）